走进日本

[日] 中村昌弘 著

魏海波 译

如何超越工业4.0

仿真集成制造

上海远东出版社

图书在版编目(CIP)数据

如何超越工业4.0：仿真集成制造/(日)中村昌弘著；魏海波译. —上海：上海远东出版社，2017

(走进日本)

ISBN 978-7-5476-1304-7

Ⅰ. ①如… Ⅱ. ①中…②魏… Ⅲ. ①制造工业—研究—日本

Ⅳ. ①F431.364

中国版本图书馆CIP数据核字(2017)第180876号

上海市版权局著作权合同登记 图字：09-2016-720

如何超越工业4.0

——仿真集成制造

【日】中村昌弘 著 魏海波 译

责任编辑/黄诗韵 装帧设计/张晶灵

出版：上海世纪出版股份有限公司远东出版社
地址：中国上海市钦州南路81号
邮编：200235
网址：www.ydbook.com
发行：新华书店 上海远东出版社
上海世纪出版股份有限公司发行中心
制版：南京前锦排版服务有限公司
印刷：上海信老印刷厂
装订：上海信老印刷厂

开本：890×1240 1/32 印张：11.625 字数：249千字
2017年8月第1版 2017年8月第1次印刷

ISBN 978-7-5476-1304-7/F·610
定价：45.00元

“走进日本”丛书编委会名单

总 序

关注日本，研究日本

卢明明

打开世界地图，在中国的东北方向有个由一连串大小迥异的岛屿构成状如鲸鳄的国家，它就是我们两千余载的近邻，又是我们一百来年的宿敌。

一、中国如何看日本

倘若有兴趣上网搜索一下古今中外要人对日本的评价，赫然呈现如下信息：

> 大清康熙皇帝曰："倭子国，最是反复无常之国。其人，甚卑贱，不知世上有恩谊，只一味慑于武威……"
>
> 法国孟德斯鸠云："日本人的性格是非常变态的。在欧洲人看来，日本是一个血腥变态、嗜杀成性的民族。日本人顽固不化、任性作为、刚愎自用、愚昧无知，对上级奴颜卑膝，对下

级凶狠残暴。日本人动不动就杀人，动不动就自杀。不把自己的生命放在心上，更不把别人的生命放在心上。所以，日本充满了混乱和仇杀。”

戴高乐总统谓：“日本，这是一个阴险与狡诈的残忍民族，这个民族非常势利，其疯狂嗜血程度类似于欧洲中世纪的吸血鬼德库拉，你一旦被他看到弱点，喉管立即会被它咬破，毫无生还可能。”

美国富兰克林·罗斯福总统称：“日本人是有史以来我见过的最卑鄙、最无耻的民族。”

巨富约翰·D. 洛克菲勒说：“日本人除了复制别国科技外一事无成，它何曾独立为世界文明作过贡献，充其量只是个工匠型的二流民族而已。”

据日本《朝日新闻》2016 年 5 月 3 日报道，公益财团法人的新闻通信调查会“于近日”对外公布其在美国、中国、韩国、英国、法国及泰国共 6 个国家所实施的“有关日本媒体舆论调查”，结果显示，中国受访者对日本的负面和正面看法分别为 90%和 5%。

至于每逢“九一八”“七七”等中日战争主要国耻日、纪念日，尤其是中日两国一旦因钓鱼岛问题勾起纠纷，大批中国民众就会异常激愤地在网上对日本政府和大和民族口诛笔伐；更有甚者涌上街头打砸日企门店，损毁日本产品，突显其对“一衣带水”邻邦的积恶之深、怀恨之烈。

不言而喻，国人所有的怨愤都源自 19 世纪末至 20 世纪三四十年代发生的两场中日鏖战。中国人民在炽烈战火中备受戕害。

可是，这两段历史如今已分别过去了一百多年和七十多年。中日两国在20世纪70年代恢复邦交后曾一度建立起相当密切的交往合作关系。遗憾的是，两国的外交关系在近年却发生逆转，疾趋低迷。

从我们的历史记忆里和现实视野中，对于这个国土窄小、能量超凡的国家，似应注意到这样两个侧面：

一面，因为与清、俄两回格斗，自战胜而狂：悍然撕咬亚洲各国，并在整个世界恣肆掀动腥风血雨，四邻皆成深仇大恨冤家。

一面，由于吞虎吞象一朝摧折，缘战败而强：决然革新体制结构，乃激励全体国民迅捷复兴社会经济，一跃而为拔山扛鼎强国。

对于这个长久的近邻和曾经的宿敌，我们理应格外关注和深入研究。日本绝不是能用唾沫淹之、狂言灭之的“蕞尔小国”“等闲之辈”！

知己知彼不仅是战场、商场争斗的必要条件，也是人际、国际交往的基本前提。

事实上，迄今为止，我们对这个国家和民族的认知似可以一言蔽之曰：眼中茫昧，梦里依稀。

众所周知，中国知有日本，乃始于《山海经》。以后历代正史大多设有日本传记；至明清，叙述稍详。但所有这些著录都不免停滞在浅表层面。恰如陈舜臣先生所言：“过去中国人了解日本，主要是从旅行者、九州古代政权的使者等那里听来的。不论是关于理论，还是关于现实，都很遥远，是朴素的传闻。”

直至近现代，自黄遵宪的《日本国志》、戴季陶的《日本论》、王芸生的《六十年来中国与日本》、蒋百里的《日本人：一个外国人的研究》等寥若晨星的专著问世，才开始改变“知其一不知其二，见其外不识其内”的粗略认知。

作为戊戌变法重要参与者的黄遵宪，堪称高度关注、系统研究日本的中华第一人。

在他就任驻日参赞官期间，亲见明治维新通过一系列制度改革而致神速富强的事实，“乃信其改从西法，革故取新，卓然能自树立”。因此，花费八九年时间，精心编写了以介绍制度为主的《日本国志》，以“质之当世士夫之留心时务者”，纠正国人对日本的模糊和错谬的观感。

他所写的《日本国志》共 40 卷、50 余万字，分“国统”“邻交”“天文”“地理”“职官”“食货”“兵”“刑法”“学术”“礼俗”“物产”“工艺”等十二志。书中对明治维新相关内容记述颇详。全书除“国统”“职官”“邻交”“学术”等志略述古代内容外，其余八志全部记载明治维新历史。书中以“外史氏曰”方式来阐述自己对这场变革的研判，且推论及中国。

但因清廷高层颟顸，黄遵宪《日本国治》一书出版竟搁置十年之久，迨至甲午战败才得问世。梁启超因之甚为痛惜，倘《日本国志》能及时出版，就不至“令中国人寡知日本，不鉴，不备，不患，不悚，以至今日也”。

此书甫一出版，洛阳纸贵，广受热捧，在戊戌变法时期对光绪皇帝及朝野维新人士影响甚巨，一时间引发了学习强敌日本的思潮；不少人甚至倡言聘用伊藤博文担任朝廷改革顾问，贵州举人傅夔干脆奏请“留伊藤为相，以行新政”。

后来，尽管发生戊戌政变，以慈禧为核心的清朝统治集团对于明治维新的兴致却不稍衰减。1905 年,为缓解统治危机,效仿君主立宪,清廷派出两个高级代表团,分别前往欧美和日本等国考察政治。立宪派重要代表、镇国公爱新觉罗·载泽乃率团亲赴日本考察立宪制度。直到清朝解体,这波高潮才渐消退。

十几年后,留学、旅居日本多年的戴季陶鉴于"中国人对于日本,总抱着一个'我们是文化的先进国'的历史心理","对于日本的社会,观察错误和判断错误,很普遍的"。他警醒国人:"你们试跑到日本书店里去看,日本所做关于中国的书籍有多少?哲学、文学、艺术、政治、经济、社会、地理、历史各种方面,分门别类的,有几千种。每一个月杂志上所登载讲'中国问题'的文章,有几百篇。参谋部、陆军省、海军军令部、海军省、农商务省、外务省,各团体、各公司,派来中国长住调查或是旅行视察的人员,每年有几千个。单是近年出版的丛书,每册在五百页以上,每部在十册以上的,总有好几种,一千页以上的大著,也有百余卷。'中国'这个题目,日本人也不晓得放在解剖台上,解剖了几千百次,装在试验管里化验了几千百次。"他认为"实在日本这一个民族,他的自信心和向上心,都算是十分可敬。"并且嗟吁:"我们中国人却只是一味地排斥反对,再不肯做研究工夫。"为此奋笔撰成《日本论》,从宏观角度揭示日本的文化传统与社会性格,并从具体的神学理论、军政大佬个性、外交关系事件等微观角度剖析。

1937 年 8 月,民国著名军事学家蒋百里撰写了《日本人:一个外国人的研究》,严厉批判日本民族是"一个原来缺少内省能力缺少临时应用能力的急性的民族","原是崇拜外国人的",但也认可其"很能研究外国情形。有许多秘密的知识,比外国人自己还丰富”，最后引用一位德国长者的告诫“胜也罢，败也罢，就是不要同他讲和”。

由此以降，斗转星移，相似成果，不复见矣。

近年来，虽有学者文人撰写若干介绍、研究日本的著述，但仍显管窥蠡测之陋、凤毛麟角之稀。

二、其他国家如何看日本

至今，对日本研究最为透彻的国家当首推美国。其中，两位专家影响最大，即露丝·本尼迪克特和埃德温·赖肖尔。

第二次世界大战临近尾声时，为制定对日最后决策，美国政府动员各方专家研究日本，提供资料和意见，其中包括人类学家本尼迪克特。

她根据文化类型理论，运用文化人类学方法，把战时拘禁在美国的日本人作为调查对象；同时大量参阅书刊和日本的文学、电影，完成报告。其结论是：日本政府会投降；美国不能直接统治日本；要保存并利用日本原有行政机构。1946 年，她将自己的研究成果整理出版，取名《菊与刀》，向世界全方位介绍日本的历史、文化、民俗、宗教和制度，旨在“为了对付敌人的行动，我们必须要理解敌人的行为”，“我们必须努力弄清日本人思想、感情的脉络，以及纵贯这些脉络之中的特点和规律，了解他们在思维和行动的背后所隐藏的强制力”。

接着，长期批评美国政府对亚洲文化，特别是对日本文化陷于无知泥淖的学者赖肖尔连续出版学术著作，不时举办教育讲座，以促进美国对日本文化的了解。后来,约翰·肯尼迪总统任命他为驻日大使。赖氏在任期获得巨大成功,有效增进了美日两国的关系。

赖肖尔在这方面的研究成果有同费正清合著的《东亚:伟大的传统》(1960年)、《日本:一个民族的故事》(1970年)、《日本人》(1977年)和《1907～1982年的日本社会》(1982年)等。

在这些研究者眼中,日本人和日本文化具有相当的独特性。

一方面,"日本人围绕着禅宗形成了一整套系统的审美观点,这些思想观念成为日本文化的永恒因素。日本人认为纤细、简单、自然乃至畸形怪状,比庞大、壮观、造作和整齐划一珍贵";另一方面,"日本人生性极其好斗而又非常温和;黩武而又爱美;倔傲自尊而又彬彬有礼;顽梗不化而又柔弱善变;驯服而又不愿受人摆布;忠贞而又易于叛变;勇敢而又懦怯;保守而又十分欢迎新的生活方式。他们十分介意别人对自己的行为的观感,但当别人对其劣迹毫无所知时,又会被罪恶所征服。他们的军队受到彻底的训练,却又具有反抗性"。

具体而言,表现在这样几个方面。

1. 文化素质方面

(1) 善于学习

"他们保留了自己的文化特性,而且还显示出他们确实是一个具有非凡创造能力的民族";"一贯重视非物质资源","善于吸取别国的先进技术和文化"。

(2) 崇尚教育

日本人从一开始就非常重视基础教育,从而确立了牢固的民族国家和高等教育的基础;“是世界上受到最优秀教育的民族,任何国家都无法与之相提并论”。

(3) 遵从集体

日本人具有酷爱成群结队的天性;“集团主义是日本民族的性格特征”;“建立了对于小团体和整个国家都是非常珍贵的团结。日本企业的成功,极为依赖这种团结,而集体意识是日本民族力量的核心”。

为了使他们的团体制度成功地运转,日本人认为应该明智地避免公开对抗,为了避免冲突并维护集体的团结,日本人广泛运用中间调停的办法;“尽量减少直接竞争的做法,贯穿于日本人的全部生活”,所以他们不喜欢打官司,宁愿接受仲裁和妥协,“诉诸法庭是走投无路的办法”。

(4) 重视等级

日本人认为等级制度是天经地义的,身份地位举足轻重,但是阶级意识和实际的阶级差别极其单薄和微弱,对等级制的信赖是基于对个人与他人以及个人与国家之间的关系所持的整体观念。但是他们并非无条件地承认等级制的优越,习惯运用一些明确的手段以调节制度,使之不致破坏公认的常规。

在家庭以及人际关系中,年龄、辈分、性别、阶级决定着适当的行为。在政治、宗教、军队、产业等各个领域中,都有十分周到的等级划分,无论是上层还是下层,一逾越其特权范围,必将招致惩罚,充分体现了“各得其所,各安其分”的信条。

同样,日本人在看待国际关系的全部问题时也都带着等级制的观念。

（5）讲求修养

日本式的教养要求任何动作都要文静，每一句言辞都要符合礼貌。自我修养的概念大致可分为两类：一类是培养能力；另一类则不仅培养能力，而且要求更高，通常称之为“圆熟”，是指在意志与行动之间“毫无障碍，纤发悉除”的体验，它使人们能够最有效地应付任何局面，用力不多不少，恰如其分，能使人控制恣意妄为的自我，不躁不乱，无论遇到外来的人身危险或内心的激动，都不会失去镇定。

在日本，要在家里学习礼仪并细致地观察礼仪。母亲背着婴儿时就应当用手摁下婴儿的头，教其懂礼节。幼儿摇摇晃晃会走时，要学的第一课就是学习尊敬父兄。妻子要给丈夫鞠躬，孩子要给父亲鞠躬，弟弟要给哥哥鞠躬；女孩子则不论年龄大小，要向哥哥和弟弟鞠躬。

（6）通达应变

“日本人已经证明自己是一个生机勃勃、充满活力、能适应快速的有目的变化的民族”；对于变化着的外部局势的反应极其敏锐，能迅疾判断形势，把握时机，迎接挑战，“一旦他们选择了一条路就会全力以赴，如果失败了，就顺理成章地选择另一条路”，他们认为采取了某个行动方针却未能实现目标，就会把它当作失败的主张加以抛弃。

2. 道德素质方面

日本人的人生观表现在他们的“忠、孝、情义、仁、人情”等德行规定之中。他们认为，“人的义务的整体”像在地图上划分势力范围一样分成若干领域。用他们的话来说，人生是由“忠的世界”“孝的世界”“情义的世界”“仁的世界”“人情的世界”及其他许多“世界”组成的。

(1) 忠君守法

他们“忠”的对象转向具体的人并且特指天皇本人。从丧葬到纳税，税吏、警察、地方征兵官员都是臣民尽忠的中介。按照日本人的观点，遵守法律就是对他们的最高恩情——“皇恩”的回报。

当1945年8月14日日本投降时，日本人的“忠”在全世界显示了难以置信的威力。在天皇的“玉音”尚未广播之前，顽强的反对者们围住皇宫，试图阻止停战诏书的宣布。但一旦宣布，他们就全都服从了。

(2) 行孝敬祖

日本的“孝道”只是局限于家庭内部，充其量只包括父亲、祖父，以及伯父、伯祖父及其后裔，其含义就是在这个集团中，每个人应当确定与自己的辈分、性别、年龄相适应的地位。孝道是必须履行的义务，甚至包括宽待父母的恶行或失德。

其祖先崇拜只限于记忆中的祖先。祖先墓碑上的文字，每年都要见新，若是已无记忆的祖先，其墓碑就无人过问，家里佛龛上也没有他们的灵位。他们注重的是现时现地。

(3) 重义推诚

“在日本，‘义’是靠承认一个人在互欠恩情这张巨网中的适当地位来维持的，这张网既包括其祖先，也包括其同代人。”

日本人对老师、主人负有特殊之恩。他们都是帮助自己成长起来的人，对自己有恩，将来也可能在他们有困难时要答应他们的请求，或对他们身后的亲属给予特别照顾。人们必须不遗余力地履行这种义务，而且这种恩情并不随着时间而减轻，甚至时间越久，恩情越重，形成一种“利息”。所以他们不喜欢随便受恩而背上人情债。

在日本，自尊心则是与报答施恩者联系在一起的；把不能报恩的人视为“人格破产”。

在道德方面强调“诚”，“是指热诚地遵循日本道德律和日本精神所指示的人生道路”；“诚”这个词经常用来赞扬不追逐私利的人，也经常被用来颂扬不感情用事。

（4）知耻自律

日本人把羞耻感纳入道德体系。不遵守明确规定的各种善行标志，不能平衡各种义务或者不能预见偶然性的失误，都是耻辱。他们认为，知耻为德行之本。任何人都十分注意社会对自己行动的评价。他们须推测别人会作出何种判断，并针对别人的判断来调整行为，其“共同特点是以操行毫无缺陷而自傲”。

他们热衷于自律和磨练毅力；“没有任何民族比日本人更重视自律”；日本人说“自重”，意思是自我慎重，自重常常意味着克制。

再有，面对无法完成的复仇目标，他们往往会倾向于毁灭自己，以“保证尊严和荣誉不被践踏”。

（5）适情享乐

他们追求享乐，尊重享乐，但享乐又必须恰如其分，不能侵入“人生重大事务”，规定不能把享乐当作严肃的生活方式而纵情沉溺。他们把属于妻子的范围和属于性享乐的范围划得泾渭分明，两个范围都很公开、坦率。

3. 心理素质方面

（1）感情深沉

他们尽可能地掩藏自己的感情，无论喜怒哀乐，都尽量对人笑脸相迎。

（2）坚韧不拔

日本人既有一种宿命论的思想，承认自然界可怕的威慑力量，也有一种坚强的毅力，在灾难发生后重振旗鼓、发愤图强。一个由自制自律而又意志坚强的个人组成的社会能产生一种动力。据此可以解释这个民族所展现出的奋斗精神和雄心壮志。

（3）冒险挑战

他们崇尚武力，热情洋溢，激动好斗，骨子里带有天然的侵略性。

（4）谨小慎微

日本文化反复向心灵深处灌输谨小慎微，轻易不结交新朋友。但一旦成为朋友，友谊也能牢固地保持下去。

他们的精神高度紧张，唯恐失败，唯恐自己付出巨大牺牲后从事的工作仍不免遭人轻视。有时会爆发积愤，表现为极端的攻击行动。

4. 劳动素质方面

他们勤奋工作，能充分地利用每一平方英尺的可耕地，绝不浪费一点点土地。

5. 身体素质方面

他们很重视锻炼，其传统包括最严酷的冷水浴。这种习惯往往被称作“寒稽古”（冬炼）或称“水垢离”（冷水洗身锻炼）。

至20世纪80年代，日本已成为世界上平均寿命最长的国家。

综上所述，大和民族实在是个具有诸多优长之处的民族。

正如弗朗西斯·培根所告诫的："尤其有害的还不仅是那种浮夸一时的谬见，而是那种根深蒂固、盘踞人心深处的谬误。"时至今日，我们绝大多数人对于日本国与大和民族的了解、观感仍非常肤浅、相当荒诞！

三、研究、学习和超越

多数国人也许并不知道，在戊戌政变期间、辛亥革命前后，日本政要及民间人士曾经大力救助过维新派与革命派志士！

1898年9月21日，慈禧太后重新"临朝训政"，立即下令逮捕康氏兄弟等维新派官员。梁启超前往日本使馆请求避难。日本公使林权助请示伊藤首相，伊藤指示："那么就救他吧！救他逃往日本，如至日本，由我来照顾他。梁这位青年，对中国来说，实在是宝贵的人物。"林于是将梁秘密送往日本。不久，康有为、黄遵宪等亦在伊藤等人帮助下，先后到日本避难。之后，伊藤还应英国公使要求，亲往李鸿章宅邸，为已经被捕的维新派官员张荫桓求情。

孙中山在日本期间，也多次受到日本方面援手。1913年8月，孙中山等革命党避难日本，袁世凯曾向日本方面提出过驱逐孙的要求，却遭婉拒。正是在日本政府着意庇护之下，孙才得以同日本各大财团、民间人士、大陆浪人组织，以及军部、参谋本部人士进行广泛联络，以筹措资金、组织人员、整合力量。于是乎，日本一度成了"中土"革命派培养、酝酿革命力量的温床和基地。

这是在近代中日关系历史演进中两段不应忽略或抹去的记录。由此当省：在中日两国之间，并非只存仇恨怨恶。

悲辛的过去，固然不能忘却，但绝不应当成为我们观察、了解对方的翳障！

前人有谓："其知弥精，其所取弥精；其知弥粗，其所取弥粗。"

审察日本近一个半世纪来的发展历程，不能不认识到，正是明治维新为这个国家和民族走向近代化和现代化、自立称雄于世界奠定了厚实的路基，提供了巨大的动能，并造就了优异的禀赋。

从这场改变日本国运的改革浪潮中，我们应能发现这个国家和民族所拥有的瑰宝。

第一，奋迅灵动的学习素质。

正如赖肖尔所言，日本人"对于中国，对于其他民族，从未丧失过研究的兴趣，也从未停滞过研究、思索的步伐。他们的作法是：研究、学习，然后超越他们"。他们尊奉"不耻效人，不轻舍己"的学习观，既勤于模仿别人，又善于在学习、吸收外国文化的同时仍保持自己的文化个性，亦即"能合欧化汉学熔铸而成日本之特色"。

戴季陶指出，日本明治维新的建设"并不是靠日本人的智识能力去充实起来，而是靠客卿充实起来的。军队是德国人替他练的，军制是德国人替他定的。一切法律制度，在最初一个时代，差不多是法国的波阿索那德顾问替他一手造起的。然而指挥、统制、选择、运用，都是在日本人自己"。

相反，几乎在同一国际背景下，而且先于日本启动的、以学习和引进西方长技为中心内容的大清洋务运动，则继承了中国历代大一统专制王朝枯僵的文化、政治基因，"畏天命，畏大人，畏圣人之言”，“法先王”，“遵守祖宗旧制”，束缚于“中学为体，西学为用”的桎梏中，“一切政教风俗皆不敢言变更”。李鸿章等重臣褊狭肤浅地以为，“中国文武制度，事事远出西人之上，独火器万不能及。……中国欲自强，则莫如学习外国利器，欲学习外国利器，则莫如觅制器之器，师其法而不必尽用其人”。倒是通商大臣张树声看得比较透彻，他认为西方国家“育才于学堂，论政于议院，君民一体，上下同心，务实而戒虚，谋定而后动，此其体也。轮船火炮，洋枪水雷，铁路电线，此其用也。中国遗其体而求其用，无论竭蹶步趋，常不相及。就令铁舰成行，铁路四达，果足恃欤”。

光从西方引入“战舰之精”“机器之利”等细枝末节，忙活了三十来年的“同光新政”，终于免不了“掘井九仞而不及泉，犹为弃井也”的结局。

第二，通达务实的体制素质。

胡汉民在为戴氏《日本论》所写的序中曾这样评议：“日本之一大飞跃，只是指导者策划得宜，地球上任何邦国，没有像日本指导员和民众两者间智力教育、思想、伎俩悬隔之大的，而能使治者与被治者之间无何等嫉视，不缺乏同情，就是指导者策划实施一切得宜，他们遂能成就此之当世任何大政治家毫无逊色的大事业。”

明治时期建立了国会。从那时起，日本政府就已形成了“由集团而非个人进行领导的优秀传统”；“从来没有出现过独裁者，也从来没有人企图攫取这种权力”，“对独裁权力乃至领袖权威的反感和对群体合作的强烈偏爱，构成了日本政治遗产的特征”。领导人“总是组成一个集体，轮流负责各种行政事务”；“日本人不是在高层由个人决策，而是同部属进行广泛的非正式协商，产生一致意见”;“他们也明白，国家不能只局限于政府少数人的专制”。吉田茂高度赞赏“明治时期的领导者们，以天皇为中心，从自己强烈的责任感出发保存了决定权，尤其关心如何来吸取国民的活力并且怎样加以运用”。

1868 年，明治天皇颁布了“五条誓文”：“一、广兴会议，万机决于公论；二、上下一心，盛行经纶；三、文武一途以至庶民，各遂其志，人心不倦；四、破旧有之陋习，基于天地之公道；五、求知于世界，大振皇基。”明确宣示了整个国家管理的准则。

回看居傲鲜腆的中国专制政权，其任何关键决策，必须恭请圣谕、圣旨，惟蛰居深宫大院的最高统治者马首是瞻。这种决策体制的荒唐在于：因“天泽极严，君臣远隔”，“自内而公卿台谏，外而督抚，数百十人以外，不能递折”，故“虽有四万万人实数十资格老人支柱掩塞之而已”。身处控制中心的最高决策者凭借这样的信息通道，根本无法及时、准确地了解国家真情实况，以致“民之所欲，上未必知之而与之也；民之所恶，上未必察之而勿之施也”。企盼“英明”决策，无异缘木求鱼！而且，因群臣百姓不敢“妄议朝政”，在决策实施过程中，对目标的偏离，不仅得不到迅速纠正，而且反而会不断加强，直至出现重大失误，才有可能被最高决策者感知；随之作出剧烈反应，于是引起社会振荡。

如赖肖尔所见，日本人从过去遗产中得到的“重要的政治财富，是政府具备伦理道德基础的强烈意识”。

应当承认，日本统治集团的抱负从不拘囿于政权利益，而是始终放眼于民族利益和国家利益。他们的战略目标是“看见必定要造成新的生命，然后旧的生命才可以继续；必定要能够接受世界的新文明，才能够在新世界中求生存。在国内的政治上，他更看得见一代的革命必定要完全为民众的幸福着力，必定要普遍地解放民众，才可以创出新的国家”，旨在创造“为‘人民的生活，社会的生存，国民的生计，群众的生命’而努力的历史”。

并且，这种统治理念和施政行为已被广大国民所理解和接受，从而实现“上下同欲”。正因如此，在一百多年中，无论经济、政治或军事如何跌宕起伏，整个国家总能体现“上下一心”、全力以赴。

反观顾盼自雄的大清，其所有重大举措从来罔顾民族、民生休戚，始终只为大清专制统治。

在甲午战争中，清廷一方面通过加征税赋维持军费，一方面却不惜动用国库，耗费巨额银两为慈禧太后修园祝寿；另一方面，参战清军治疗伤病的费用和营养费则要个人承担，战地医疗无法保障。专制政权这种视百姓为草芥，长期奉行的愚民、殃民政策，怎么可能获取战场对决的胜券？

第三，睿智忠谨的精英素质。

首先是政治精英。据戴季陶考察，日本的改革“并不是由大多数农民或者工商业者的思想行动而起，完全是由武士一个阶级发动出来的事业。开国进取的思想固不用说，就是‘民权’主义，也是由武士这一个阶级里面鼓吹出来的”。

明治时期，一大批年轻的政治家、军事家和实业家得以进入政府决策集团。当16岁的睦仁登基时，木户孝允、大久保利通、西乡隆盛等“明治三杰”的年龄分别为35岁、38岁、41岁，这四位核心人物的平均年龄仅为32.5岁；其余骨干人物，如板垣退助、三条实美、岩仓具视、井上馨、山县有朋、大隈重信、大村益次郎、伊藤博文和陆奥宗光等，合计平均年龄为32.6岁。可以毫不夸张地称，整个国家的领导是个“青年团”！联系古今中外列国历代改革案例，统治集团的年轻化乃是不可或缺的成功条件。

道理很浅显。社会改革说到底是思维方式与行动方式的更新。虽说年龄层次较低者难免在经验上有缺陷；但其感觉、知觉相对敏锐，富于想象和创新，思维和行动能力强盛。在社会发生巨大变动、传统经验价值明显衰减的条件下，与年龄层次较高者相比，他们更能适应社会运动的快速节奏，所以，在一切改革或革命中，成为运动主力和核心完全顺理成章。

明治政治精英“细心地在政治方面划清国家职能的领域，并在宗教方面划清国家神道的领域。他们把其他领域留给国民去自由行事。但是，那些他们认为直接同国家事务有关的统治权，作为新的等级制度的最高官员，他们是牢牢掌握在自己手中的”；“在每一个活动领域中，无论是政治的，抑或是宗教的、经济的领域，明治政治家们都在国家和人民之间定下了各自所属的‘适当位置’的义务”。而日本官僚群体的忠谨、效率和诚实精神则充分保障了国家机器平稳、高速地运转。

其次是知识精英。吉田茂特别指出“改革的顺利推进，不仅仅依靠完成明治维新的领导者们，还有一部分人也发挥了重要的作用，他们就是其后出现的知识分子”，这些知识分子生活在德川时代末期，曾在幕府翻译部门担任职务或者在各藩研究西方情况。他们没有参加过明治维新的工作，但是，他们当中有像福泽谕吉那样从事近代化人才培养的事业，也有像大隈重信那样担任着官职，还有些像涩泽荣一样进入了产业界。他们虽然从事着不同的工作,但是他们有着一致的主张,那就是大胆引进西方的技术和学习西方制度。

对比大清,在政治精英和知识精英中能“放眼看世界”者凤毛麟角,像伊藤博文那样有治理行动力、福泽谕吉那样有思想辐射力的人几乎没有,即便有,也难成气候。

再次是实业精英。赖肖尔十分感慨,“许多发展中国家面临着日本曾经经历过的危机和灾难,但它们的领导人却以牺牲国民的利益为代价,在国外积累了大量的个人财富。但是从来没有一个日本人这样干过。无论是合法获得的,还是非法掠取的利润,都没有被隐藏到国外安全的地方,也没有挥霍在摆阔气的浪费中。这些金钱被重新投资于日本或其他地区的有益的民族事业中”。

相比之下,我们却不能不痛惜地反思,与大和民族奔逸绝尘的前进步伐背道而驰的是,中华民族自元朝以来七百多年间,由于几代低文化统治者野蛮执政所铸就的严酷体制,导致了中国精英及整个民族素质的急剧退化、变异。

进入21世纪,人类世界在日趋激烈的全面竞争中疾速发展。中国要复兴和驰骋,就必须像日本那样敢于、善于向对手和敌人学习、借鉴,彻底改良和提升体制、精英和国民素质。

现在,一批20世纪80年代去日本留学的有识之士正在为我们全面了解、深入研究日本这个近邻而系统地选择一批反映日本社会、经济、文化的书籍,编成《走进日本》丛书。出版有关日本政治、经济、文化、科技等译著,这正是我们民族亟需的有关宏旨的当紧事业。

戴季陶先生八十多年前留言:“要切切实实地下一个研究日本

的工夫。他们的性格怎么样？他们的思想怎么样？他们风俗习惯怎么样？他们国家和社会的基础在哪里？他们生活根据在哪里？都要切实做过研究的工夫。要晓得他的过去如何，方才晓得他的现在是从哪里来的。晓得他现在的真相，方才能够推测他将来的趋向是怎样的。……总而言之，非晓得他不可。”

而今这一期盼终于得到了强实践行，这是善举，也是盛举，更是壮举。我们拭目以待！

序 言

从经验、样本、信息处理中诞生的创新

各位知道弗雷德里克·温斯洛·泰勒(Frederick Winslow Taylor)吗?

他是一位美国经济学家。他将标准工时概念引入制造业,并确立了制造业的科学管理方法,从此制造业掀起了改革创新的热潮。以福特公司采用传送带流水式生产方式为开端,批量生产时代的序幕拉开了。

制造业的世界受到了具有历史意义的进化浪潮的冲击,从家庭式小作坊开始,经过工厂手工业阶段,在泰勒的科学管理方法下又进入了批量生产的时代。在这一阶段,日本的制造业成了威廉·爱德华兹·戴明(William Edwards Deming)开创的品质管理方法的最佳典范。随之而来的还有以全球化以及产品价值的变化、产品设计和生产方式的变化为代表的浪潮,这股浪潮将会冲击

固有的价值，将它们淘汰。此外，制造业的物联网化（Internet of Things）的各种表现无疑也是一股新的潮流。

但是，我们没有必要被工业 4.0 和工业互联网等新动态所左右。对于日本制造业来说，利用物联网的浪潮，在把握自身长处的基础上朝着理想的未来前进才是关键。

德国的工业 4.0 是惯于采用横向分工的欧洲的必然产物。同样，工业互联网也是一体化战略的美国的必然产物。那么，日本的必然产物是什么？又应该追求何种价值？这就是本书将要探讨的第一个主题。

改革创新是依靠结合“产业文化”的技术来发现自身优势。今后，制造力究竟何在？又将何去何从？本书也将对这一问题进行思考。针对世界各国制造业的物联网化动向，本书将根据德国、美国、日本的制造业特征和社会背景来分析它们的发展方向及其必然性，并将在这一论题之上进一步探讨日本制造业的发展方向。

其次，本书还将介绍以生产领域为核心的工程技术的新概念。这是本书将讨论的第二个主题。

这一新概念就是“仿真集成制造（Simulation Integrated Manufacturing）”。以在生产阶段的各种业务中灵活运用仿真技术的管理手法，强化制造业的根本优势，才是通往技术创新之路。这是多变时代的方法，也是第一个主题的应对准则之一。

本书将分析“仿真集成制造”这一概念以及推行这一概念的方法和手段，还将尽可能在说明概念的同时列举包括实例的具体实践表现。这一概念也可能在将来成为制造业的巨大变革。

下面将要说明本书的写作目的、为了论题所做的基本研究以及关键词。

首先，大概介绍一下第一个主题的背景和目的。

当今正值变幻莫测的时代，受市场的多样化和社会结构变化的影响，制造业从批量生产时代进入了多品种生产时代。有意识地注重适应市场的产品上市周期（Time to Market）和订货型生产（Make to Order）已经成为这个时代的共识，具有全新市场价值的产品层出不穷。如今，若仅仅追求质量、成本和交期（Quality-Cost-Delivery）已不能在竞争中占得优势，这一点无需赘述。

至于产品战略方面，以美国苹果公司为代表，市场价值由产品功能性能转向设计、创意和理念，又进一步转变为服务。另外，在产品设计中，以模块设计为代表的针对市场多样化的设计方法论也逐渐普及。

在生产战略方面，具有代表性的是工业 4.0。在物联网的背景下，工业 4.0 已经开始尝试超越日本传统的生产方式。智能机器的标准化战略就是要通过物联网来更新生产现场的操作流程。

在服务战略方面，美国通用电气公司的商业模式是典型代表，即把产品和服务经过物联网整合，能够产生排他性的竞争力，这一点已经得到了证实。

在此基础之上，增材制造（Additive Manufacturing）促进了实体物品销售向数据销售的转变。此外，发展中国家的经济发展和国际关系的变化会导致市场供需体制的变动，必须胆大心细地应对这些变化，还要点明制造业今后在能源和环境问题方面需要应对的问题。

在如此多变的时代，必须采取以变化为前提的战略，应对市场价值变化和经营环境变动的能力也变得尤为重要。也就是说，“能产生价值的能力与灵活应变的能力”是非常重要的。

再进一步说，这就是在市场竞争中如何创造出充满吸引力的产品以及如何利用制造力来支持它占据竞争优势的问题。在这个时代，仅仅是设计和功能上的价值是无法保持永恒的竞争优势的。但是，假如有一种“特别的固有的制造力”能够解决这个问题，产品就能够拉开差距，占据无法动摇的竞争优势地位。只要把日本的强项战略系统化，并把这种制造力价值化、差异化，就能为制造业打下坚实的基础。

那么，要如何实现这些目标呢？关键是如何形成肌肉般紧密结实的组织和末端神经般无孔不入的组织管理、工程方法和机制。

诚然，要建立优秀的生产场所，经验的积累和优秀人才的聘用都是不可或缺的，但仅有这些是完全不够的。必须统一组织内部的意见，使生产战略的整体处于最合适的水平，并有效地运用到事业战略上去。从个别最适转向整体最适，从地方管理转向全球化管理，从自上而下战略转向为了激发制造力的创发战略，这样的革新在当今是亟待进行的。

虽然笔者并非经营学方面的专家，但是为了从技术、工程的视角探索可能性，斗胆在本书中进行了这方面的讨论。

变化是无法预知的，所以具备随机应变的能力是十分重要的。如果把预测变数的能力作为一种工程技术，想必新的价值就会由此产生了。

接下来，为了引出第二个主题，特在此说明几个关键词。这些关键词和第一个主题中提到的目标之间也或有联系。

本书的目标是生产战略。在制定战略时，产品战略和贩卖战略等都是息息相关的，必须把生产据点、物资调度、生产体系、生产计划等生产战略调整至最合适的程度。另外，即使是在生产战略上，集中生产组织所具备的潜在能力和经验，承认自下而上的可能性，为事业战略的选择扩大选项也是非常重要的。

这些也是在变化万千的时代中为了占得优势而采取的战略之一，也就是多变时代的生产战略。

那么，为了实现这些战略，采取何种方法好呢？本书将从样板（model）、计算（computing）和经验（experience）三个关键词来展开详述。

样板

第一个关键词是“样板”。在全球化时代，仅仅依靠个体的能力来单独进行生产活动是行不通的。在强化个体的同时，有组织、有战略的活动组织系统是必要的。因此，单单建立信息系统或者管理系统是远远不够的。通过合乎逻辑地表现生产系统（控制制造产品的一系列流程的工厂或物流之类的组织）的“样板”来为共同理解打下基础非常重要。

样板原本是把认知系统化的概念，是通过逻辑表达和结构表达来表述的。尤其是在本书中，“样板”一词特指理想化的、规范化的、实体化的典型。以样板为对象，设定想要达到的目的，假设可能发生的各种情况，再以此视角拟定方案，这种方案的合理性和可行性就比较高。

把这种“物”和“事”的思路与样板结合在一起，就能对制造业发挥作用。在制造业的世界里，向来都会把各种概念暧昧地混为一谈。尤其是在生产现场，这样一来往往无法正确把握情况，在实际的操作中便产生了各种各样的问题。因此，把样板和“物”“事”结合在一起，就可以把这种暧昧性排除，让它们之间的关系变得清晰明了，计划的可信度也就提高了，有利于最大限度地发挥组织能力。这样就能建立起强大的生产组织，才能够创造全新的价值。

计算

第二个关键词是“计算”。

在全球化时代，为了应对广泛的业务领域，必须广泛运用计算技术，然而计算能力却是有限的。即使计算机的性能已经变强了，仍然不足以应付高难度的工程。

科技是有上限的，所以不能完全依赖科技，而要最大限度地发挥计算的能力。用计算来实现人的意愿和行动才是有效并且有意义的。

技术是不可能完全替代人的。即使如今新兴的物联网和人工智能（AI）已经应用于制造领域，也是如此。如何通过计算来强化生产组织的能力也是重点之一。

经验

最后一个关键词就是“经验”。

“三现主义”(现场、现物、现实)所代表的日本产品制造工艺对现场讲究到极致。这一点确实是日本的一个优点。但是,现场的各种经验作为个人技术,具有属人化的局限性。

为了有效利用现场的优点,在对经验主义的现场活动不断有效利用并从中得到“发现”和“见解”的基础上,把现场作为一个体系,在形式上使之知识化。把一个个现场做成上文提到过的“样板”,是个人知识到体系知识的升华,也关系到现场力量的革新。

以上提到的“经验”“样板”“计算”三个要素是通往第一个主题的途径,也是获得面向未来的推动力,即“产生价值之力”和“能够变化之力”的起点。但是,由于这三个要素性质不同,所以将它们有机地结合起来并使其有效地发挥各自的作用是十分重要的。

也就是说,能否制造出反映经验中得来的“发现”和“见解”的样板以及能否通过计算能力评价样板并对优秀的生产系统做出支持就是重点所在。而且,能将三要素综合起来的新型技术概念是很有必要的。

本书提出了能够综合“经验”“样板”“计算”三要素并且能够支援“产生价值之力”和“能够变化之力”的第二个主题,即“仿真集成制造”这一全新概念。

仿真集成制造的核心在于表示生产系统的“生产样板”。与生产有关的资源作为“物”，与生产有关的操作作为“事”，都列入其中。通过对生产工厂的作业活动以及资源流程的预测技术，实现了对话地开展各种试验的“预测性工程”。因此，作为仿真集成制造的共同基盘，从计划到设计、批量生产的生产部门业务将会被紧密地连接起来。

由于运用了生产仿真，这个概念被叫做“仿真集成制造”。关于详细情况可以参阅本书正文部分。仿真集成制造支持并保证了与生产有关的各种策划、计划的合理性和可实现性。

不仅如此，基于共同的生产样板，仿真集成制造也将各组织内仅能实现部分最优的计划业务作为一个整体推进到整体最优化。虽然生产链和供应链的业务流程常在不同组织内进行，但是将它们的活动联合起来并实现全体最优，具有十分重大的意义。

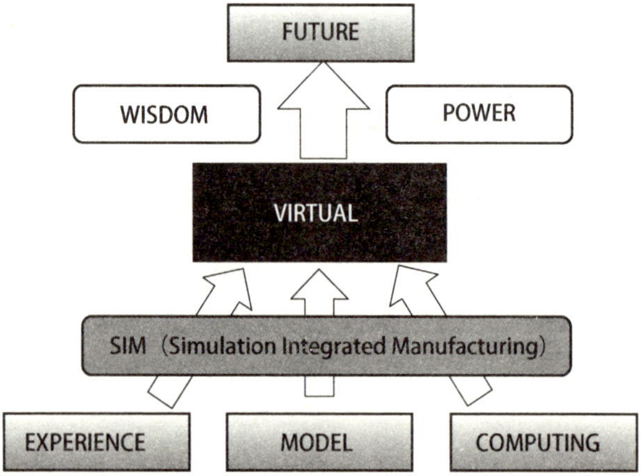

而且，由于能够预测未来，仿真集成制造超越了时间。由于能够涵盖物理上看不到的范围，仿真集成制造超越了空间，实际上提供了发生与现实同等的“事物”的机能。这被称为机能性空间，也叫虚拟空间。

“虚拟”不是假象虚构的意思，而是“实际如此”。根据仿真集成制造所制造出的虚拟空间能成为机能性空间的“真实空间”。而且，这里共享经验的场所是联合思考的场所。通过在虚拟空间内的活动，在其中将发生新的“创造”。

关于虚拟的议论超出了本文的主要内容，因此不再赘述。但是通过将产品制造中的“经验”“样板”“计算”虚拟化并综合起来，从其中产生“智慧”与“力量”的组合，有助于开拓面向未来的出路。

本书的构成如下。

第一章，在变化多端的全球化环境中思考日本的产品制造问题，并说明物联网、工业4.0等新动态的定位，对该课题进行陈述。

第二章将面向今后的产品制造经营的理想状态，说明作为其道路起点的“经验”“样板”“计算”的含义，其中将特别说明“样板”的含义及引入“样板”的意义和效果。

第三章将介绍仿真集成制造的概念，并在说明仿真集成制造的基本观点的同时说明“经验”“样板”“计算”虚拟综合的意义和效果，还将特别阐述仿真集成制造通过虚拟化将得到怎样的智慧和力量及其功能和目标。

第四章将介绍为了实现仿真集成制造而采取的技术手段及其运用技巧，如分析技巧、问题解决技巧以及支持决策的最优技巧等，并说明仿真集成制造有实现的可能性。

第五章将介绍如何通过产品制造使仿真集成制造产生效果。为了实现战略性的产品制造革新，将通过几个案例研究来介绍有效利用仿真集成制造的效果、适用案例和有效性。

第六章将思考如何通过仿真集成制造的有效利用来发展人的智慧。这一研究关系到本书所提出的产品制造战略的发展壮大。

第七章将介绍与日本产品制造业密切相关的人士的谈话。

对上述各章节感兴趣的读者，可以有选择性地阅读。

下面将根据读者的工作岗位来为大家介绍相应的阅读重点。

制造业管理层、参与经营战略的读者

瞄准“仿真集成制造”这个概念、想优先阅读其有效利用方法的读者，建议您在确认第一、二、四章的目的和意图后阅读第三章。

从事生产技术、制造的读者

希望您阅读与工作有关的内容。建议在浏览过第一、二章并确认了仿真集成制造的目的之后，以第三、四章为中心，阅读与结构和技术相关的内容。另外，第五章的案例也可供参考。

从事企业IT行业的读者

“仿真集成制造”的概念建立在IT的基础之上，因此请从事IT行业的读者务必读一下本书。推荐您以第三、四章为中心，领会为了实现本概念的系统。

生产系统的研究者、学术界的读者

如今，产品制造的理想状态日新月异，如果本书对各位读者的技术研究能提供参考，那将是笔者的荣幸。建议重点阅读第三章的基本概念、第四章的仿真技术以及第五章的效果样板。

学习产品制造的学生们

对于学生们来说，比起局限于某一章节的内容，更希望大家能够全面阅读本书。希望学生读者们可以理解产品制造的过程、本质、应对方针和方法。

在公共机关参与制定制造业战略的读者

本书的目的并非使您获取知识，也非单纯地解说概念，而是阐述未来的革新产品技术、构筑产品制造的方法和笔者的看法。希望您在阅读第一、二章之后阅读第四章。

第六章里收录的是与日本产品制造业密切相关的人士的对话。

从现在起，我们应当尽快实现经验共享、协同创造。为此，笔者在 2014 年 12 月至 2015 年 5 月期间与产品制造业各领域的相关人士进行了对话。

对话以“专门性知识和数字工程”为主题，涉及生产现场、产品设计、产业再生、价值创造、社会设计等领域。由于这些对话内容非常激烈刺激，所以特在本书中记录下来。

本书收录了“经验”“样板”“计算”“虚拟化”“仿真集成制造”等

新概念。如今的国际社会日新月异，各位读者每天都在接受各种挑战，如果本书对大家能有一定的参考价值，将是笔者的荣幸。

为了说明新概念，本书的表达略显冗长、重复，还请各位见谅。

对本书有意见和建议的读者，请一定批评指正。

中村昌弘

2015 年 8 月

目　录

1 第一章

多变的世界与生产战略

全球化时代的制造业经营

当今世界的变化之剧，连罗马教皇方济各一世都在他的即位仪式上感到困惑。因为他的即位仪式和前教皇的即位仪式相比，除了两次仪式的中心都是罗马教皇外，其他的情形都截然不同。(见图 1－1)

罗马教皇本笃十六世即位(2005 年)

罗马教皇方济各一世即位(2013 年)

图 1－1　从罗马教皇即位仪式看世界的变化

市场也是如此。如今,企业只要重复生产同样的产品就能生存的时代已经过去了,现在必须根据市场的变化来变革产品、生产场所、产量、生产方式以及产品本身的魅力。无论是在 B2C(企业对客户)领域还是 B2B(企业对企业)领域,产品是否具有市场价值和魅力、有无服务将决定胜负。随着经营环境的改变,市场价值也会产生波动。因此,如何在这种环境中培养“创造价值的能力”和“灵活应变的能力”,是当今制造业经营中的一个重要课题(见图1-2)。

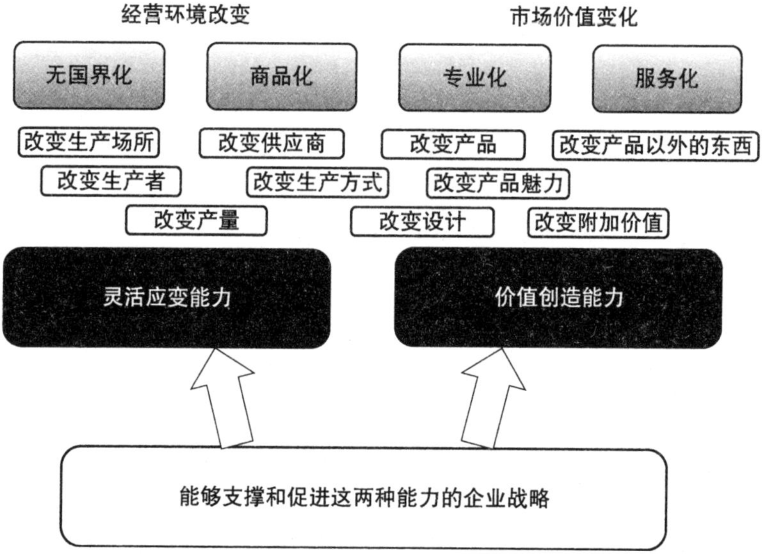

图1-2 推进“灵活应变的能力”和“价值创造的能力”的企业战略

为了解决这个问题,就需要采取各种强有力的措施,例如寻找优秀人才、强化组织能力等。从组织能力的角度来看,产品战略、销售战略、市场战略、调控战略、生产战略等各种战略之间是息息相关的。所以说，只有把这些战略集约起来实行，才能产生“价值创造的能力”和“灵活应变的能力”。

本书将着重于生产战略领域，探索生产战略今后的发展方式。

首先，本章要讨论本书的第一个主题，即世界各国制造业中物联网崛起的意义，并基于德国、美国和日本的制造业特点和社会背景，来探讨三国各自制造业的发展方向和必然性。

本书还将引入一个新的概念。既然社会组织的行为可以称之为文化，那么笔者就将产业社会中的文化称为“产业文化”。以下将解释“产业文化”这一词的定义。

产业文化能发挥的作用非常大。如果企业已经拥有独特的产业文化，再把自身的优势和新技术相结合，就能轻而易举地实现创新。而如果只是单纯地引进新技术，就无法实现组织性的革新。

在合理运用以物联网为代表的新技术的基础上，如果再把产业文化自身固有的优势和技术相结合，就会升华至一个全新的层面。此时就可以采取促进“灵活应变的能力”和“价值创造的能力”的生产战略。本书将围绕第一个主题，着重论证这一点，并拟通过论证来探讨日本制造业的未来之路。

从仅仅追求 QCD 到价值创造

在制造业经营领域，日本制造业的基础迄今为止仍在全球具有非常重要的竞争力。直观地看，日本的制造能力压倒性地超过了其他国家。日本需要在今后继续保持这种强大的综合能力，才能与欧美和亚洲其他国家、地区相抗衡。毕竟这是日本最大的优势，或者说是迄今为止最大的优势。

但是，就像本节标题所提到的，片面追求 QCD（品质、成本、交期），重复生产相同的产品就能生存的时代已经过去了。在批量生产中，PDCA（计划、执行、检查、纠正）质量环已经开始发挥作用。这意味着在实际生产中必须留有磨合的空间。不过，这种管理方法并不适用于重视少量多样生产和产品投入市场的速度的时代。

最大的变化是产品功能和 QCD 在市场上已经不再占绝对重要的地位。如今追求的是超越 QCD 层面的具有市场价值的产品，已经进入了追求产品魅力的时代。

而且，仅仅追求 QCD 也是不行的。如今既是创意和设计很容易被模仿的复制时代，也是要灵活组合不同功能零部件的模块化时代。在这种情况下，日本固有的优势就不明显了。如果再缩短产品寿命的话，就要面临飞速变化的竞争挑战，这绝对是不明智的。

在这种时代，关于市场价值的理想状态，一桥大学创新研究中心主任延冈健太郎教授在他的“价值创造经营理论”中强调了价值创造的意义和重要性。他把商品价值分为功能价值和意义价值，并指出强化意义价值是非常重要的。此外，他还提到了制造力作为支撑意义价值的基础的重要性和贡献。

然而，即使实现了具有市场竞争力的意义价值，也未必能维持竞争力。比如，元件技术的活用反而降低了进入市场的门槛。但是，如果为了实现意义价值而创造了独特的制造力，便能占据他人无法轻易模仿的竞争优势，达到“别人无论如何也造不出来”的境界。如果从生产实务等基础层面就拉开与对手的差距，就不会被对手轻易追上。

拥有优秀的实际操作能力，并能从业务操作中不断和对手拉开差距，这种状态被称为“卓越运营”，这是企业竞争力的来源之一，也是决定企业能否把独特的、排他的技术和能力整合起来，创造出不易被模仿的稳固的市场价值的关键。

仅仅是利用物联网智能工厂化，并不能产出强大的制造力。

从自上而下型转向创发型的生产战略转变

接下来，我们探讨采用何种战略才能从制造力中创造出卓越的价值。

在前一节中已经指出，有必要采取以产出“灵活应变的能力”和“价值创造的能力”为目标的企业战略。固然，加强能制造吸引人的产品的“产品力”和能制造独特产品的“制造力”都非常重要。然而，任由这两种力量各自独立发展是不行的。只有把这两种力量结合起来，才能拉开和对手的差距，维持产品的市场价值。

所以，把制造力作为一种能够拉开差距的战略灵活运用，生产在市场上受欢迎的产品，是一种有效的方式。

生产战略不能像企业战略那样采取单纯的自上而下的转变方式，也不能仅仅满足于生产组织目标的完成。必须在采取最优的生产战略的同时构建可控的、强健的组织能力，发挥创发能力，使组织能力及其潜力体现在企业战略中（见图 1－3）。也就是说，必

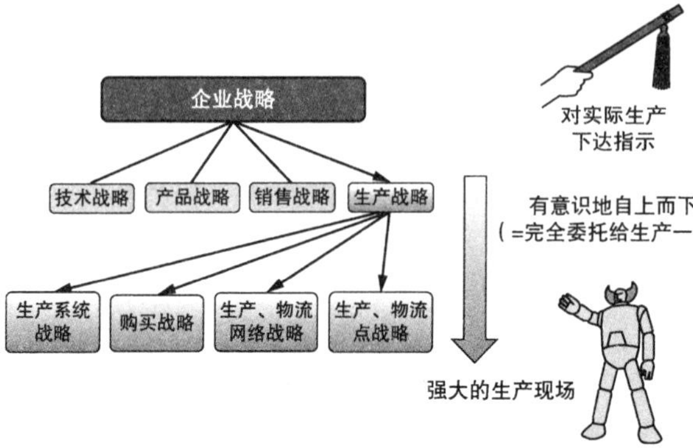

（1）以往的自上而下型生产战略

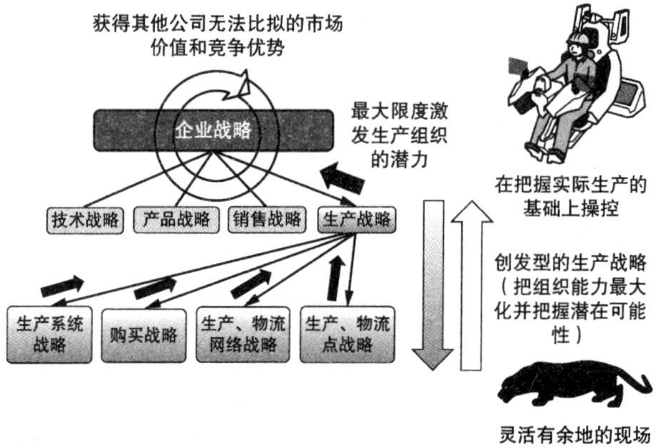

（2）灵活运用组织能力的创发型生产战略

图 1-3　全球化时代的生产战略的理想状态

须正确把握并激发企业自身的潜在可能性。

在企业战略方面也要了解这种生产组织中的潜在可能性，并有效利用组织能力来推进创造市场价值的工作，即在追求卓越运营的同时把它作为一种企业战略。这种方法是以丰厚的市场价值为目标的企业战略中的重要一环。

具体一点就是，众所周知，生产组织确实不能完全把握生产一线的实际情况和整体情况。这是因为很多生产方面的业务都是以人的管理为主，数据被放到了次要地位，或者没有采取系统化的管理体制。

如果企业能清楚掌握生产一线的情况，就能预估各种可能性，也不会陷入管理主义，就能运用事业战略来发挥企业的潜在可能性。也就是说，相对于企业战略而言，生产战略表现出一种自下而上的可能性，只有让企业战略朝着把这种可能性最大化的方向发展，才能让企业走上通往新时代的大道。

杰伊·B. 巴尼(Jay B. Barney)在他的“企业战略论”中提到：虽然在经营战略方面，战略性的重大决定是举足轻重的，但是在实际生产时如果能调动积少成多的各种微小的力量，就能在整体上确立竞争优势。在资源基础理论中，这是一种为了在竞争中占据有利地位的企业战略。把企业战略中的目标和生产战略中的执行力互相结合，共同推进企业活动，就是一种能够在全新的时代开拓可能性的经营战略。

再看看日本的实际生产，的确是灵活运用了“生产中的积少成多的力量”。然而问题是，仅仅采取自上而下的贯彻的执行方式就能使这些力量充分发挥，这说明日本企业太过于依赖生产一线。

重要的是，要把提高拥有这种能力的可能性作为生产战略，并提升到企业战略的高度，来进行竞争优势的争取。本书就将探讨能够实现这一目标的途径。

再者，虽然本书介绍的概念并不能直接告知创造新价值的具体方法,但它们却是创造新价值过程中必不可少的制造业方面的根基。

企业不能仅仅关注QCD,而要像延冈健太郎的"价值创造论"说的那样,为了实现价值创造而强化制造力。

超越优化

上一节已经阐述了应该如何发展制造业。接下来看一下关于生产一线的情况。

以往,由于生产一线的强势,往往容易形成过分依赖一线的局面。说直白一些,就是把事情一股脑丢给生产部门。然而即便如此,生产部门在面对提升品质、提高生产率、压缩制造成本等难题时仍然是利用强大的现场能力来解决。这是日本的强大之处,也是日本竞争力的源泉,这样才能够培养人才、获取技术情报、达成上级指示。在这种背景下,日本制造业通过不断优化,积累了很强的现场能力。在用高度的现场意识寻找问题、解决问题的过程中,制造业的根基得以日益稳固。

不过,仔细考量的话,优化毕竟只是针对结果的返工,因为只有问题产生后才能制定对策。质量环(PDCA)的流程是一个执行、确认、找出问题、采取对策的循环,说好听一些是一种反馈,说得不好听,就是"头痛医头,脚痛医脚"的解决问题方式。(见图1-4)

仅仅靠这种返工式的优化是无法适应全球化形势下的快节奏的。如果大形势还是过去那种在固定的地点大量生产相同的产品的话,这种优化方式倒还能行得通。然而,今天的制造业已经不能止步于实施行动之后再采取对策,而是要在实施计划之前就找出

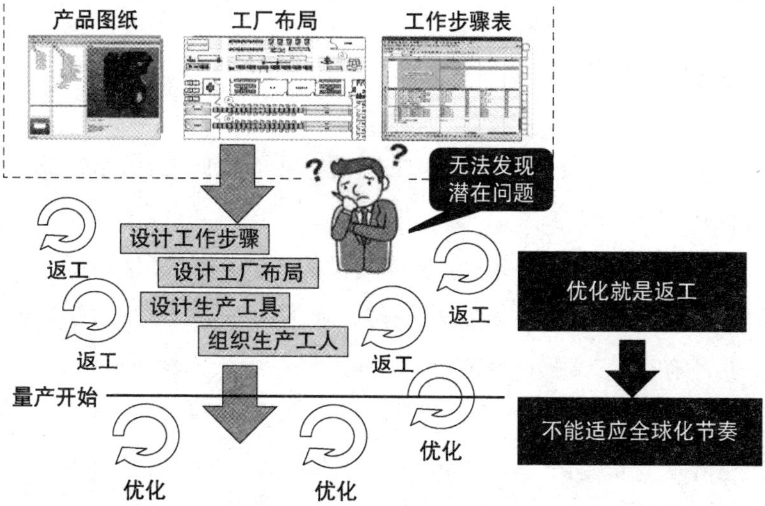

图 1－4　返工式的“优化”

问题并采取措施。在进行多种类生产时，没有在量产后再修改弥补的余地。在思考对策的时候，产品的生涯就终结了。

人的能力一如既往地重要，甚至会变得更加重要。但是，这并不意味着用简陋的设备和纪律、情报组织打肉搏战，而是要用敏锐的数据网络和机动部队以及万全的事先准备进行智斗。这样一来，就必须预测可能出现的问题并准备预案。为了能够准确地判断问题，能够预测未来走向的数据网式技术手法是必不可少的。生产战略中的一项重要课题就是灵活利用迄今为止积累的改革力量与成果，创造出更加高级的科技手段。

而且，经营环境的变化对支援生产现场的组织来说无疑也是一种重负，产生了各种各样的弊病。下一节就将关于这一点展开论述。

专业性的消失

上一节中讨论了优化活动的问题。然而除此之外，组织的问题也是十分严峻的。

企业的经营环境受股东资本主义的影响，引进了欧美式的管理主义。此外，随着成果主义的导入，业务的外包化倾向也随之扩大。还有企业改组、成本削减、集中投入、缩短生产准备时间、针对各种市场需求开发产品、从量产向多样化生产的转变等，这些都是经营环境的新变化。

这些变化导致的结果就是技术人员的专业范围变窄。随着经验丰富的技术人员离职，企业内部出现技术断层。而且，出现这种问题不光是因为技术人员的数量减少，技术人员的专业素质不高也是原因之一。这种局面延续至今，形成了整个制造业极端缺乏技术人员的现状。（见图 1－5）

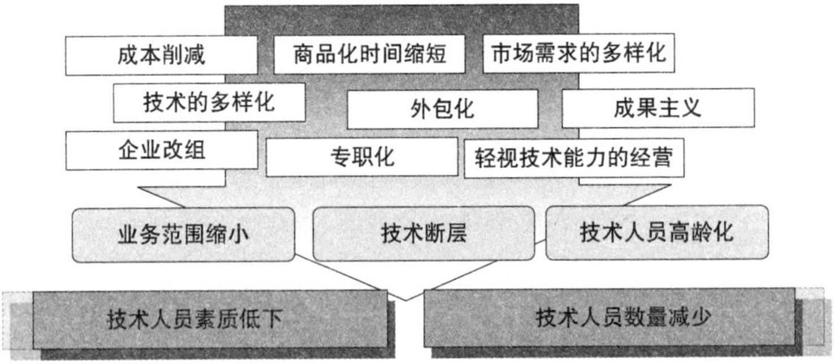

图 1－5　制造业组织的弱化

前面提到了在经营环境的变化之中优化行为的定位，本节中也是一样，在组织正在发生质变和量变的情况下，仅仅凭既有的思维定式和努力并不足以对未来进行展望。显而易见，只能探索一条新的出路。

日本、美国、德国、中国的制造业

为了探索今后制造业的发展之路，学习其他国家的长处是很重要的。下面我们来探讨日本、美国、德国和中国各自制造业的优势。

作为近代工业的制造业向来是由欧洲、美国和日本引领的，直至今日，这些国家仍然保有各自的强势之处。如图 1－6 所示，这些国家的优势各有不同。

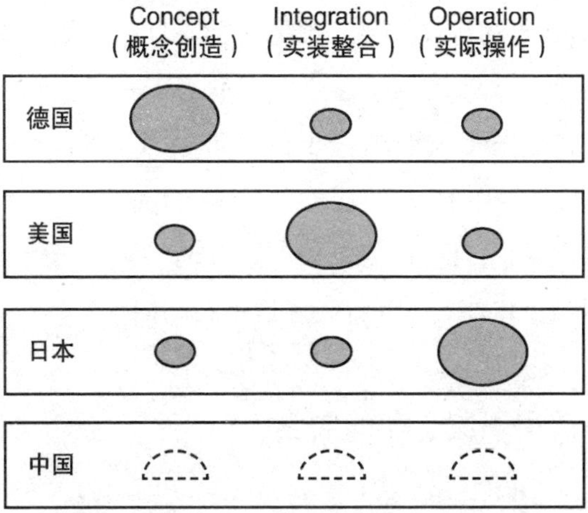

图 1－6　日、美、德、中各国制造业的优势

显然，德国的概念创造非常强，美国的实装整合能力突出，日本则是擅长实际操作。举个例子，德国始终对绝对精度和固定标准有着近乎极端的追求，力求精益求精的品质；日本则是在实际生产过程中追求更好的部件组合方式，以“相对”的态度巧妙地追求品质。

再进一步说明。以组装产品为例，德国是通过保证每个零部件的精度来确保产品整体的精度，而日本则是在操作中通过巧妙组合加工精度的偏差来调整总体，以确保最终成品的精度。

然而，美国和日本、德国都不一样，美国并不执着于制造本身，而擅长把目标放在服务和商业方面，把生产系统化。典型的例子就是通用公司的商业模式：把制造飞机引擎和服务整合，强化制造业的优势。

作为世界性制造据点的中国也有着自己的优势，然而中国的优势和前面列出的日、德、美三国的优势不同。中国的优势在于吸取其他国家的长处。但是，这种吸收不是在一定基础之上自然形成的，所以它是先天不足的，只不过由于中国具有强大的发展能力和速度，才使这种吸收能力成为其制造业的优势。

过去一直利用自身优势发展制造业的各国都面临着信息技术革新带来的新动向，下一节将讲述这些新动向。

物联网中适用于制造业的要素

物联网的灵活运用在制造业中掀起了一股巨大的潮流。

物联网最开始被认为会在 B2C 领域大显身手，然而已经有很多人注意到其实它在制造业中也是行之有效的。

关于如何在制造业中运用物联网，德国提出了“工业 4.0”的概念，以政府和民间合作的方式进行新的技术开发（见图 1－7）。由于“工业 4.0”的涵盖面太广，很难直接简练地解释这一概念。从狭义层面来讲，“工业 4.0”就是以自动智能机器为中心的信息物理系统构建自动分散化的生产系统，并由此展开各种应用。

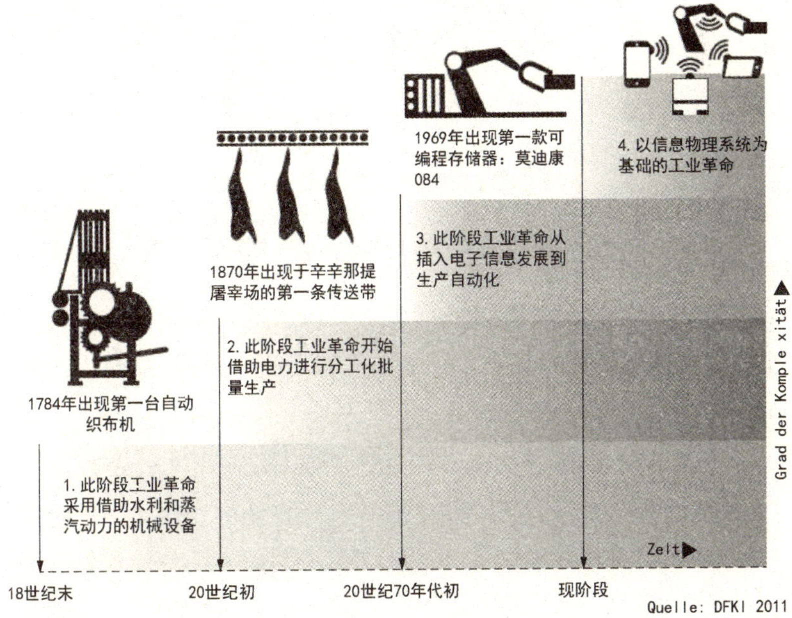

摘自德国政府资料
http://www.plattform-i40.de/hintergrund/rueckblick

图 1－7　工业 4.0 平台

如图 1－8 中所示，这些智能机器都是即插即用。也就是说，只安装一次生产设备就能完成追加、交换、取出等行为。由于各种智

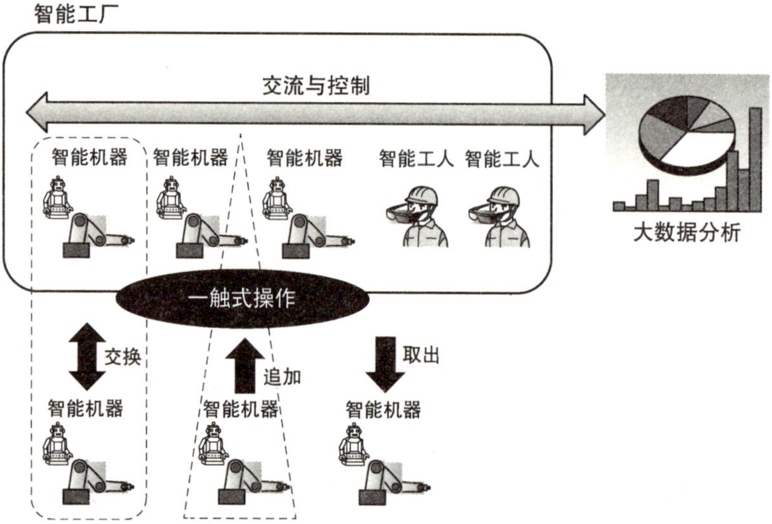

图 1－8　以智能机器的标准化强化制造现场能力的“工业 4.0”

能机器的接口都是标准化的，因此可以通过组合智能机器构成一个整体的生产系统。这样的组成方式可以适应多种产品的生产需求，具有更大的生产灵活性。

另外，通过存储智能机器的动作情况，对它们进行大数据分析，就能够得到新的信息和反馈，从而针对市场的变化和设备的特性采取灵活的应用对策。

这一战略也是强化物联网中的生产现场调度能力的一种方法。上文提到过德国以强大的概念能力为背景，此战略也使工业更加趋向标准化。

美国则是以通用等公司为中心，推行工业互联网联盟（IIC）（见图 1－9）。工业互联网联盟和“工业 4.0”这种倾向标准化的概念不同，它强调通过个体的组合来创造新的服务价值，灵活运用整合的力量(这是美国的优势，上文也提到过)来构建信息物理系统。与其说这是制造，不如说它更倾向于把生产产品本身和制造产品之后的使用服务结合起来。

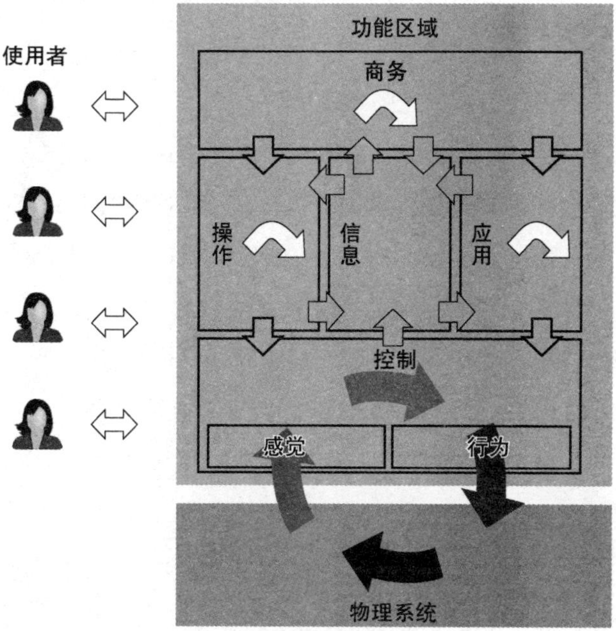

图 1－9　工业互联网(摘自 IIC 资料)

各国都灵活运用自己独有的优势来推行物联网时代的制造业战略，那么，日本的制造业应该怎么做呢？

上文已经指出日本制造业的优势在于操作能力。即使现在制造业已经发生了很大的变化，日本仍在汽车、复印机、打印机等零件数量庞大的产品的制造领域和高科技电子零件的制造领域占据着压倒性的优势。

并且，日本经过优化减少了浪费，实现了高效生产和低消耗，缩短了商品交货期，拥有强大的竞争力。这就是东京大学制造经营研究中心主任藤本隆宏教授所说的“磨合”“精益求精”，或是前面提到过的一桥大学的延冈健太郎教授说的“积累的技术”。这种操作的技术是理应被优先强化发展的。

然而，从另一方面来说，这种优势也是有限的。如图 1－10 所示，操作能力仅能在现场活动等狭窄的范围内起作用，只能做到部分最适化。而且，操作是以人为本的行为，所以也仅限于人的活动所及、目光所及及伸手所及的范围。在设备与设备、设备与操作员、零件与设备、零件与零件等近距离的范围内处理一个个问题的场合，操作能力还能发挥作用，可是如果问题涉及整个生产线、整个工厂和所有产品，操作能力的作用就极其有限了。从部分最适化到整体最适化，这条路绝不是平坦大道。

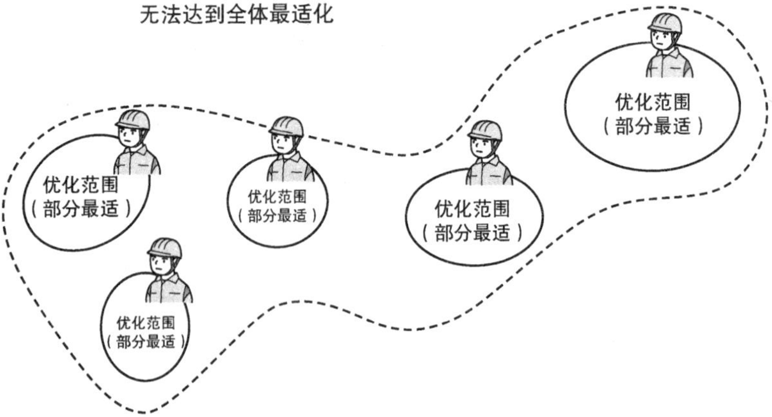

图 1－10　优化活动的部分最适化

既然如此，就要灵活运用物联网，针对这种受限的情况采取对策。一种办法是把优势进一步强化。就如图 1－11 所示，扩大物联网中优化力量所能及的范围，由此扩大部分最适化的范围。

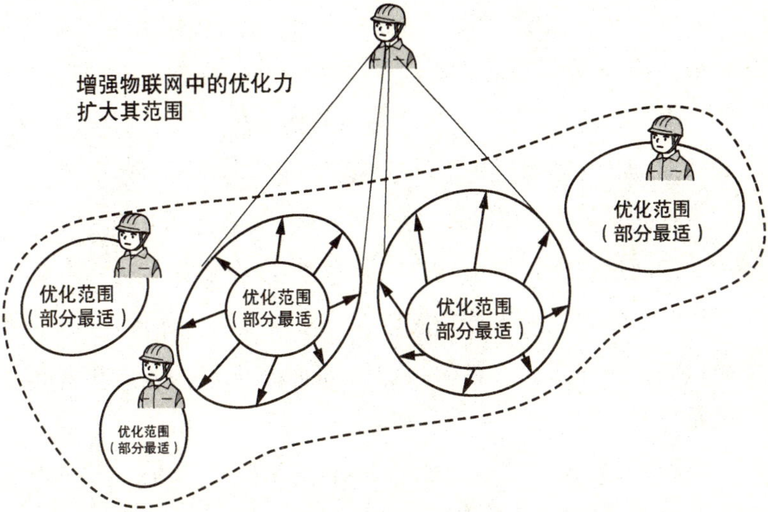

图 1－11　灵活运用物联网强化操作能力

具体一点就是，灵活运用物联网中的信息收集能力，把不可见的范围可视化，创造出虚拟环境，运用一直以来的方法进行优化。即使是同一家工厂，也能针对不同的生产区域进行优化，还可以对海外工厂进行远距离优化，即“远程优化”

本章中的“超越优化”和“专业性的消失”两节中已经指出了操作能力的限度和破绽。在这种情况下，通过灵活运用物联网来进一步增强日本制造业的优势是一种思路。换言之，就是提高优化的生产性。这种方法一定会发挥出相应的效果。比如，笔者开发的生产线模拟装置“GP4”（现在作为富士通产品在销售）就是一种解决手段。把生产线模拟到三次元中，并在上面进行优化活动，这样就能在批量投产之前解决相当一部分问题。通过高效的优化，可以压倒性地削减返工的概率。

但是，一般来说加强优势的过程不会十分顺利，因为人很容易保守地坚持、依赖既有的方法，产生维持现状的倾向。在制造业的世界中也是一样，既得的成功和对自身优势的认识反而会阻碍变革。然而，即便如此，还是必须超越现实，进一步发挥优势。

仅仅提高优化的生产性、扩大对象范围、推进部分最适化是不够的。即便这样能够加快解决问题的速度，企业却无法从中获得革新性的竞争力。如果只是像过去一样单纯地加强操作能力，那是不行的。在物联网的时代，必须彻底地追究操作能力在本质上到底是什么。

且看“工业 4.0”和工业互联网联盟的发展。“工业 4.0”并不是仅仅把物联网导入生产设备中，而是把更高层面上的概念——标准化作为战略。工业互联网联盟也不是单纯地把物联网导入产品中，而是在其之上追求为用户提高用户便利性。

换言之，不能仅仅止步于用物联网支持自身拥有的能力，而要把自身拥有的能力和物联网结合起来，把自身能力的本质替换为和时代相符的全新的概念、服务和方法论。不要仅仅把物联网当作一个道具，还要在物联网中进行制造力的改革创新，这才是成败的关键。

前文所提及的不能在操作优势的层面上止步不前，即不能满足于仅仅维持把组织能力最大化的操作优势，还要在物联网和信息通信技术中革新这种能力，必须探索在全球化的时代，操作的实质究竟为何。

从下一节开始，将通过研究物联网时代制造业的本质来探讨日本制造业所应追求的方向。

产业文化与制造能力的本质

德国和美国推行的"工业 4.0"和工业互联网联盟是非常广泛的概念。虽然目前才刚起步，但无疑它们都是全新的挑战。

在"日本、美国、德国、中国的制造业"一节中已经对"工业 4.0"进行了介绍。操作环节弱势的德国利用这一新的技术理念试图弥补自身的不足。而工业互联网联盟则是利用强化操作来扩大整合的范围，从而强化服务。这是两国为了改变自己的弱势而采取的措施。

这两个措施对日本的制造业造成了很大的威胁，因为这些措施让现场能力不及日本的德国和美国也能形成与日本抗衡的智能系统。在这个正在发生剧变的时代，日本也必须寻找新的出路。但我们也无需太过悲观，在充分理解物联网化本质的基础上，一定能找到今后的出路。

以下将从产业文化的视点出发，重新审视各国的制造能力。（见图 1－12）

欧洲的产业构造一直是横向分工式的，企业即使在商业方面存在竞争关系，也会使用兼容的零件。比如，瑞士的高级机械表就有着使用统一口径的产业文化（见图 1－13）。

即使是高级品牌产品，它的核心部分也是通用的零件。另

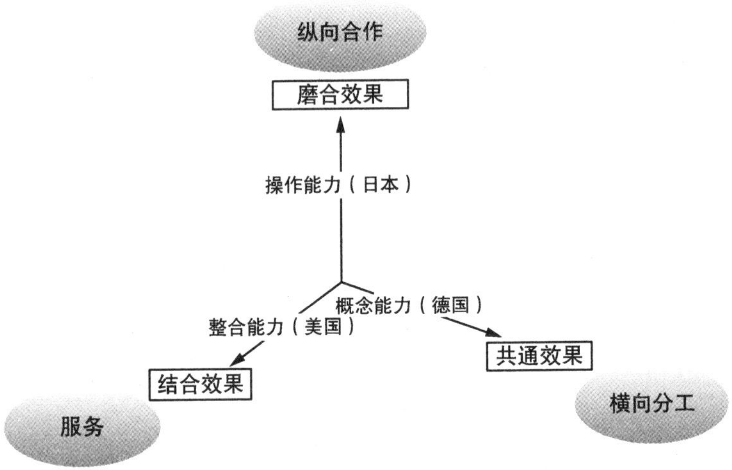

图 1－12　产业文化背景下各国的制造能力

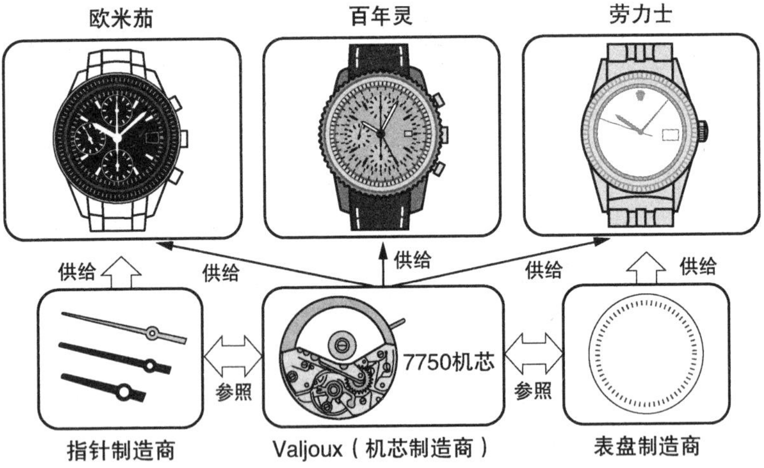

图 1－13　欧洲机械表产业的横向分工

外，在市场上互为竞争对手的高级汽车公司也会委托同一家公司（原始设计制造商）进行生产。这是因为零件并不是商品价值的源泉，零件的价值在于只要能使用就行。即使使用了可以与其他产品兼容的零件，品牌的价值也会体现在各公司自己制造的部分中。欧米茄表的价值并不体现在口径的性能和品质上，而体现在它的设计和品牌价值上。也就是说，这并不是堆砌式的价值创造。

与其称美国的产业为一种社会构造，不如说是一种追求个别服务和附加价值的文化。美国的产业彻彻底底地追求整合，它的特征就是强调特殊性，把零散的点与点紧密地联系起来，整合效果，再从中创造价值。由于美国的社会是多样化社会，所以美国的产业文化并不是普遍化的，而是追求个别性和专门性的。

而日本的产业结构和欧洲完全不同，是纵向合作的形态。虽然这种形态还不能被称为阶级体系，但是仍然摆脱不了阶级体系的影子。日本时至今日仍然在利用操作能力推进纵向合作的同时不断磨合，达成高效的 QCD。然而，日本的产业在横向方面的联系仍然很弱，导致的结果就是模块化和兼容零件化程度低，而且企业共存共有的意识还很薄弱。

德国的必然、美国的必然以及日本的必然

日、美、德三国的长处和特点各不相同。在物联网时代，如何把这些长处最大限度地发挥出来是今后的重要课题。

需要注意的是，前文已经提到过，并不能把物联网仅仅作为一个新的工具或一种为了发扬长处的技术，而是要把它进行战略性的活用。必须仔细思考物联网的本质到底为何。

围绕这一点，图1－6已经说明了各国的长处和短处。如图1－14所示，把物联网用于弥补自身弱势是一种非常有效的制造业战略。

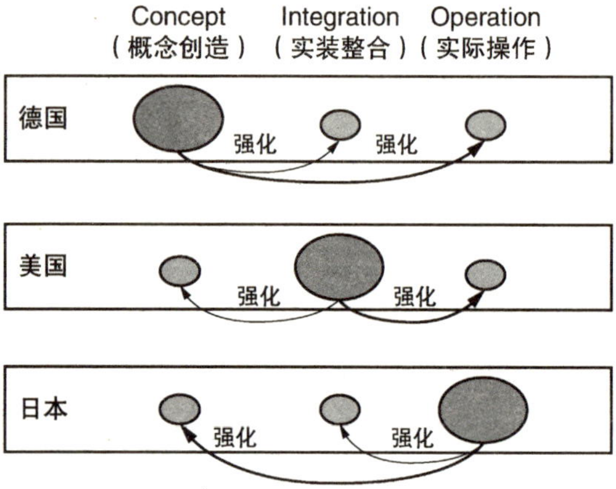

图1－14　针对各国制造业优势的战略

具体是什么样的战略呢？图1－15做了说明。德国要在推进横向分工的标准化生产中成为领头羊，通过建立智能机器的交互性来强化自身的操作能力，这是德国制造业发展的必经之路。

而美国则是要占领服务化的市场，通过彻底地整合工业互联网联盟，强化各企业的商业服务。这是美国必然的发展之道。

德国和美国都以自身拥有的能力和产业文化为中心，以物联

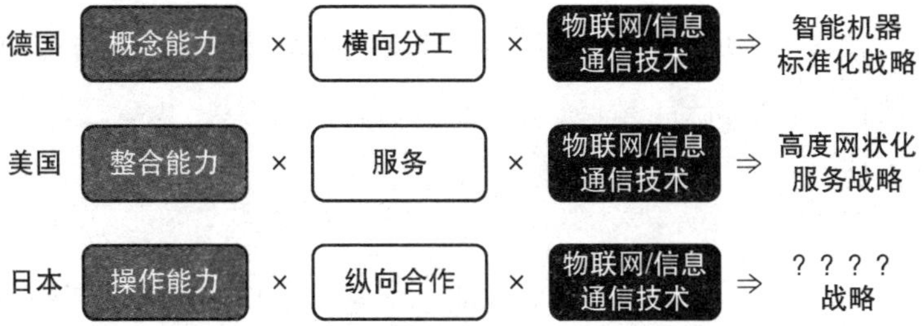

图 1－15　激发制造能力的战略

网和信息通信技术为基础，来达到自身制造力的创新。

那么日本的必然之路又是什么呢？下一节将论述这一点。

预测性工程技术中的纵向合作

提到利用日本制造业的自身优势，必然会提到推进纵向合作，这就是日本的必然之路。

不要误会，这绝不是说要强化阶级体系。既然要利用操作能力来踏实稳健地推进纵向合作，那么如何灵活运用这种能力以及如何在这种能力上进行创新都是必须考虑的问题。接下来将从这一视角出发，来探讨日本制造业的方向。

在灵活运用物联网的过程中，智能机器和大数据分析等技术的效果十分令人期待，然而只是单纯地导入这些技术来进行数据交换、共享和分析是无法达到目的的。必须在分析之后重新构建生产系统。比如，针对已经提出的目标，明确指出应当以何种形式和思维来进行生产。为了战略性地打开生产，专家的知识和经验是很重要的。要根据生产战略来使生产系统达到最优化。

在这一领域,“工业4.0”和工业互联网联盟都只是刚刚起步,即使投入智能机器,也未必能达到目的。而且,这一领域在生产战略中还占有相当重要的地位。

从今以后,系统技术层面的战略主题是如何设计生产系统,知识技术层面的战略主题是如何系统地灵活运用专家的知识、经验、智慧。(见图1-16)

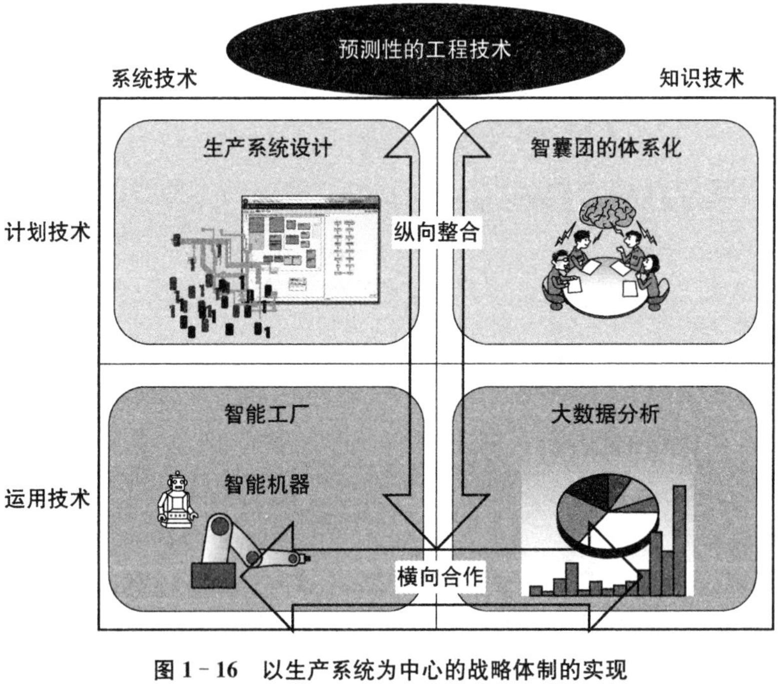

图1-16 以生产系统为中心的战略体制的实现

也就是说，战略的生产系统的设计活动成为焦点，即在构建生产系统方面，从计划业务到生产业务的全面纵向整合。

在实际生产之前的计划阶段，预测生产阶段会发生什么情况并采取事前对策是很有必要的。这种预测技术就是关键，要寻求能够推测将来会发生什么事情的工程预测技术（Pedictive Egineering）。

怎样才能实现这种预测呢？如果要利用日本制造力中磨合和精雕细琢的操作能力来实现它，又应该怎么做呢？下一节将会解释这些问题。

知识整合型网络工程的创新

日本制造业最引以为傲之处就是专家的智慧和经验、磨合能力、精雕细琢的操作以及积累的技术，这些长处都应该被彻底地发挥出来。前文已经阐述了日本制造业发展的方向，即以操作能力为基础的工程预测技术以及在推进构筑生产系统方面从计划到生产的纵向整合，这些日本产业文化背景下的战略。

但是，生产系统的概念设计并不是日本制造业所擅长的领域，甚至是只能在可见范围内活动的现场主义的弊端。既然如此，就应该针对日本擅长的操作能力，借助物联网和信息通信技术的力量，扩大可见范围，进一步把适用范围扩大到纵向合作关系的上层，从而更彻底地发挥出制造业专家的知识、经验和智慧的力量。（见图 1－17）

而且，无论是“工业 4.0”还是工业互联网联盟，都会把企业已

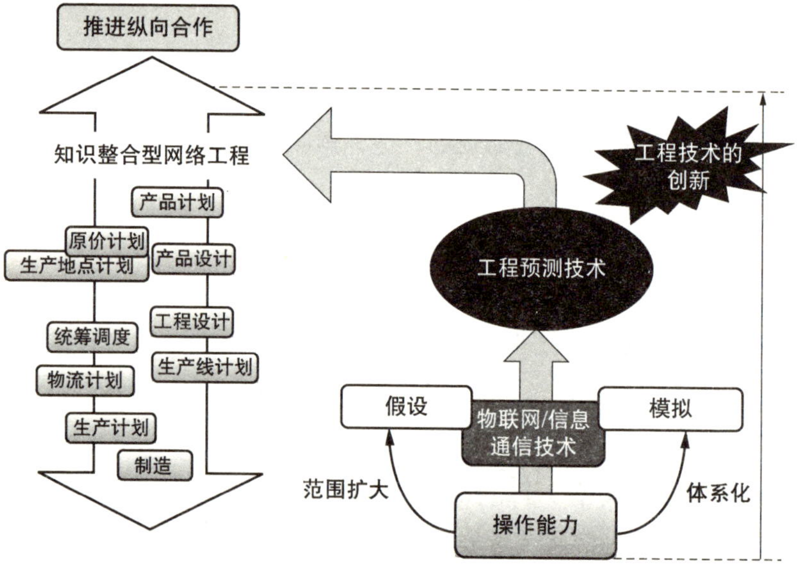

图 1-17　从操作能力到知识整合型网络工程的创新

经具备的能力和物联网、信息通信技术相结合，从而创造新的价值。换句话说，就是用自己的力量创新。

重要的是以日本的制造力所具备的磨合、精工细作和积累技术为基础，利用物联网时代的竞争力和应当具备的工程技术来推进工程业务的纵向合作，利用操作能力中蕴藏的智慧和物联网和信息通信技术使工程成型。这一过程被称为“知识整合型网络工程”，它使以往属于个人的知识化身为整个组织的智慧，从而形成一种强大的推进力。换言之，就是把个体的实操经验通过组织体系化，加速其发展。

这也可以看作是操作能力方面的一种创新。

但是，存在几个问题。能够发现知识经验的操作能力与能够把知识经验系统化的能力之间有很大的差距，即两者之间会有无法整合的情况。说到底，就如同要把水和油互相融合，这一基础就是个很大的难题。

为了解决这个难题，灵活运用虚拟技术和仿真技术不失为一种方法。利用虚拟技术模拟出磨合和雕琢的活动，扩大它们的作用范围，把这些活动方法化后再利用仿真技术把它们变为可以直接运用的技术。另外，还必须考虑如何将个人的经验系统化的问题，第二章之后介绍的概念和技术便是对这个问题发起的挑战。

超越 QCD 的稳固价值构建

那么，接下来谈谈如何利用这些活动来增强竞争力。

之前已经讲过利用物联网和信息通信技术来战略性地发扬日本长处的手段，即构建知识整合型网络工程的必要性和定义以及要通过知识整合型网络工程来强化组织能力以追求功能价值和意义价值。（见图 1－18）

这就是说，要发扬日本擅长的操作能力，强化日本较弱的概念能力和整合能力。要把独立的现场活动联系起来，使其成为“集合整个组织智慧的活动”；而且不能局限于活动，还要把组织能力与作为企业战略的价值构建关联起来。

以知识整合型网络工程为中心发展，才能够最大限度地发挥日本的优势，追求竞争中的有利地位。

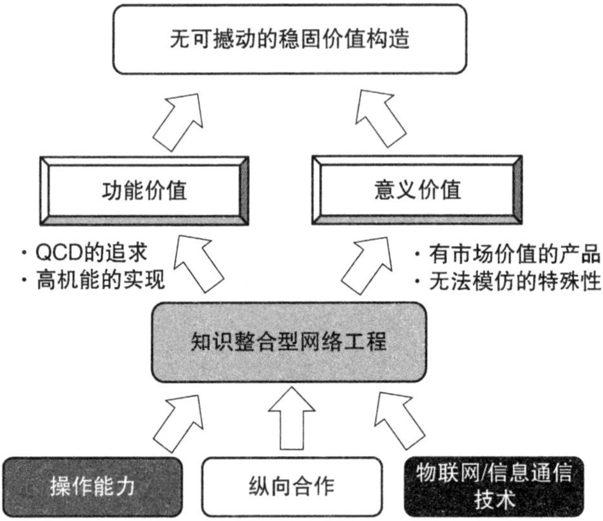

图 1－18　以知识整合型网络工程为起点的稳固价值构造

这里把这种价值构建和商品技术中的价值构建来做个比较说明。如图 1－19(1)所示，如果灵活利用商品技术中的模块，也是有

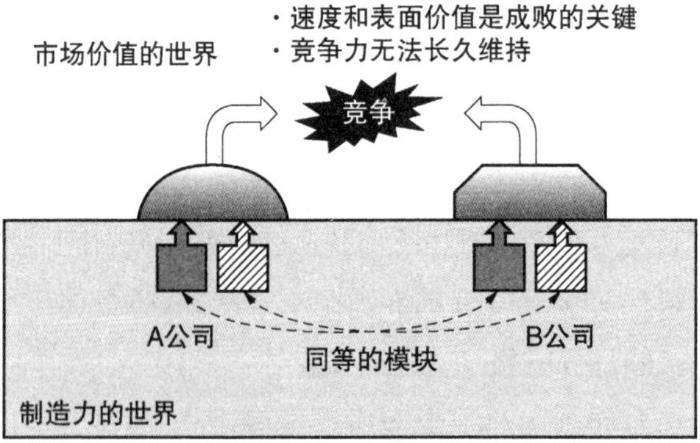

(1) 商品技术中形成的市场价值

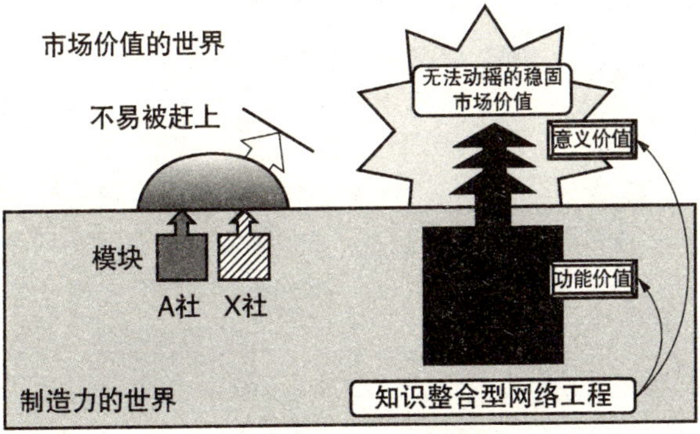

（2）稳固的市场价值的形成

图 1－19　制造力与市场价值的形成

可能创造出具有新的市场价值的产品的。但是，因为这一点谁都可以做到，所以和其他公司的竞争将会成为一场拉锯战。即使拥有了这种竞争力，也难以长久维持。

另外，图 1－19(2)所示的知识整合型网络工程即使是在构建固有的制造力时也能达成其他方法无法实现的意义价值，从而维持无法动摇的稳固的市场价值。

当然，为了实现这一目标，允许差异化的制造力是必要条件。除此之外，强大的创造意义价值的能力和活动也是必需的。然而，日本的制造业是否已经潜在地具备了这些能力呢？希望如此吧。比如，在汽车和复印机等领域能拥有如今的竞争力多少也要归功于强大的基层构造。而以后所面临的挑战才是现在最应该思考的问题。

产业文化和制造业战略的方向

总结一下本章所讨论的内容。图 1－15 提到的日本制造业战略的发展方向必然会指向知识整合型网络工程(见图 1－20)。

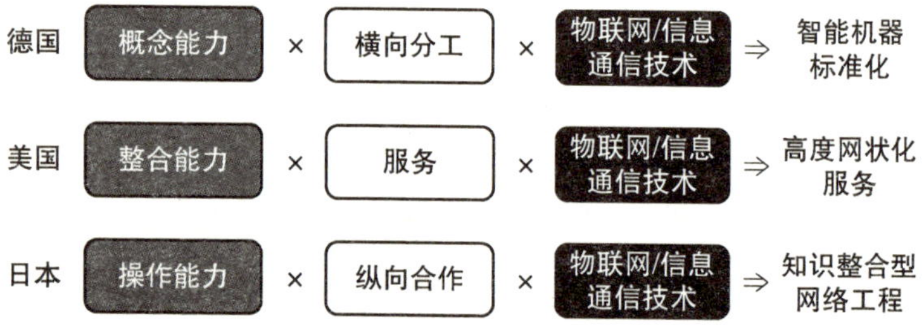

图 1－20　日本制造业战略的方向

再次强调,这不仅仅是利用既有的现场能力和人力,而是把能够产生现场能力的智慧进行整合,使其战略性地组织化的技术概念。

把这种关系按照图 1－12“产业文化背景下各国的制造能力”进行方向性的梳理,就得出了图 1－21。

德国的发展方向是在横向分工的产业文化背景下实现智能机器标准化,利用概念能力带来的兼容化效果在物联网中进行改革。

美国的产业文化背景是服务,因此美国要利用整合能力所带来的结合效果在物联网中创新,努力实现高度网状化的服务。

而日本则应该在纵向合作的产业文化背景下,利用操作能力带来的磨合效果在物联网中革新,从而实现知识整合型网络工程。

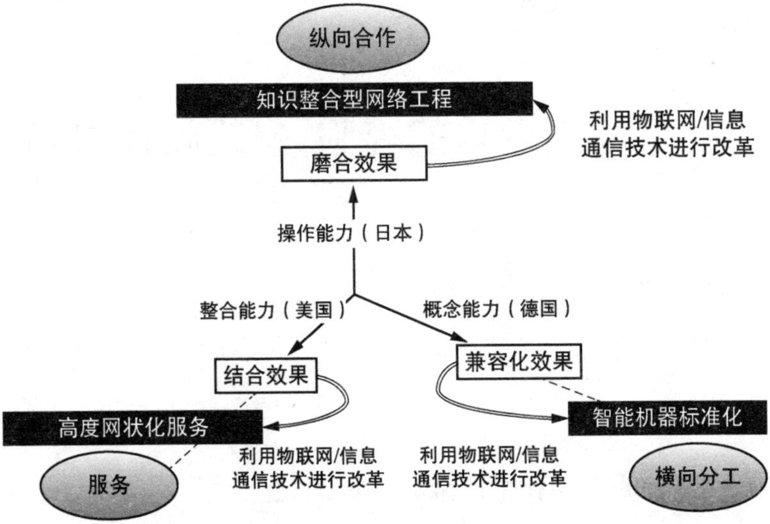

图 1－21　产业文化背景下各国制造业战略的方向

那么，究竟要如何才能实现知识整合型网络工程呢？

为了讨论具体的方向，下一章会对知识整合型网络工程中的纵向整合进行进一步说明。

2 第二章

应当追求的经验、样板和计算方式

纵向整合的方式和生产战略的最适化

上一章已经对本书的第一个主题，即物联网在制造业的动向和日本制造业应追求的状态以及知识整合型网络工程的意义进行了说明。接下来，本章将讨论应该采取哪些措施以实现第一个主题。

有必要再次说明，即使把物联网应用在制造业领域，仅仅导入智能工厂技术和大数据分析是不足以达成目标的。交换、共享和分析数据的横向整合方式是不完善的。

不能把一切都丢给智能工厂，而要针对制造目标，明确确定生产方针的形态和思维方式来构建生产系统。从今以后，制造业的主题是灵活利用智能机器的横向整合方式，同时从制造业的初期环节开始推行明确了生产概念的纵向整合方式（见图 2 - 1）。

顺便一提，制造业的初期环节包括产品计划、定价计划、生产据点计划等业务类计划以及产品设计、工程设计、采购计划、生产

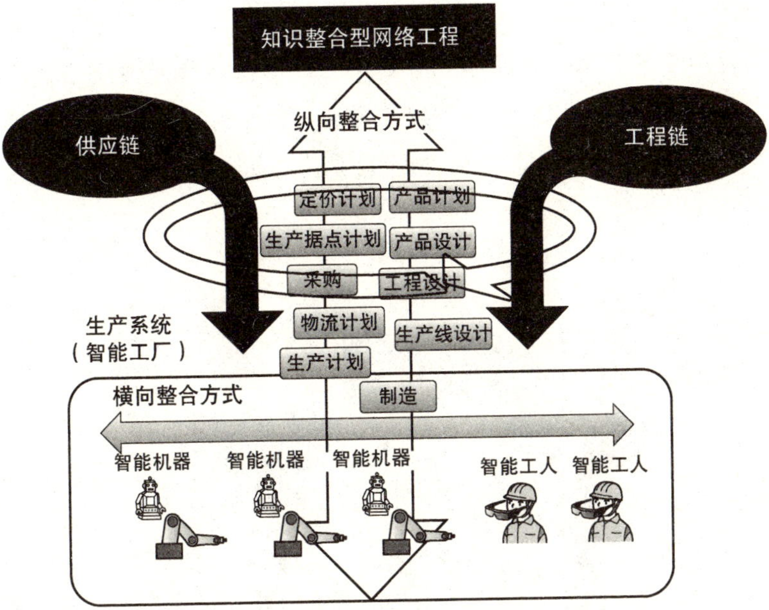

图 2－1　横向整合方式与纵向整合方式

线计划、物流计划等与生产准备相关的业务，还有量产业务。

这些活动被分为工程链和供应链两大流程，制造业的初期环节必须具备包含工程链和供应链全体活动的宏观视野。第一章已经把这种视野命名为“知识整合型网络工程”，本章就将以知识整合型网络工程的实现为中心来展开叙述。

根据生产样板来调整，以达到最适化

在制造业的初期环节中，工程链和供应链的计划业务是由各组织独立执行的。这导致了各个计划往往都只有一部分是最适化的。

由于各个计划业务部门所制定的计划在量产开始前才会汇总，所以要到这一步才会显现出疏漏和不整合的问题，然后再开始优化和调整工作。（见图 2 - 2）也就是说要进行返工，这就是问题所在。

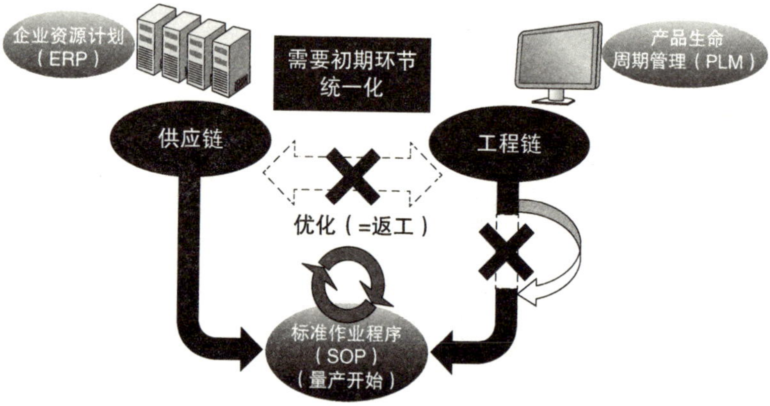

图 2 - 2　工程链与供应链的现状

不仅如此，由于一开始并没有以整体的最适化为目标，因此也无法实现生产能力最大化、库存最小化、缩短交货期和生产系统能力最大化。

在这种情况下，光靠这些业务是不足以产生强大的制造力的。

要解决这一情况，就必须从初期环节入手，把工程链和供应链结合起来制定计划，才能促进初期工作的统一。综合工程链和供应链的要素，梳理好两者计划之间的关系，在初期环节中就确定一个明确的中轴。

工程链中的问题

在初期环节中进行调整之前，首先要确认工程链中的三个问题。

第一个问题是从设计到生产过程中信息技术的缺失(见图 2-3)。

在工程链的初期环节中导入产品生命周期管理和产品数据管理，推进产品设计业务的系统化和数据整合，但是，到了即将投入

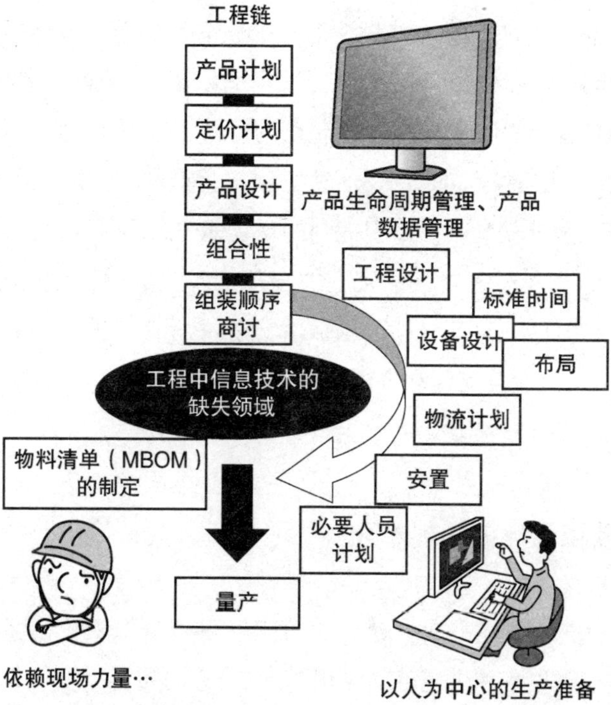

图 2-3　工程中信息技术的缺失

量产之前的工程设计和生产线设计的后期环节，就会出现用表格计算软件等进行操作的人工作业。这种作业虽然也算是数码化的，但实质上并没有实现数据的联通，因此属于工程中信息技术的缺失。

第二个问题就是日本的制造业太过于依赖人。虽然合理使用人才也很重要，但对人的依赖造成了大家各自闷头做事的局面，就无法纠正并完善业务过程中不合理的地方，也无法实现共享化和价值化了。在以物联网为代表的新时代时，这是非常不利的。

第三个问题是生产完全依赖于现场能力。这对于日本制造业的全球化发展来说是一个严重的问题。

比如，用固有的日本式做法来开拓海外市场，若日方增加支援金额，成本紧缩的问题就可以解决，但是，如果减少日方的支援，海外的生产现场就会产生严重的问题，量产的启动缓慢，无法达到预期的生产能力，产品质量也同时一落千丈。很多生产现场都陷入了这种恶性循环。另外就是第一章中提到的现场能力也不是面面俱到的。

我们将要迈入真正意义上的全球化时代，不能妄想仅仅用现场能力（即汗水、热情、一腔热血）就能解决所有问题。必须把握问题的本质，对业务流程和方法论进行改革，才能使日本的制造业在全球化的环境中立足。

工程链和供应链的规整化

接下来讨论应该如何进行工程链和供应链的规整化。需要做的是：把工程链和供应链的流程结合，使它们同步。

真正的全球化企业并不仅仅是在世界各地都设有分部并开展

业务，而是能战略性地管理整个组织作用，能随变化的市场及经营环境来随时对组织所具有的力量加以调整，使之始终都保持在最佳状态，同时也能制定事业战略，最大限度地运用包括潜在能力在内的单位力量。

我认为这才是我们理想的全球化企业。

这样一来，光靠磨合和雕琢这种问题对策型的方法就行不通了，必须采取追求理想状态的目的指向型方法，不能局限于眼前的问题，必须考虑到如何应对将来的问题。

为了推行目的指向型方法，就要导入把生产系统概念性地表现出来的“生产模型”，同时进行工程预测。（见图 2－4）

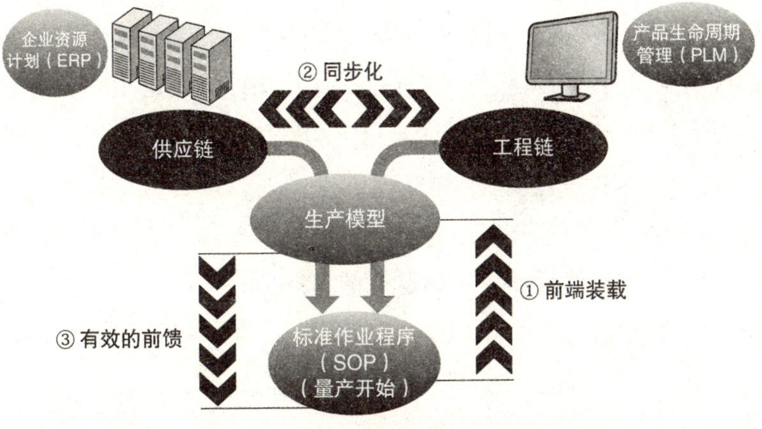

图 2－4　生产模型展示的工程链和供应链的规整化

把生产样板置于工程链和供应链的中间，可以为计划业务的活动指出明确的方向。同时，通过灵活运用预测技术，也可以对已制定的计划的有效性和可行性进行验证。另外，情报共享还能使组织内部的联系变得更加紧密。

下面就列举几种可能的效果。

第一种，优化式的前端装载（即在业务初期阶段加大工作量，把后期的工作提前）成为可能。这样就能把以往在量产中不得不实施的返工式优化通过前瞻性工程技术来模拟预演生产过程并制定对策。使用生产模型并进行事前优化，可以大大提升效率，把问题提前解决。

第二种是工程链和供应链的计划活动的同步化。生产模型使两者的视点和必要条件在早期阶段就得以互相反应，这样就能有效地推进计划的制定。

第三种是对生产部门的有效“前馈”。日本虽然经常使用“反馈”这个词，但却不怎么说“前馈”。“反馈”是指从结果向原因入手进行调整的现状对策型行为，与此相对的“前馈”则是指一开始就把理想状态作为最优措施的未来指向型行为。“前馈”确立了明确的目标和方向，并对其进行调整。

在发展全球化事业时，“前馈”是非常重要的。要在多变的时代生存下去，关键就是要把制造业的概念、思考方式、方针这些信息有力地传递出去。

下一节将对这种生产样板的概念进行详细说明。

“经验”“样板”“计算”中的方法

上文已经对制造业的初期环节中以生产样板为中心的纵向合作和规整化进行了讨论。接下来要围绕如何进行生产样板的构建展开叙述。

首先要介绍“经验”“样板”“计算”这三个要素。这三个要素在构建生产样板的过程中各自发挥着不同的作用。

本书的序章已经对这三个要素的定义进行了简单的说明，它们之间是相互补充的关系，因此要最大限度地利用这三个要素。本节接下来的部分会对这种可能性进行思考。有了这一可能性就可以产生出价值创造能力和灵活应变能力，使得知识整合型网络工程的构筑成为可能。

在纵向合作中推行规整化和最适化时，最基本的方针就是在包括生产战略在内的制造业的初期环节中考虑到生产整体情况的最适化，关键有以下两点：**(1)把各个计划业务置于作为共同基础的生产模型中；(2)在作为共同基础的生产模型中体现出生产现场的实际状态**。

过去，负责执行各个计划业务的各部门大都是根据各自的方法和经验进行计划立案的。定价部门、产品计划部门、产品设计部门、工程设计部门、设备设计部门、采购计划部门等各个部门的工作开展方式看似接近，实则迥然相异。而且，各自制定的计划如果不建立在现场实际情况的基础上，其可行性就会大打折扣，所以必须以实际的生产现场为基础来进行计划的制定。

在这种情况下，如果各部门把生产样板作为制定计划的共同基础来开展业务，就能有效减少各项业务间的矛盾与差异。把现场的实际情况通过生产样板反映出来，也可以避免计划脱离实际。

因此，要把生产样板的要素“对象”和“手段”结合起来。让生产样板和作为生产实体的“对象”联系起来，才能让生产样板在计划制定阶段就反映出生产现场的实际情况。

生产样板中"手段"与"对象"的结合

接下来将说明此处的"手段"和"对象"代表什么以及如何认识它们之间的关系。

经营工学和管理工学中的分析技术被称为工业工程(Industrial Engineering),其中有一种被称为"对象手段分析法"的分析手法。"对象手段分析法"这一概念诞生于日本,最早由庆应义塾大学的名誉教授中村善太郎提出。

在手段对象分析理论中,生产可以被看作一种赋予"对象"变化的活动,而导致这种变化的行为就被称为"手段",产品、原料和剩余原料、生产方式都可以被视为"对象"。

如图 2 - 5 所示,输入的原材料"对象"经过利用原材料的"手段"处理之后产生了制品和剩余材料两种"对象",这就是一种理论上的流程。

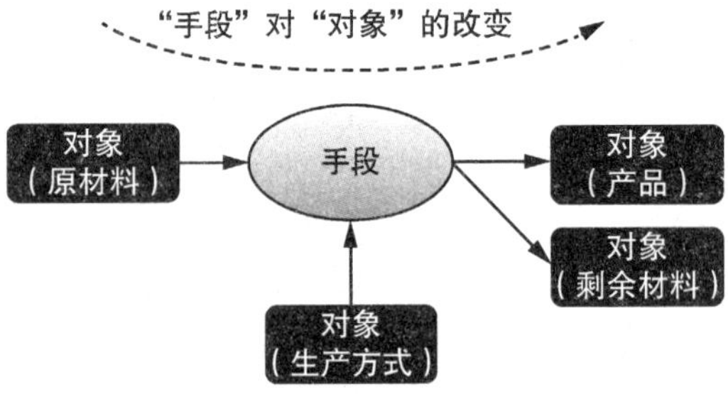

图 2 - 5　对象手段分析法中的"对象"和"手段"的关系

像这样利用对象手段分析法捕捉事物的变化并探寻这些变化之间的关系，就可以预测可能发生的变化并捕捉这一过程中的本质。

以这一概念来看本书中提到的“手段”和“对象”，就能更好地理解它们之间的关系。

接下来讨论生产活动中的“对象”和“手段”。

从原材料到零件再到产品生产出来的过程中产生了一连串的变化，如图 2－6 中所示。

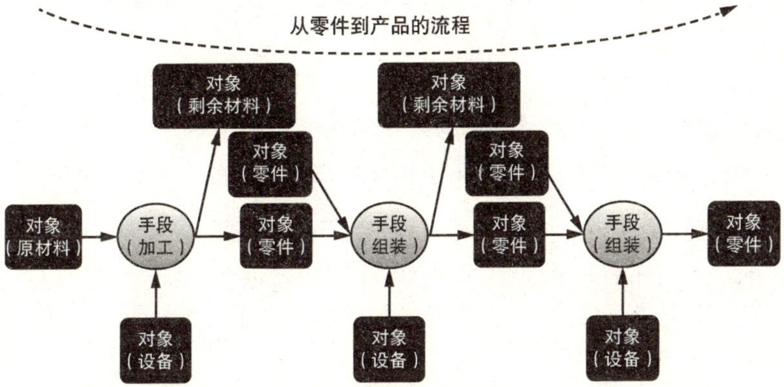

图 2－6　生产过程中“对象”和“手段”的关系

这一流程一般被称为生产过程。原材料通过设备加工变为零件，零件再经过设备的组装成为最终产品。理解这一过程，就能综合把握生产过程和“对象”的变化过程，把“对象”（原材料、零件、生产、设备）和“手段”（生产工作）结合起来。

把这些要素结合起来进行生产的一连串过程就是本书所说的生产样板（见图 2－7）。

生产样板把从原材料到产品的整个过程都用概念模板表现了

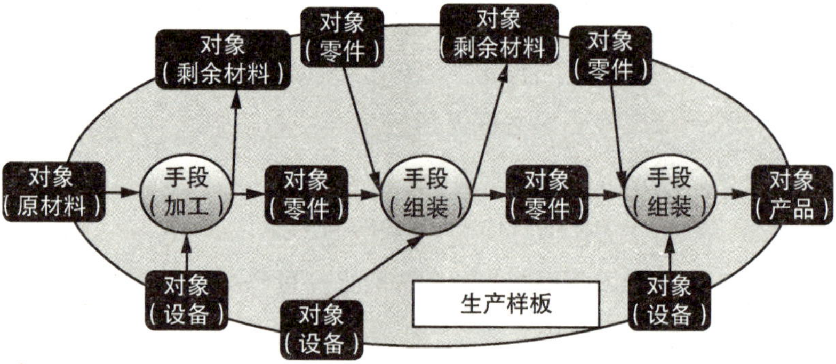

图 2-7 "对象"和"手段"结合的过程图(即生产样板)

出来。应该导入生产样板这一概念来处理"对象"和"手段"的关系,使之成为各生产计划的共同基础。

下面来探讨生产样板中工程链和供应链的结合。

如图 2-8 所示,当工程链和供应链是分别独立规划生产流程时,它们彼此的生产流程之间就会产生不同步的情况。

至于产生这种情况的原因,与其说是规划生产流程的组织不同,不如说从一开始设计生产流程时的侧重点和目的就是不一样的,才导致了差异的产生。如果放任这种差异不管,就会导致本章"根据生产样板来调整,以达到最适化"一节中提到的被迫返工的情况发生。

所以要在工程链和供应链的生产流程中加入生产样板,并将其作为生产参考样本(见图 2-9)。

把工程链和供应链的生产流程用这种生产参考样本进行整合,就可以解决两种生产流程间不同步的问题。

采取这种应对措施,就能达到制造业初期环节中的规整化,同

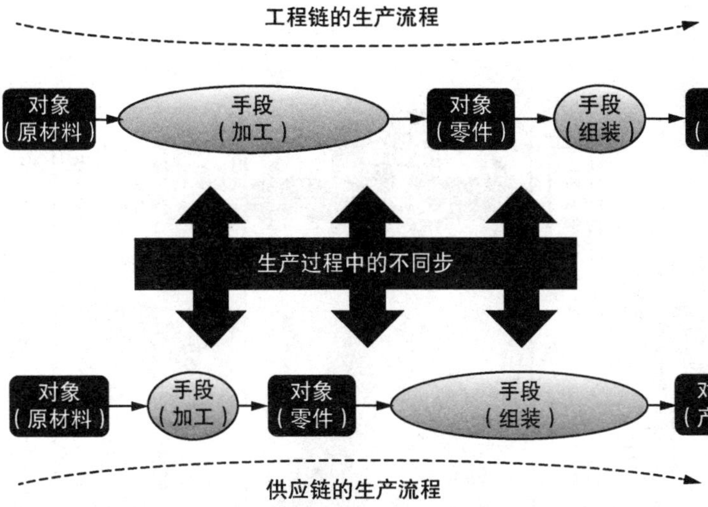

图 2－8　工程链和供应链的不同步

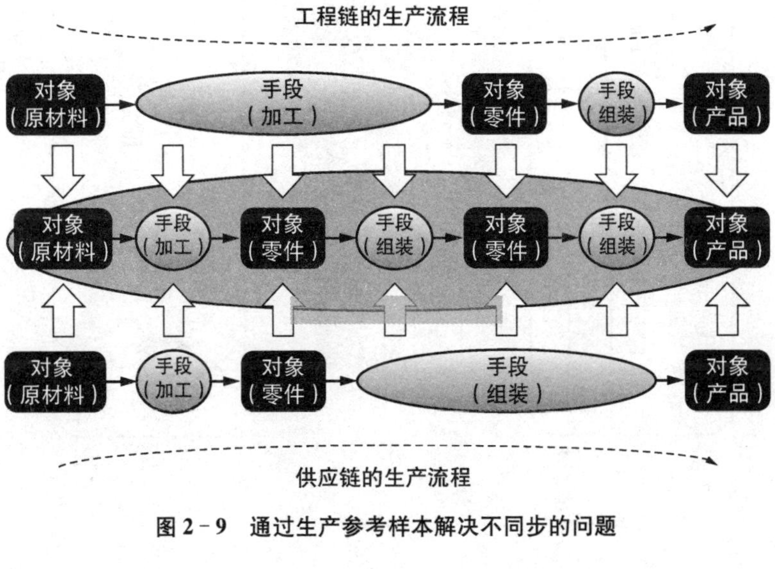

图 2－9　通过生产参考样本解决不同步的问题

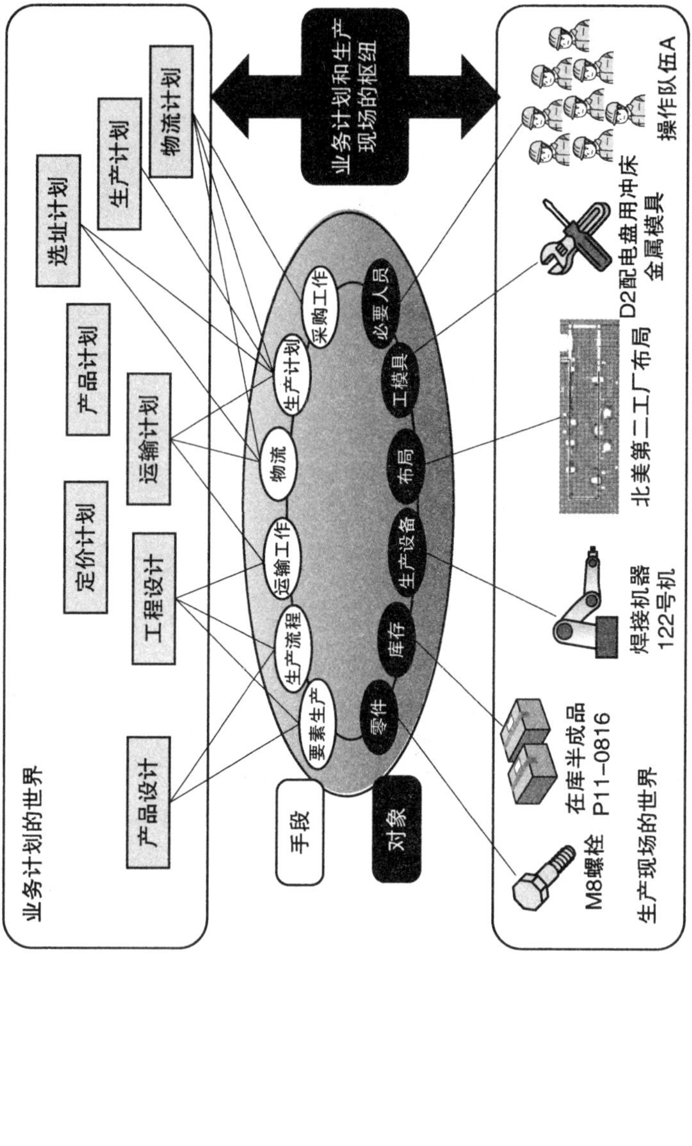

图 2－10　业务计划和生产现场通过生产样板的结合

时有利于促进整体的最适化。

那么，来说说导入生产样板的意义。

本书解释生产样板的概念时已经提到生产样板包括“对象”和“手段”两个要素，在此基础上，“手段”可以具体到计划立案的业务要素上，“对象”可以具体到生产现场的实际操作中。

比如，可以这么记录：“P1零件和P2零件的组装由设于M3生产线上的500吨伺服冲床进行。”这样，包含了具体“对象”和“手段”的生产样板就成了连接业务计划和生产现场的枢纽。

成为枢纽的生产样板还可以用以验证计划立案和生产现场关系的合理性。（见图2-10）

再进一步详细说明。前面已经提到过，生产样板中的对象也可以具体到生产现场的设备，即不只是“500吨伺服冲床”，而是“设于M3生产线上的500吨伺服冲床3号机”。像这样以生产战略为基础来设定使用设备的目的，就可以得到明确的战略。

如图2-11所示，根据生产系统的目的（以生产能力优先或以生产成本优先或以多品种生产优先）的不同，即使是使用功能相同的设备，也可以根据不同的生产战略改变选择。

进一步讲就是，即使同样用冲床进行生产，当生产目的是大量生产优先时，就会使用可以连续冲压的冲床，而当目的是多品种生产优先时，就会使用可以进行单个加工的冲床。但是，怎样的产量算是大量生产？怎样的产量算是少量多种生产？就连专家也很难判定。因此，以往的初期业务中出现了很多模棱两可的计划。

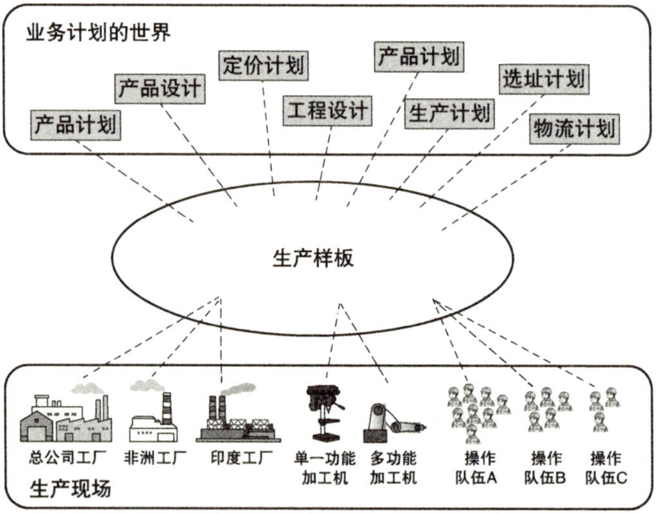

（0）生产样板与多种可能性选择

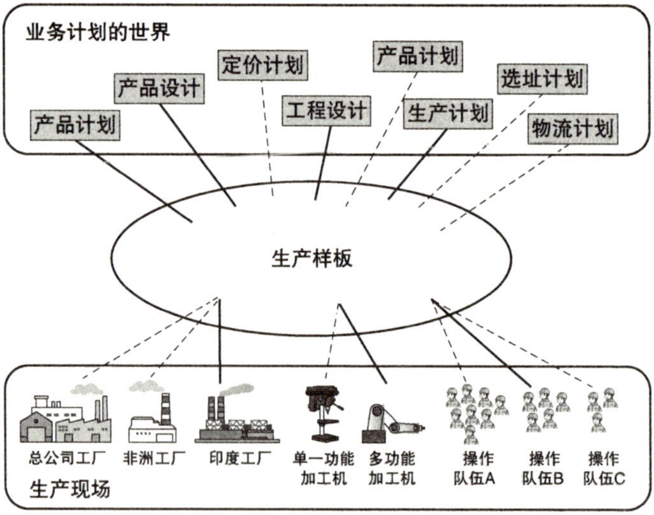

（1）生产能力优先战略

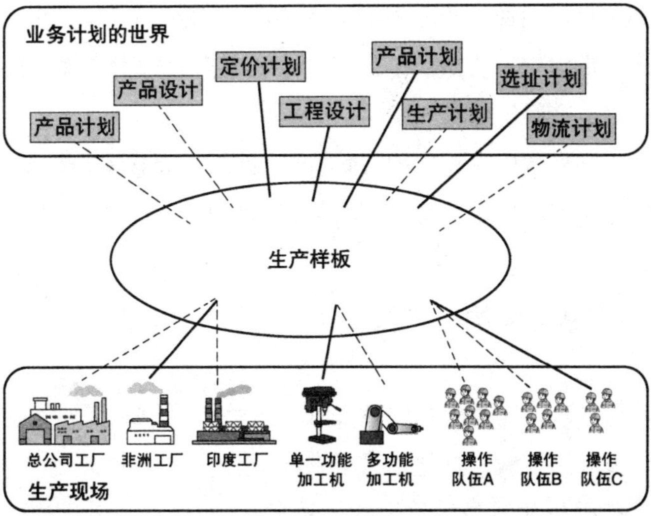

（2）成本优先战略

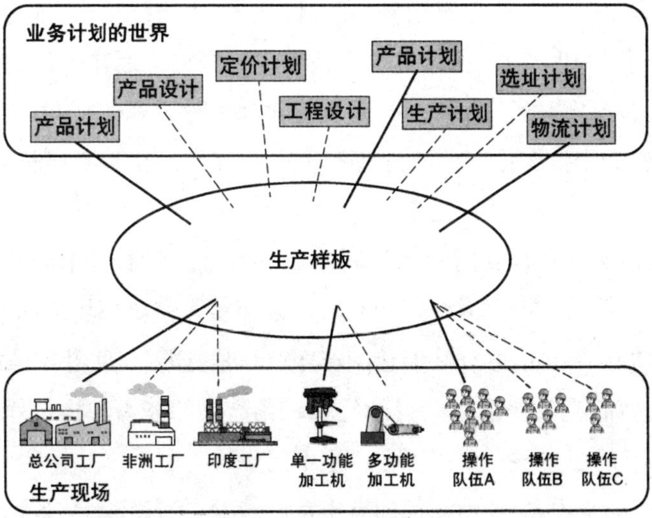

（3）多品种对应优先战略

图 2－11　根据生产系统战略的不同而产生的“对象”和“手段”结合的差异

必须要明确使用设备和使用目的。要做到这一点，就要实现以生产样板为中心的知识整合型网络工程。通过生产样板的模拟可以推测生产系统中可能发生的变化。

在生产样本中进行模拟，建立前瞻性的工程技术，有利于推进第一章中提到的知识整合型网络工程的实现。

以经验为基础来构建样板

前面已经论述过样板的意义和重要性了，那么，该如何构建样板呢？要利用经验。这就是接下来的主题。

生产样板并不是科学上的绝对概念，而是一个表示逻辑概念的框架。如果生产方式发生了改变，那么这一框架也必然产生变化。以生产工厂的形态为例，在店铺生产、生产线生产、细胞式生产等不同的生产方式下，生产样板也是不同的。而在工厂内物流领域，根据定时运送、适时供应、固定循环配等方式的不同，生产样板同样会产生变化。生产方式和生产系统都是在不断成长的，同理，生产样板也必须随之发展。

在第一章“物联网时代的制造业”中已经提到，日本制造业最擅长灵活利用专家的智慧和经验，所以要多多钻研现场的问题，让其转向新的方式，这样才能让生产样板与时俱进。（见图 2－12）

然而，把钻研之后获得的经验积累起来的能力和构筑样板的能力并不是一回事，所以也会产生不同步的问题。

一般来说，生产组织都拥有丰富的经验，但却还不具备把这些经验上升到理论的能力。但是，在现场积累的意识和经验不能仅

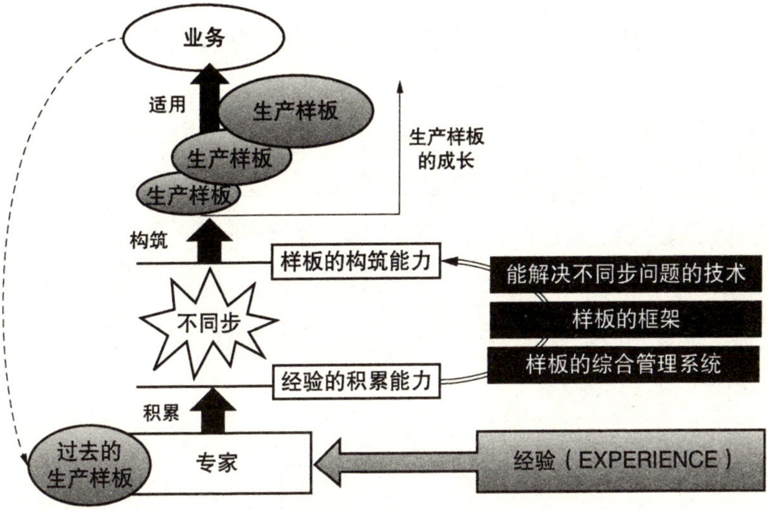

图 2－12　专家智慧生产样板化问题的对策

仅被用于现场对策上，还要让它们成为样本并理论化。如果不这样，就无法开拓日本制造业的未来。

为了解决不同步的问题，必须采取以下几种措施：(1)从自然的思考中就能构建出的“样板的框架”；(2)提高生产工作效率化的“直观的样板构建交互界面”；(3)既有样板的“综合管理系统”。

这三个措施就是解决问题的关键，第三章和第四章将围绕这一问题展开叙述。

此外，必须让专家具有针对这些活动的意识，系统构建方面的思想交流和共享理解也是很重要的。这一点将在第六章中详述。

计算带来的加速、范围扩大以及物联网的活用

三个关键词中的最后一个就是“计算”了。

今后，制造业必须灵活运用计算能力。无论信息量多大，在远程信息的获得和分析技术、预测技术方面，计算都是必不可少的手段。

如图 2－13 所示，为了使生产样板开始运作，需要在三个层面分别应用计算能力。

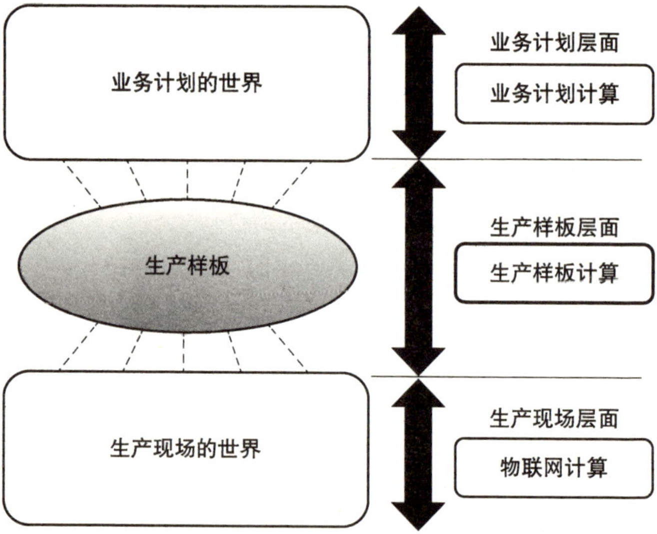

图 2－13　支撑生产样板运作的计算

在业务计划制定层面已经有了企业资源计划(Enterprise Resource Planning)、计算机辅助设计(Computer Aided Design)、

计算机辅助工程(Computer Aided Engineering)、产品数据管理(Product Data Management)和生产日程管理等由计算技术支持的系统,但是,在生产现场的实体层面,目前的IT化程度还很低。虽然计算综合型生产(CIM)和生产实行管理系统(MES)等技术可以在一定程度上把握实际成果,但这一层面的信息化程度仍然是极低的。然而,正如第一章所说,现在物联网已经开始发挥作用,生产现场的IT化可以急速推进数据取得,所以今后灵活利用这门技术是非常关键的。

最大的问题是生产样板层面的计算,简单的数据库和管理系统是不足以解决问题的。本节已经说明,生产样板的目的是多对多的结合,并在实行过程中检验和保证其合理性。为了进行这一过程,需要非常庞大的计算能力来进行模拟和数据分析、数据挖掘、最适化等运算。

本书将在后面几章中对生产样板的计算问题进行专门论述。

理论世界和现实世界的统一关系性构筑

前面说明的“经验”“样板”“计算”三个关键词中,样板既是连接业务计划和工厂之间的关键,也负责保证这种结合的合理性。

一般来说,制造业的活动是按照组织和业务的不同被各部门分开管理的,而且每个负责人都会以自己的方式开展这些活动,这导致制造业整体的关系性非常弱。(见图2-14(1))。因此,即使想改善业务,也只能局限于个别的最优化,而整体最优化则很难实现。

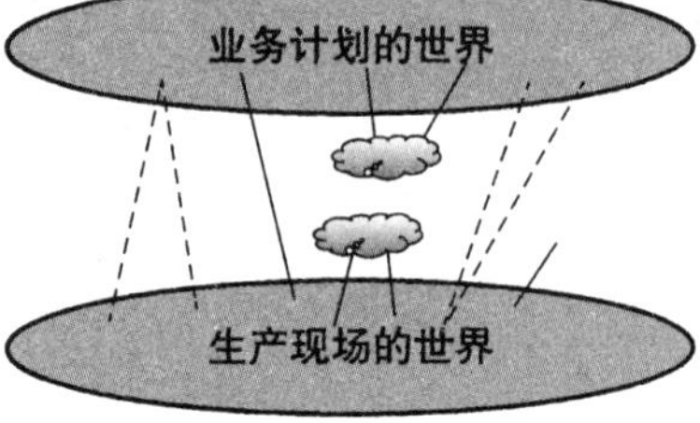

(1) 暧昧的组织运用和个别最优化

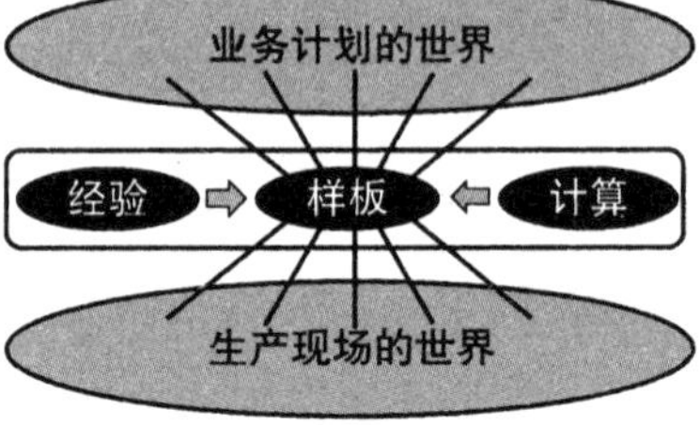

(2) 围绕样板的统一的关系性

图 2-14　支撑生产样板运作的计算

而如果导入本节中所讲述的"经验·样板·计算"的思维方式,就能达到图 2-14(2)所示的理论世界和现实世界的全面统一。这样,在千变万化的市场环境中就可以掌握制造业活动的整体情况,从而追求整体的最优化。

物联网时代的制造业必须以这种思维方式为基础来提高自身的竞争力。

以"经验""样板""计算"为核心的创发型生产战略及其价值构建

本章的最后一节将总结一下第一个主题的实现方法。

第一章"从自上而下型转向创发型的生产战略"一节中已经讲述过创发型生产战略的意义。彻底激活生产组织的创发能力,把这种能力和可能性作为事业战略是非常重要的。接下来要讨论把"经验""样板""计算"作为关键点来推动这一进程的方式。

图 2-15 总结了这些要素之间的关系。

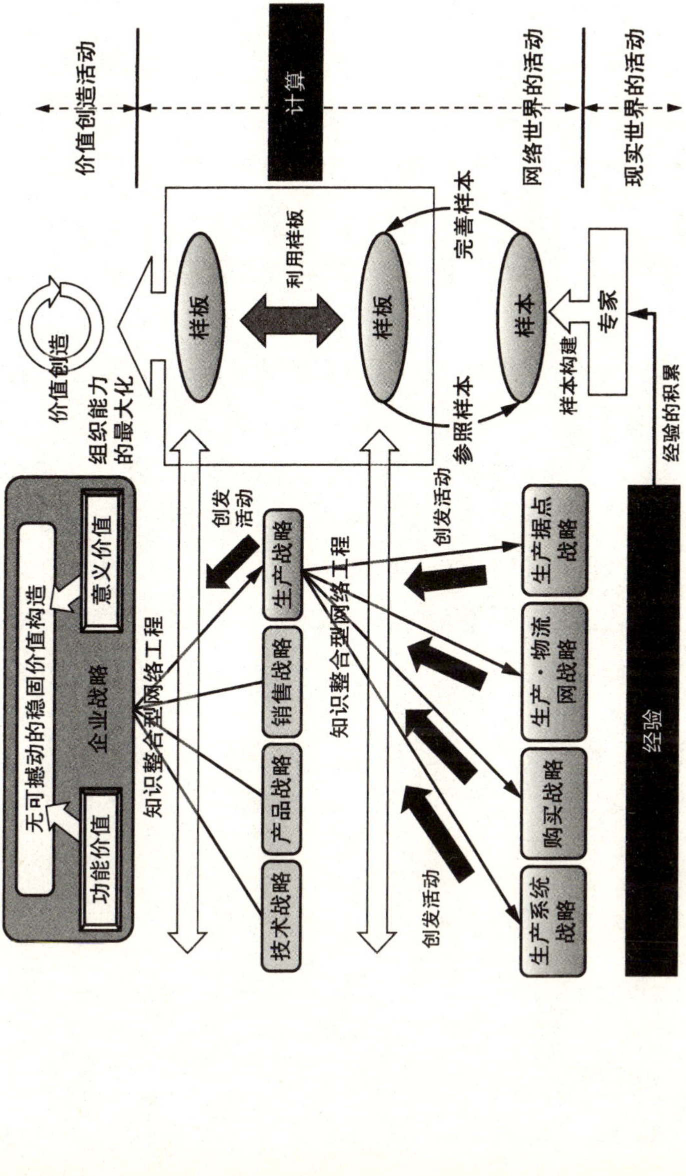

图 2－15　以"经验、样板、计算"为核心的创发型生产战略的实现

为了推进创发型生产战略，利用灵活运用计算能力的知识整合型网络工程，把各种战略横向联系起来是十分有效的。为了推动这一进程，样板就是关键。

样板可以促使更多经验丰富的专家出现，专家又能对既有的样板进行扩张和充实。因此，在积累经验的同时，专家构建样板的技术也十分重要。一旦专家创建出样板，就到了“计算”大显身手的时候了。

专家把自己积累的经验做成样板，再灵活运用计算的能力，使样板广泛应用于横跨组织间和战略间的各种工程活动中，生产组织中就会不断产生新的智慧，而这些智慧可以在创发活动中进一步被运用。

虽然创发活动和操作优势的有效性是老生常谈了，但是在组织中广泛地展开却并非易事。然而，利用上文提到的“经验·样板·计算”机制推进生产组织的创发活动，把作为操作优势的组织能力最大化，并以最大化的组织能力为基础，彻底地追求功能价值和意义价值，就能大大提高确立“无可撼动的稳固价值构造”这一事业战略的可能性。

3 第三章

仿真集成制造

“经验”“样板”“计算”的整合

第一章和第二章已经对本书的第一个主题(即制造业的前进方向)进行了讨论。在阐述了样板的意义和重要性的同时,也对经验和计算在创建样板时发挥的作用以及如何把这三者结合起来的问题做了说明。

本章将以“经验”“样板”“计算”这三个元素为中轴,探讨如何把它们整合为一体,并详述这种整合的可能性和效果。

仿真集成制造的概念

第二章中已经提过以生产样板为中心的工程活动的重要性和必要性。

制造业的流程从产品计划、定价计划、选址战略等计划开始,经过设计、采购、工程设计、生产线计划等步骤来建立生产体制，最终开始量产。只要把生产样板这一概念作为基础贯彻于整个流程中，就可以把各自独立的业务有机地串联起来。简单来说就是生产样板实现了制造业的纵向整合。

导入生产样板这一概念的目标之一是把握业务活动中的各个计划对生产现场产生的影响。也就是说，可以预测(predict)未来可能发生的种种情况。(见图 3 - 1)

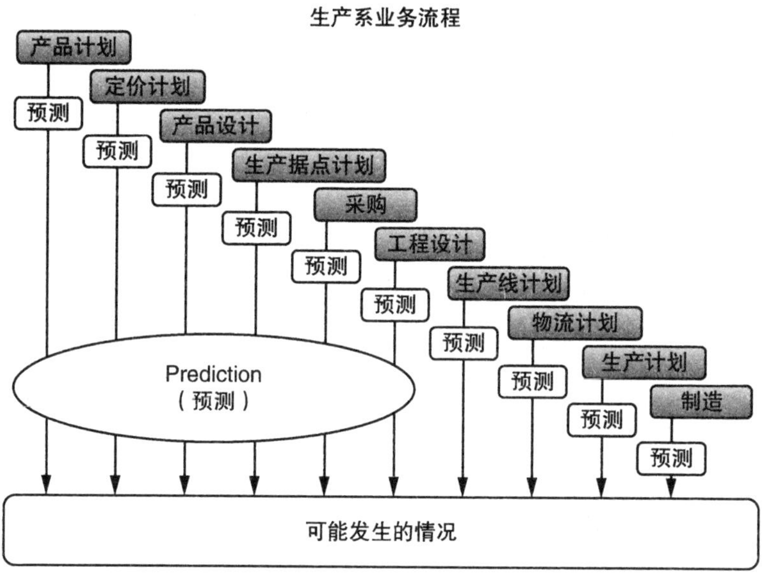

图 3 - 1　关于各种计划业务可能产生影响的预测

因此，若能把生产模拟技术作为一种前瞻性的工程技术加以灵活利用，是能够产生很好的效果的。

如图 3 - 2 所示，让生产模拟贯穿于从产品计划阶段到生产战略、产品设计、工程设计、生产线设计、物流设计、物流计划，直到量产开始后的生产活动，让共通的生产样板成为检验可行性和预测未来的核心，并围绕生产样板来追求各个业务的整体最优化，使制造能力发挥到极致。

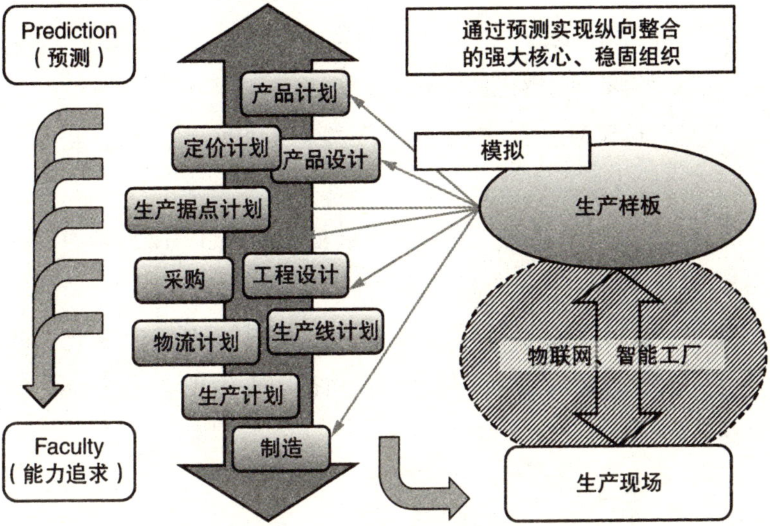

图 3－2　仿真集成制造的概念

这其中的关键是要把实际生产现场的要素反映到生产样板中。利用平面图、物流、设备、金属模具等工具，再加入从业人员整理的信息，就能使生产样板更加具体性。随着生产模拟的可信度提升，只要把实际的生产现场作为基础，就有可能实现目标。

笔者把这种通过生产模拟来整合工程业务的方式称为“仿真集成制造（Simulation Integrated Manufacturing）”（见图3－2）。这种方式超越了以往的系统动力学(通过模拟样板中的因果关系来预测的方法),有望在物联网时代实现强有力的商业管理。这种方式为生产类的业务流程创建了强大的中轴,从而得以追求制造力的提升。

SIM 不光能够应对多种类生产和自动化生产等生产形态,对于以物联网为代表的生产系统的变化也应对自如。如图 3－3 所示,SIM 是物联网、智能机器等数据网络和现实世界相连接的枢纽,而且它也能通过生产样板和生产类业务流程建立联系,从而使生产现场和业务流程更好地结合。

通过以生产样板为核心的生产模拟技术,可以把 SIM 和物联网类、业务流程类互相结合,达到一体化。通过 SIM 达到制造业的纵向整合,把以往高度依赖现场的制造力进行系统性的强化。此外,仅仅靠现场能力很难开展目标指向性明确的战略,必须强化组织整体的应对能力。

生产样板中的生产系统记录

上一节阐述了 SIM 的基本概念,接下来要说说其核心部分——生产样板。

在 SIM 中,生产样板的职责就是把生产系统中的概念性的记录做成数据样板。这里要提到生产流程和生产资源这两个概念。生产流程就是把零件作为原材料来制定生产计划,按照生产流程,利用生产资源来制造产品。

换言之,生产样板就是可以模拟生产过程的理论上的概念模型。如图 3－3 所示，把作为生产基准的生产流程和作为工厂资源的生产资源整合起来，投入原材料，制定生产计划，造出产品，这就是所谓的“从零件到产品的变换系统”。现实中的生产工厂就按照这种样板把零件和原材料进行加工并生产产品。

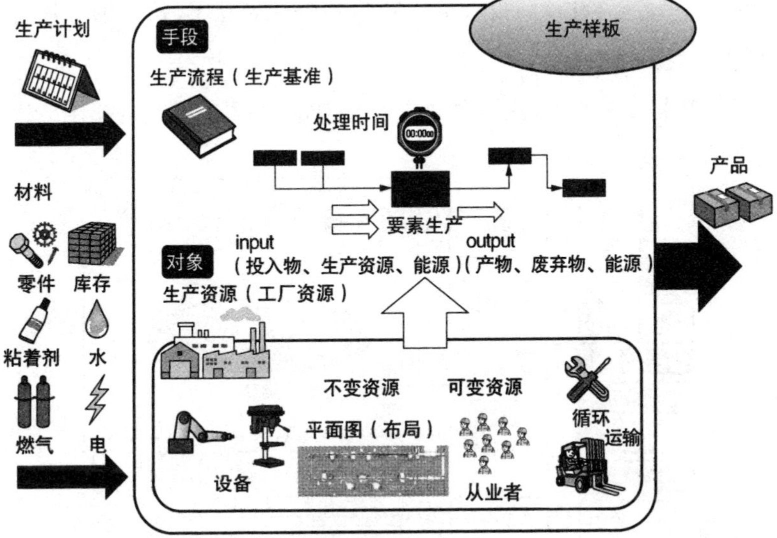

图 3－3　仿真集成制造中生产样板的概念

如果有必要，也可以在生产样板中加入生产中必须的原材料，比如水、燃气、能源等。另外，如果加入生产中产生的废弃物、热量等，就能同时进行模拟环保评估。

生产样板从理论上再现了工厂中进行的生产活动，生产模拟就是运行这些理论性生产活动的软件系统。

“全球工厂仓库”和生产现场的结合

再进一步对 SIM 的内容进行具体说明。

SIM 支援着从构思阶段、计划阶段到产品设计、工程设计、生产线设计、物流设计到投入量产后的生产计划立案、每天的工作计划等广泛的业务内容。

如图 3－4 所示，在每个业务环节中，生产模拟都起着作用。以

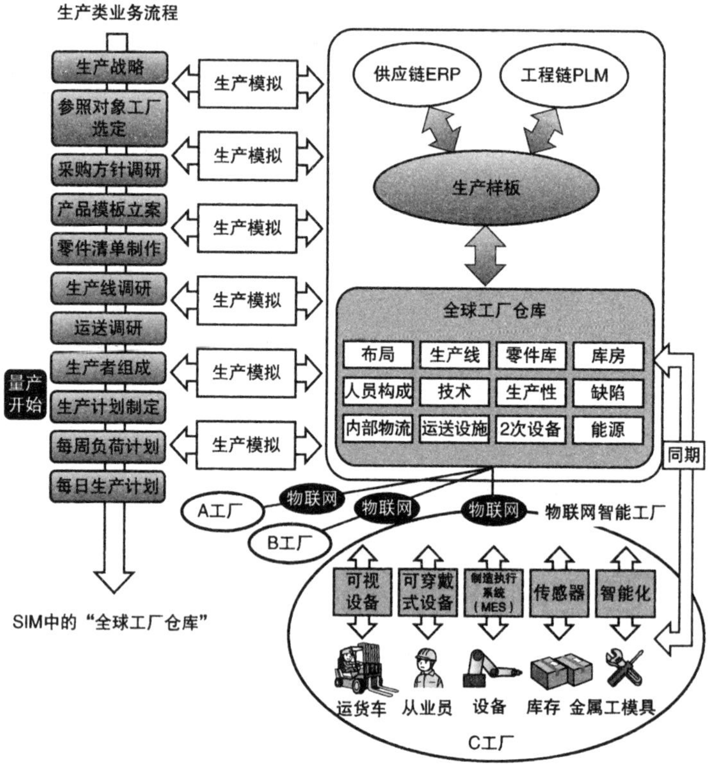

图 3－4　SIM 中的“全球工厂仓库”

生产样板为枢纽，作为工程链的产品生命周期管理、积累了供应链信息的企业资源计划和生产工厂的数据库全球工厂仓库之间相互关联，对各个业务环节中的立案进行评价和验证。

这里的重点是被称为“全球工厂仓库”的生产工厂信息群。这和生产线的概念、工厂内的布局、内部物流、仓库占地容量等空间信息以及实际的生产技术和人员组成对生产品质造成的影响等都息息相关。而这些详细具体的生产现场信息，很多企业导入的企业资源计划(ERP)系统是无法应对的。然而“全球工厂仓库”就可以保证计划进度和可行性。

具体是，运用物联网技术把握生产现场的实际情况，使全球工厂仓库和生产现场同步。比如，把生产装置和金属模具、工模具智能化并做上标记，从而掌握它们的位置和状态。至于零件放置处、工程间缓冲器的零件输入量以及运货车的位置等就采用非接触式传感器来掌握。从业人员使用可穿戴式设备来反映他们的位置和行为。

虽然全球工厂仓库从广义上来讲也可以算是一种信息物理系统，但却并非一定要把它限制为信息物理系统。它可以是已有的账目数据、统计了现场情况的 Excel 表格，也可以是计划图。总之，只要反映了现场的信息，灵活利用 SIM 就行。

为了在 SIM 中把各个业务有机地整合起来，就要在灵活利用生产现场情报资源的同时尽量从初期环节就开始实行整合，这样就会取得更好的效果。

业务计划与生产现场的意义性结合

通过导入"全球工厂仓库"的概念，并把它和生产现场的实际同步，就能整合生产现场实际的工厂资源(生产资源)，业务计划和生产现场就可以结合在一起了。SIM 是业务计划和生产现场的中枢(见图 3-5)，第二章也提过这种观点。但只有在全球工厂仓库和生产样板同时到位的情况下才可能实现这种构想。

那么，现在的问题是计划业务和生产现场要如何结合。仅仅

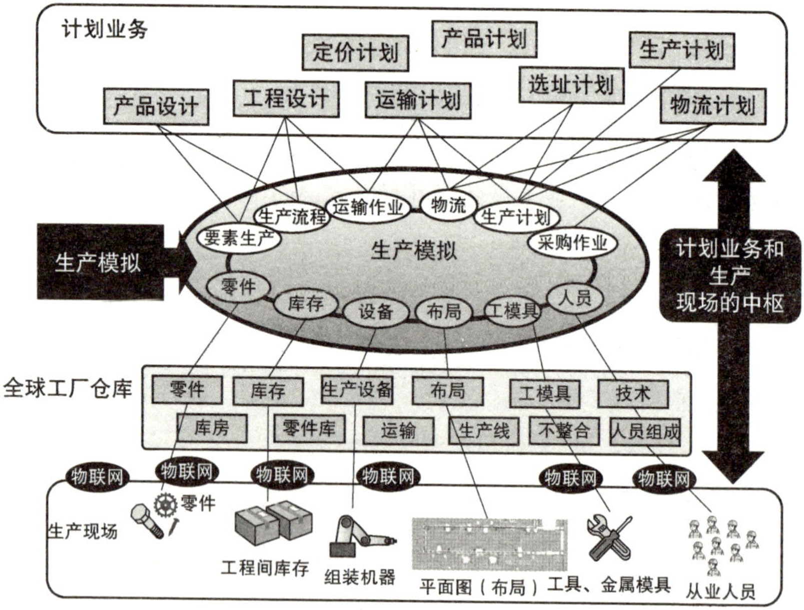

图 3-5　以全球工厂仓库为媒介，业务计划和生产现场的结合

结合两者间有关联的部分是不行的，确保已制定的战略适用于现场才是最重要的。

下面举几个例子。

首先，在进行有好几处生产据点的多品种生产时，虽然无论在哪个据点都能进行生产，但是要判断新产品在哪一处据点生产是最合理的却也没有那么简单。

如图3－6所示，从C国工厂的工程负荷量来看就知道该工厂的生产能力是有充足的、有余裕的，而J国工厂的工程负荷量则反映了该工厂没有余力进行其他生产。所以可以得出结论：C国工厂有余力生产新产品X。

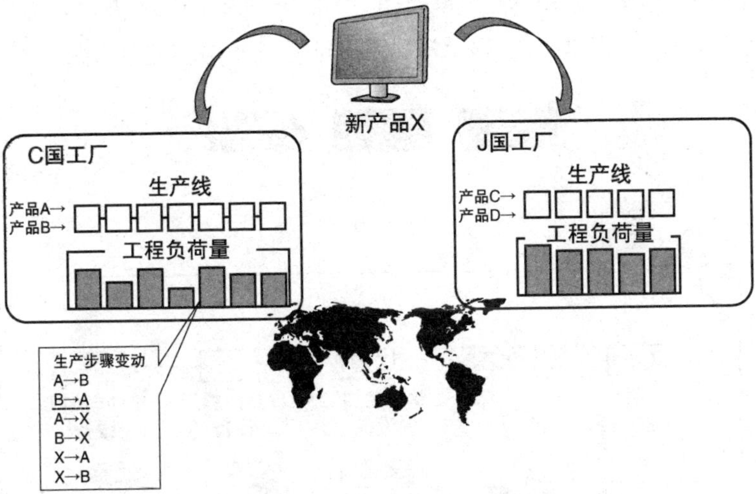

图3－6　如何选择生产据点

但是，为了在C国工厂进行原有的A产品、B产品和新产品X的同步生产，就需要改动原有的生产步骤。新产品X的产量会影响到 C 国工厂整体的生产。另外，既然 J 国工厂现在正在生产 C 产品和 D 产品，就没有必要改成生产新产品 X。这样一来，是否应该在 J 国工厂生产新产品 X 这一问题也有了答案。

在生产样板中加入生产步骤变动的信息就可以验证这一信息的合理性。

再看看其他案例。当要进行几种产品的生产时，很多情况下需要进行抉择(选择其中一种，就要舍弃其他)。

图 3－7 说明，在同时拥有可以进行复合加工的自动设备和单一功能的加工设备的生产现场，可以使用任意一种设备生产。如果使用可以复合加工的自动设备，就能进行连续加工，这样就能缩短前置时间(从生产开始到结束的时间)，也能够提升生产能力，且只需要少量的工人，但是，考虑到设备损耗的问题，生产成本就会变高。

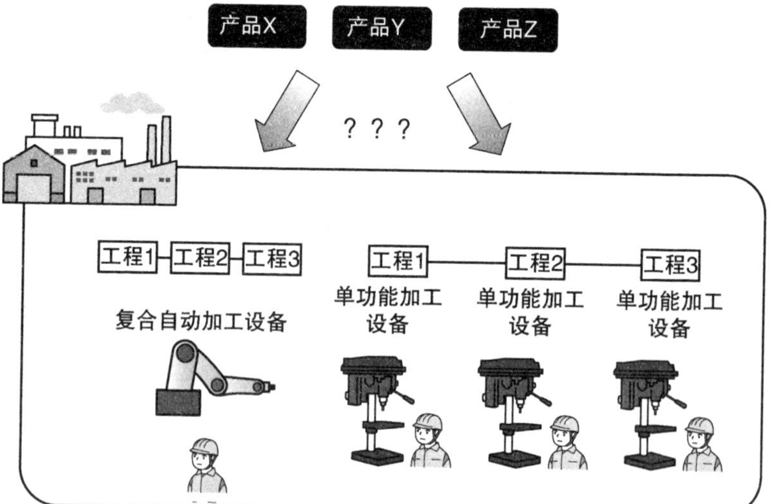

图 3－7　如何选择生产设备

另一方面，单一功能的加工设备的加工形式是个别的、分散的加工，所以需要的前置时间比较长，生产能力也相对低下，而且需要较多的工人。然而，即使考虑到设备损耗和人工费用，这种加工形式也能把制造成本控制得较低。这就需要权衡了。综合考虑实际生产现场中加工设备的能力、所需的工人数以及设备损耗费，就能判断哪一种计划更合适。

再比如，图 3－8 展示的是流水线式生产和单元式生产。

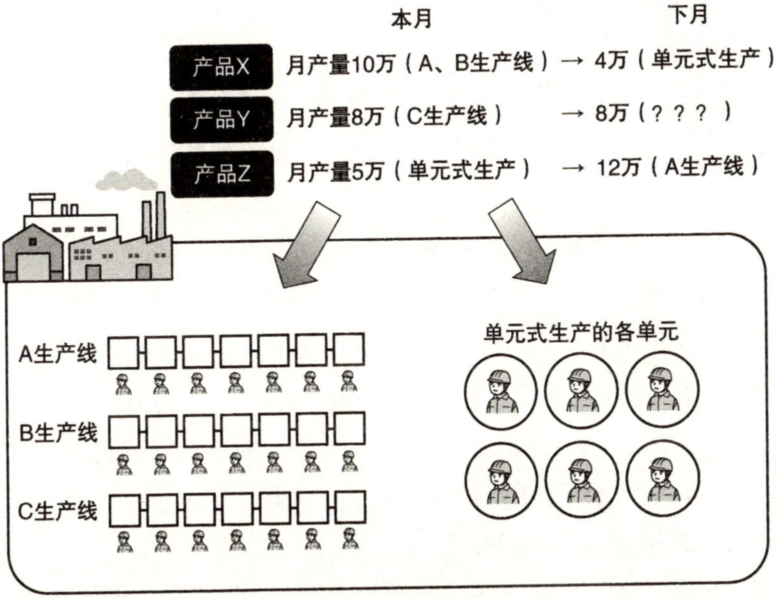

图 3－8　如何选择生产线

从生产能力和运转率来考虑，如果生产数量大就应该采用生产线生产，而少量生产就更适合单元式生产。当其他条件不变时应该选择哪种生产方式是显而易见的，但是，在面对特定的订单或生产计划时，就很难简单地按照生产量来判断究竟应该采用何种生产方式。

不光是生产能力，制造成本也会影响生产方式的选择。此外，对于不同的订单，还要根据客户的需求来考虑完成订单的先后顺序，这就更难判断了。但是，只要把生产现场加工设备的能力和各订单所需要的人员数量等信息整合起来，就可以检验几种方案的优劣了。

另外，根据订单的产品种类和生产量，必须随时判断状况，并把计划修改到最佳。

上面所举的每个例子中，生产所需的设备和人员等生产资源（工厂资源）都有具体的配额，在评价生产系统的特性和能力之后再制定方针才是关键。

这种评价不能只在特定的条件下进行，而要在同时处理多个订单和几种生产计划并行的情况下进行。在多品种生产的时代，某种产品对应某种生产线、某个订单局限于一个领域这种固定的方式已经无法应对变化了。必须事先纵观全局来分析出最适合的方案，针对多变的状况动态地改变和分配最合适的应对方式。

上面介绍的例子说明了在计划业务和生产现场之间建立战略性的联系是十分有意义的。

针对这种情况，就要灵活运用生产模拟。生产模拟能够预测每个案例中生产对象所经历的流程。因生产能力和设备而异的运转率和前置时间等直观的特点一样，也能够作为评价生产成本的指标。可以计算出不同情况下生产系统中的能源消耗量、能源效率等，并把这些指标用于评估和验证各种计划。

这样的话，在制定每个生产战略（即发展方针）时，即使有好几种候补方案，也能从中选择出最合适的方案。如果能对各个方案的具体内容进行评价，就能保证合理性。以作为生产战略的方针为背景，在客观指标下选择方案，因为这种判断是有理有据的，所以在一定程度上是合理的选择。

笔者把这种行为称作“意义结合（Semantic Connection）”。SIM 的目的就是实现和保证这种意义结合。本书的后半部分将说明把这种意义结合最适化的思路和方法。

超越时空的虚拟空间

下面以 SIM 的虚拟性为视点展开叙述。无论是预测未来还是把已有的经验作为样板灵活运用，SIM 都是超越时间的。而且，SIM 还是一种可以和确切存在的现实运行相同任务的功能性空间，也就是一种虚拟空间。

现在，“虚拟”一词已经被用滥了。然而，正如本书序章中所述，本书中的“虚拟”不同于一般意义上的“假想”。“虚拟（virtual）”一词原本的意思是“实际上的本质”。以物理上的现实空间为起点，通过 SIM 构成的虚拟空间是以现实为基础却超越时空，是一种可以把想实践的行为预测性实行的“仿真空间”（见图 3－9）。这个空间既不是复制的也不是镜像，而是引发现实中将要发生的事情发生的具有真实性的空间。因此，在本书中，“虚拟”这一概念可以看作“仿真”。

把 SIM 作为虚拟空间的实现方式进行灵活运用，把制造业中

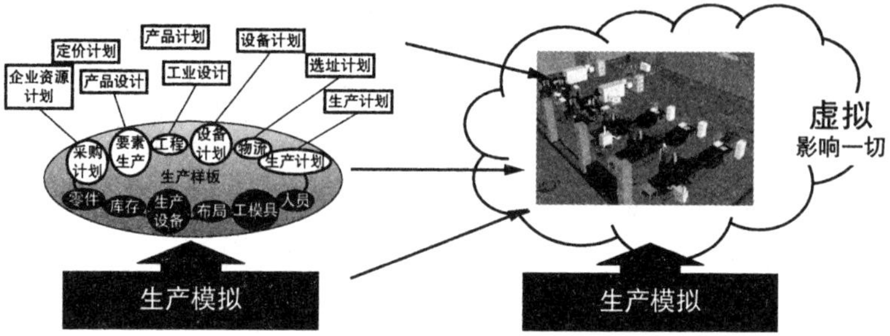

图 3-9　SIM 产生的"仿真"的虚拟空间

的"经验""样板""计算"虚拟化并整合，从而推进知识整合型网络工程的建设，并用组织能力激发潜在的智慧和力量，为价值构建开拓道路。

从 CIM 到 SIM

接下来要说一下众所周知的计算机集成制造(Computer Integrated Manufacturing)和 SIM 的不同点(见图 3-10)。

CIM 的概念诞生于 20 世纪初的美国，指的是通过在设备之间进行数据通信来操控机器。归根结底，CIM 还是一种通过计算机进行的数据交换。CIM 也是一种通过数据交换连接计算机的生产过程，而 SIM 的概念则是用对象和手段代表的计划业务和生产现场的各个要素在生产样板中进行意义结合的过程。

从今往后，如果仅仅用数据交换来掌控一切是不够的。数据交换仅仅停留在提高生产这一层面，并不能开拓新的可能性。不仅仅要把数据连接起来，还要让数据进行意义结合，从而产出新的

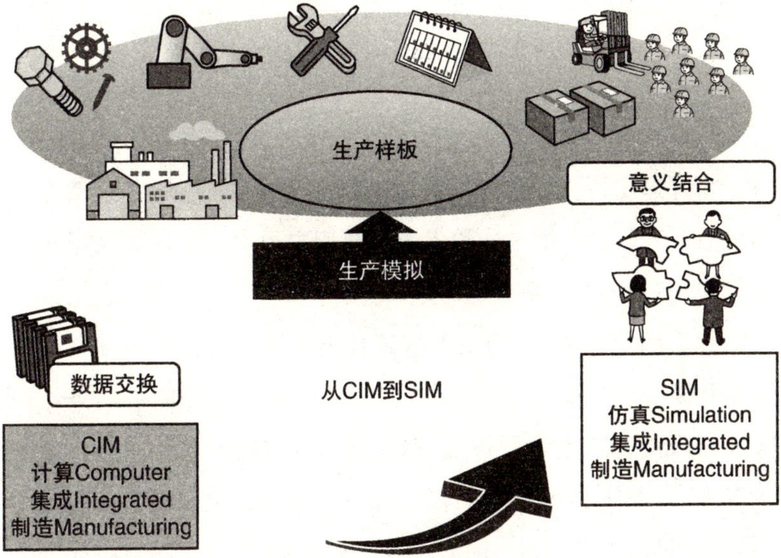

图 3－10　从 SIM 到 CIM

产物，发现新的可能性。

用上述的全新的概念来支援产业战略，就能产生强大的推动力。

“对象”和“手段”的最优结合

前面已经对 SIM 的基本思路做了说明，接下来要谈谈如何构建 SIM、SIM 所具有的可能性及其为制造业带来的变革。

本章中“业务计划与生产现场的意义性结合”一节中已经提到，把制造业的构成要素以战略和目的为背景有意义地结合是非常重要的。下面将详述采用什么样的技术和方法才能实现这种意义性的结合。

回顾一下最优化的技术：迄今为止已经有很多最优化的相关研究。以管理工学分支下的运筹学为中心，已经开发出了通过数理模型筛选出最优策略的技术，典型的技术有线性计划法、动态计划法、遗传算法等，把这些移入数理模型中可以创造出更高层次结果的空间，从中寻找最合适的结果。

那么问题就来了，简易的数理模型难以包含生产现场中的诸多制约条件。为了避免这一问题，就要把生产现场的制约条件一个个编入模型。这样一来，数理模型就变得很复杂。在这么复杂的模型中，即使要进行数值计算，那也是根本不可能算出来的天文数字。而且，由于模型中加入了生产现场的制约条件，就必须对生产现场的问题了如指掌，这难度就更高了。

这种数理模型和生产现场之间虽然有一定的相似度，但或多或少总是存在差异。然而，SIM 可以以反映生产实际的生产样板为基础进行生产模拟，从而得到精确度较高的结果（见图 3-11）。从广义上来说，生产模拟也可以被看作数理模型的一种，但是当生产模拟把生产现场模拟为生产样板并详细记录时，它就不仅仅是一种数理模型了，而可以用现实性的高精确度来进行评价。而且，生产模拟中样板和数据处理的分离也是其一大优势。

生产模拟中得出的结果是对应生产现场实体的现实性结果。也就是说，可以通过生产模拟算出生产系统能力的期待值。

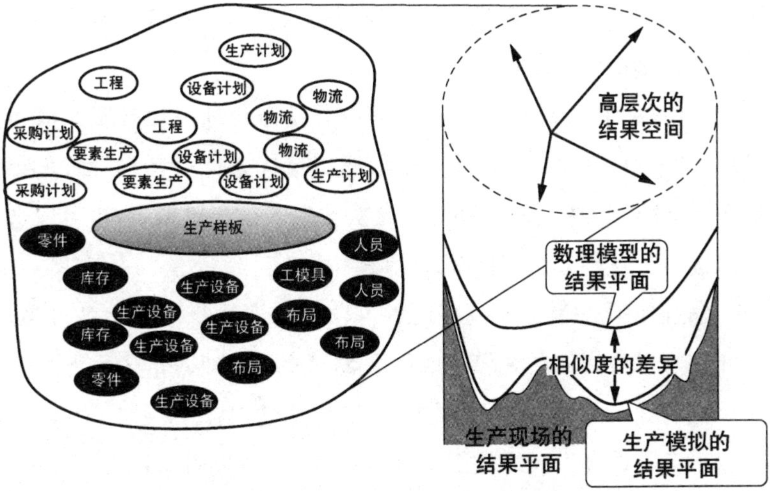

图 3－11　在高层次结果的空间中探索结果

挖掘与最优化、超并列模拟

下面讲讲SIM的最优化。迄今为止，生产的问题在于最优化是通过运筹学的数理模型进行的，其中最大的弊病就是数值计算的处理量有限，尤其是生产方面的问题往往有很多不确定的变量，这样一来，计算处理量就会剧增。利用SIM进行生产模拟也是一样，原理性的计算处理量增加，因此必须采取和以往不同的新的解决方式。

在SIM中，为了实现最优化，解决方式有三种：(1)筛选模拟；(2)M×N模拟；(3)超并列模拟。

筛选模拟是从优先的参数开始逐次逐个地筛选备选项。在生产模拟中不断修改特定的参数，提取备选项，被提取出来的有力备选项作为下一个参数再投入生产模拟进行筛选。不断重复这一过程就能筛选出最优条件。

一方面，在生产模拟中把已知的几个条件通过循环赛组成各种组合并全面评估，就可以直接筛选出最优条件；另一方面，如果把参数 M 和参数 N 的循环赛组合次数投入生产模拟中，也可以选出最优解。这种方法叫做"M×N 模拟"。

筛选模拟和 M×N 模拟两种方法都需要进行数次生产模拟，因此必须思考如何最大限度地利用 SIM 的计算处理能力。要提升计算机的计算处理能力，并减少 CPU 占用的内存。

当今的计算机大多数都是多核 CPU，可以同时运行多个进程。如图 3－12 所示，网络中的数台计算机可以通过联动来进行并列运算处理。

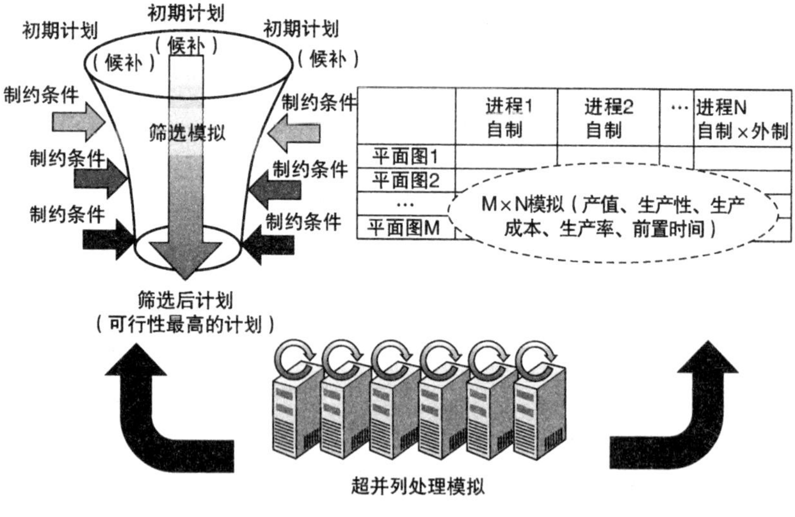

图 3－12　实现最优化的途径

此外，由于 M×N 模拟和筛选模拟是多个条件的组合，所以需要进行多次生产模拟，再从结果中选择最优解，这种计算具有并列性（分别进行计算处理）。如果把超并列处理网络计算机作为生产模拟的引擎，就可以同时、连续地进行多个生产模拟的进程。

第四章将详细说明这些最优化技术，敬请参阅。

从部分最优到业务流程整合型模拟

前节已经阐述了 SIM 的核心概念和基本技术，这一节将围绕 SIM 能为业务和事业战略带来的可能性展开叙述。

之前已经说明了 SIM 的技术和思路，即保证“对象”世界和“手段”世界的结合以及通过创造业务之间的共通样板来达到整体最优化。

这两点是 SIM 的主旨，接下来就以此为中心说明如何在实际业务中运用 SIM。

回顾各个业务环节，每种业务都以某种形式进行了模拟。

比如，Microsoft Excel 从广义上来说就是一种模拟。定价部门为了核算出制造原价，大多用 Excel 进行简单计算，这一过程中当然也会触及生产模拟，然而却只停留在部分最优的层面上。

又如图 3－13 所示，各部门在各自的领域独立进行计划立案业务，所以只能停留在部分最优。其结果就是无法达到整体的最优化，导致事后不得不进行返工。

另外，要让 SIM 的概念适用于业务流程，就需要利用各个业务流程之间共通的生产样板来实施业务。

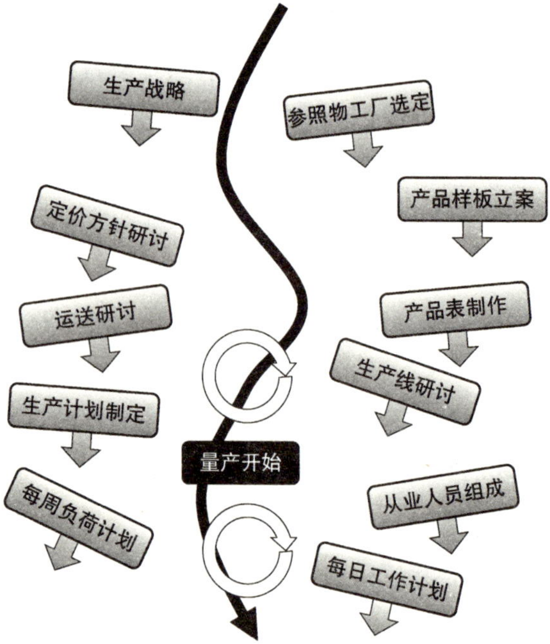

图 3-13 各个业务的部分最优

如图 3-14 所示，计划阶段就设定好生产样板，通过全球工厂仓库反映生产现场的状态，之后再实行 SIM 的生产模拟，就可以在初期阶段就进行修正、改变和扩张。在产品计划方面，在考虑市场和销售战略的同时，还要进行生产原价的研讨等工作。确定生产据点方面，也要通过模拟来进行判断。

之后，产品设计、工程设计等工程链中的计划业务和生产据点研讨、采购计划等供应链的计划业务并行启动。在这些业务中也同样可以用 SIM 实施生产模拟，在共通的生产样板的基础上推进业务制定。

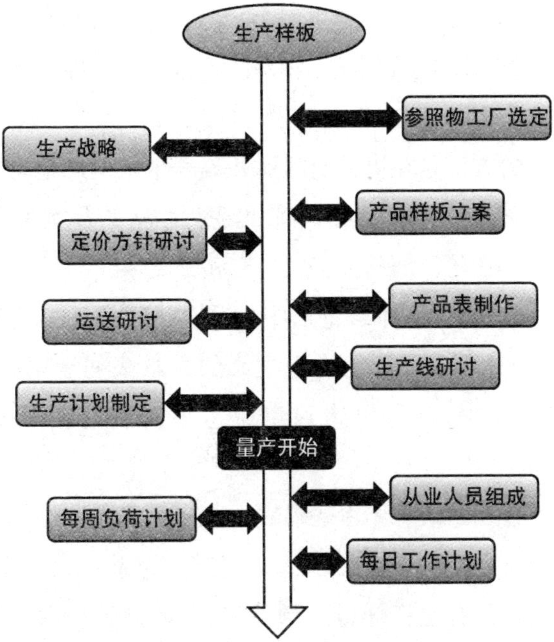

图 3－14　业务流程整合型模拟

这样，每个业务不再是独立进行，而是在 SIM 的共通基础上有组织、有联系地展开业务流程，这种方法叫做“业务流程整合型模拟”（见图 3－14）。各个业务流程在共通基础上得以整合，从而能够达成整体的最优化。

为了实现业务流程整合的生产样板管理

然而，在推进业务流程整合型模拟的过程中还是存在很多问题。比如，由于各个业务的目标不同，会制定出各种各样的计划。

必须在各个部门之间共享这些计划，达成同一的管理方法。为了达到这一目的，设置控制中心是一种方法，但是要控制多个部门的活动还是比较困难的。

最有效的方法是在更早期的业务流程中就明确地提出基本思路，用 SIM 来确保这种思路的中心思想和结构的合理性，避免接下来的业务流程中的计划制定出现偏差和分歧。

关于这部分内容，本章的后半部分会进行详述。这是一种前馈的思路，但是和以往以前馈为中心的日本式的运用方法不同。在多变的时代中，这种思路和组织运用对制造业来说是很有效的。

但是也存在因缺乏作为基础的生产样板而无法进行前馈的情况。在构思设计新产品计划时，无论是已有产品还是衍生产品，新开发的产品是没有生产样板的，原因是具体的产品设计只能在构思设计之后进行。而且，在生产全新的产品或新工厂开始运行时，这种情况就更加明显了。

但是，在计划构想阶段进行生产模拟也是有意义的。在一切都不确定时，通过生产模拟来验证效果和影响非常有效。至于生产样板，可以设定虚拟生产模块(见图 3-15)。

在 SIM 中可以把生产样板和生产模块组合起来记录，使用既存的生产模块就可以设定虚拟生产样板。

但是在这里，不能仅仅满足于虚拟，而要认识到这是一种暂时的虚拟。由于计划的研究是阶段性的，所以使用生产模块创造出虚拟的生产样板可以用来评估计划构想的方向性。一旦进入了产品设计、工程设计等具体的设计阶段，就容易被部门内部的

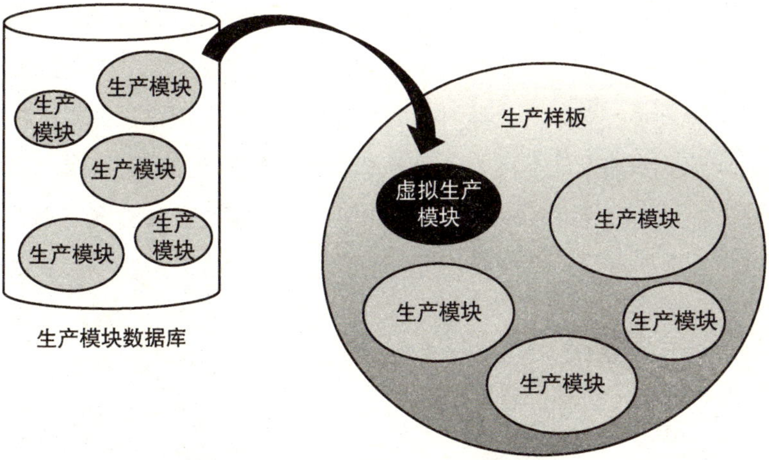

图 3－15　生产模块中的生产样板构建

事情所左右，而忘记了本质的目的。所以，在进入具体设计活动之前的计划构想阶段就采用虚拟生产样板来把握计划实施后可能产生的效果和影响，就能构建出针对本质目的基本方针的生产样板。

应该提前准备好组成虚拟生产样板的生产模块，这是因为即使是新构思出的生产样板，也会受到想象范围的局限，穷尽想象的全新制造方式是不可能实现的，所以可以使用已经实践过的模块。提取已经实践过的计划的一部分甚至全部来作为数据库，就可以解决问题。构建生产模块数据库，从各种意义上来说都是很有效的。

另外，没有必要在整个业务中都采用同样的详细度来记述生产样板。在初期的计划阶段进行新产品计划构想时，并不需要采用生产线设计阶段才需要的详细记述。虽然初期的计划业务中也会出现必须考虑生产形态的情况，这种情况是需要详细记述的，然而一般来说，还是要选择符合各个业务的记述方式。

如图 3-16 所示，SIM 中每个业务阶段的生产样板的精细度（记述的详细度）是不同的。业务从构思阶段开始逐渐具体化，随着进展程度推进，精细度也逐渐详细化。在实际运用中，既可以在生产样板中直接一一调整问题，也可以直接替换生产模块来解决问题。

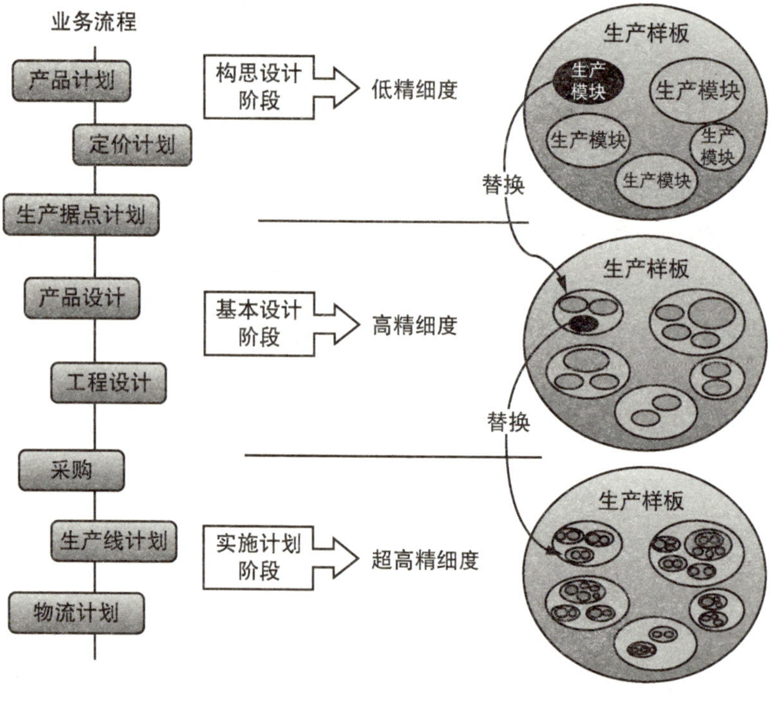

图 3-16　对应不同业务阶段的生产样板细度控制

多尺度生产样板

虽然也可以从前面提到的生产模块数据库中提取其他的生产模块来替换原有的模块，但是生产样板最好是可以从创建之初就无需改变地一直使用下去。在初期制定的生产样板如果能一直用到后期就非常方便。另外，到后期业务时已经被前期环节优化过的生产样板在新的项目中也可以灵活应用于前期环节，十分高效。

为了使SIM能够具备这种用途，就要导入生产模块结构化这一概念(见图3－17)。生产概念结构化是指结构性地记述生产模块并利用它来能动地改变生产样板的精细度的机制。在SIM中，这叫做“多尺度生产样板”。在这一机制中，产品构思阶段的低精

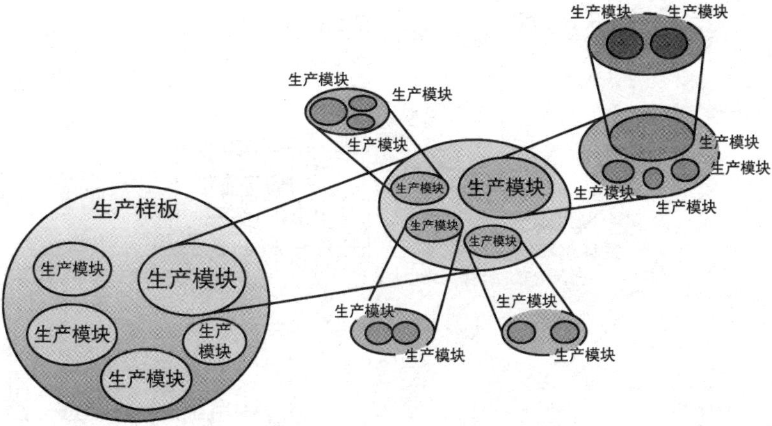

图3－17　多尺度生产样板中生产模块的结构化概念

细度样板和生产线阶段的高精细度样板都可以应用于同一个生产样板中。根据必要的精细度，可以在生产模块构造的特定阶段进行模块替换。通过控制阶段构造的展开程度可以控制生产样板的精细度变化，因此可以针对所需的生产样板精细度进行调控。

灵活利用这种把生产模块结构化的多尺度生产样板，可以使生产样板更加容易变更，从而更有效率地运用生产样板。

另外，由于生产模块的构造概念是无限的，生产样板的记述精细度也是无上限的，所以要根据需要展开到必要的深度以对应实际的工厂实体的详细度。比如，从生产场地的布局到工厂内部的空间配置再到工厂选址，都可以根据实际情况来切换详细度（见图 3－18）。

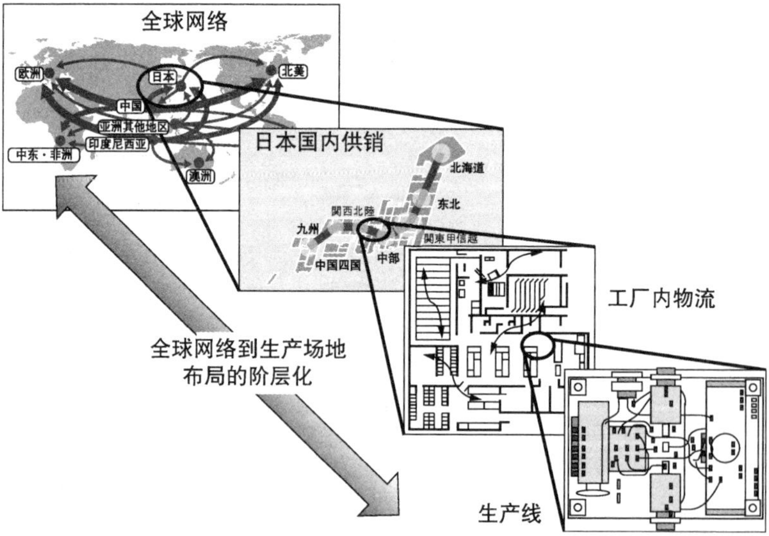

图 3－18　从工厂选址到生产场地

从样板共享型到样板循环型，从业务分担型到业务集约型

在多种业务并行时，生产样板的管理就十分重要了。产品从开发到投产的过程中，各个部门都在对生产样板进行修改和扩充，生产样板编辑权的控制和衍生样板的综合管理就需要循环地运用生产样板。

如图 3－19(1)所示，过去是利用 PLM 和 ERP，通过共通数据库来实现在不同组织之间共享样板。而现在，负责制定计划的部门就要利用制定的样板作为参考，进行单向运用。然而，SIM 并不仅仅是利用制定好的样板进行业务参考，还要结合生产现场的实

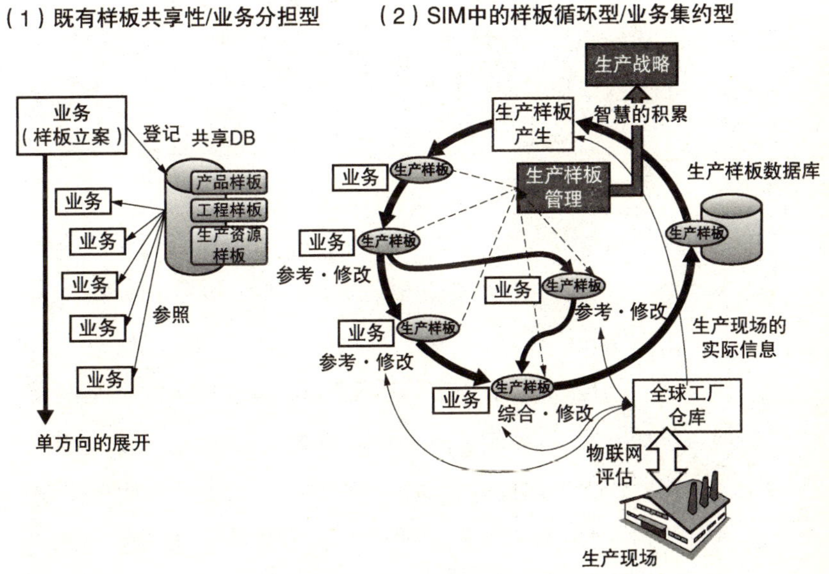

图 3－19　SIM 中循环型生产样板的展开

际来进行评价、修正、再评价、效果记录等(见图 3－19(2))。这样才能轻松构建出符合业务内容目的和意图的样板,这种样板也可以非常灵活地兼容于后续环节。通过这种运用样板的方法,样板不止是从前期环节开始单向展开,还可以根据后期环节的目的来进行修改,成为可以再利用的有价值的可持续项目,从而实现循环型的工程。

光靠对已有共通样板的修改管理和项目管理是难以实现灵活应用的。必须利用多尺度生产样板的结构化概念,成立专门的机构来针对生产样板的改变和整合进行管理。

过去的工程业务流程中采用的是由各组织分担业务的方式。如果现在的制造业还像以前一样,只要制造出某些固定的商品,那这种方式没有什么问题。然而,今后必须彻底地讨论如何制造以及制造什么样的产品,这种情况下,过去那种业务分担型的组织体制就露出了软肋。但是,如今仍然有很多企业的在面对这个问题时还是缺乏组织的灵活性,从而无法创造新的价值,也无法获得竞争力。

上文提到的 SIM 的样板循环型运用并不仅仅把在后期环节扩大适用性作为目标,而是通过对样板的修改和整合进行管理,在更广泛的范围内展开样板,在战略性的活动上进行彻底汇总。

现在的问题是,从前期环节到后期环节,生产样板的实用性无法确保,结果就是后期环节只能采取自律式的管理,也就是完全依赖于现场能力。生产样板的管理机构让生产样板在大跨度的业务范围内循环,并把生产样板的运用汇总式地进行管理。通过这种方式,既可以普及业务知识,达到彻底的知识积累,也可以对生产战略进行反馈。

通过管理工程业务的展开来推进知识的普及和积累，从而抓住重点，构建战略性扩张的管理体制。像这样灵活利用 SIM 就可以创造出全新的价值。

生产样板的灵敏度设计

必须注意的是，如何根据业务来确定合适的生产样板精细度。精细度超过业务需要程度的生产样板是没有必要的，但是，在过于粗糙的生产样板中进行研究也没有意义。所以，选择最合适的精细度是灵活利用 SIM 的一个关键。

为了解决这个问题，就需要检查生产样板的敏感度，从而判断最合适的精细度。如图 3－20 所示，在某种精细度的生产样板中接连改变条件，其结果就能反映敏感度。改变精细度后再进行同样

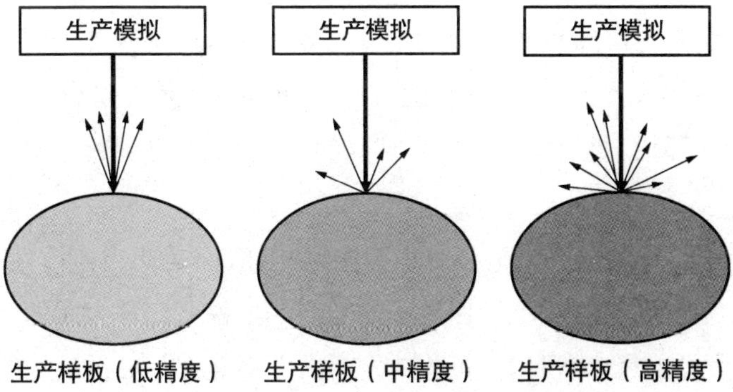

图 3－20　生产系统的敏感度分析

的实验，就可以确认敏感度的差异。通过分析这种敏感度的变化，最终就能够确定最合适的精细度。虽然在实际的业务中假设条件来确定生产样板的精细度也是可以的，但是用之前提到过的“结构化的多尺度生产样板”来检验敏感度更有效。

在推进业务流程整合型模拟的过程中有很多问题，但是 SIM 的概念和技术是可以解决这些问题的。第四章将说明本节中介绍的思路如何通过具体方法实现。

专家的智慧与生产样板的完善

到前一节为止，已经介绍了利用生产模块可以构建出各种各样的生产样板。那么，究竟应该构建什么样的生产样板呢？

谁都可以利用生产模块数据库等创造出多种多样的生产样板，但是经验人士的智慧仍然非常重要。实践已经证明，在把生产实际恰当表达出来的同时，合适的选择和判断是很有必要的。这是经验丰富的专家才能胜任的工作。不过，专家根据生产的目的、背景、具体情况来构建生产样板时，不光是专家自己，还需要各个部门、业务的负责人把他们各自的经验和智慧也发挥出来。

并不是说生产样板必须由专家来构建，而是要用建设性的思维来考虑问题、来广泛运用专家的智慧。虽说巧妇难为无米之炊，但是只要有米，就可以尽可能地发挥出全部能力并灵活运用能力。发挥能力的产物就是智慧。智慧随着生产样板的发展逐渐累积，生产样板也因此具备了新的适应性。

从“经验”中创造智慧，再把这种智慧系统化地灵活运用，就可以形成知识积累，这就是稳固制造业的优势。

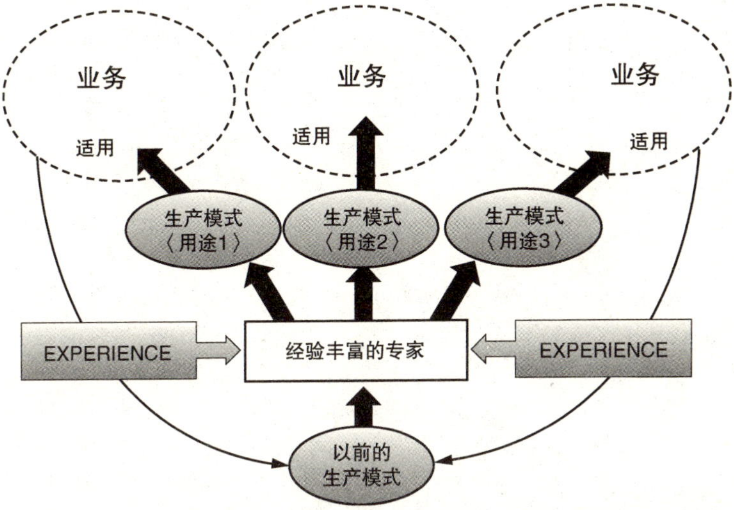

图 3－21　专家智慧和生产模式的结合

前馈与反馈

下面来看看业务流程整合后的效果。

虽然追求业务流程的整体最优化是一个重大目标，但是这一追求带来的效果远不仅仅局限于整体最优化。要达到整体最优化，制定方针是非常重要的。基本的思路是把明确的方针贯彻到整体最优化的过程中并根据活动进行前馈。

前馈是指提前制定面向未来的方针。作为社会结构范畴内的系统性活跃，前馈控制的意义非常明显，在经营活动中的有效性也十分重要。前馈是有目标值的，它也是向理想目标前进时创造凝聚力的基础。

在日本的制造业中，虽然普遍已经对反馈有了充分的理解，然而对前馈这一概念仍然是陌生的。虽然反馈确实很重要，但是它只能在实际操作之后才能进行。在很多情况下，实际操作之后再进行反馈已经太晚了。

多变的时代中，前馈扮演着重要的角色，可以为生产指出明路。通过 SIM 来追求整体最优化，还可以把它作为后期环节的前馈（见图 3－22）。

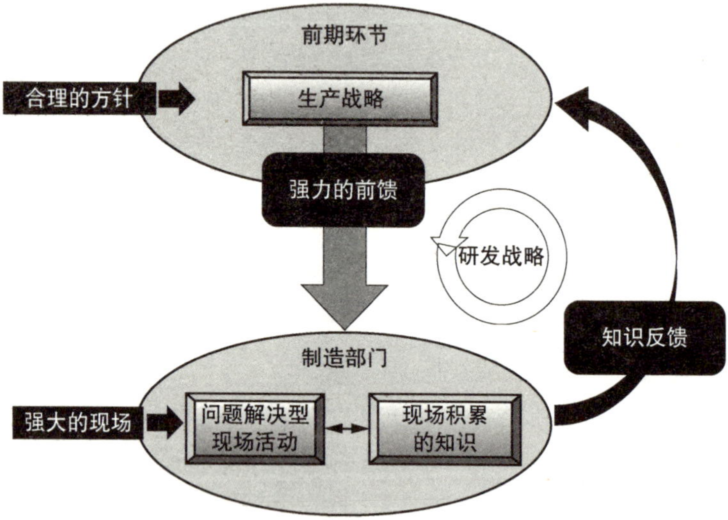

图 3－22　前馈、反馈与创发战略

当然，也不能忘了反馈。强大的反馈是日本制造业的优势之一。但是，过去的反馈往往停滞在现场业务的层面。今后，在对一项业务进行反馈的同时也要对前期活动进行前馈。

在进行前期活动时，既要通过 SIM 追求整体最优化，也要积极推进对应用活动的反馈。此外，不能让前馈和反馈分别进行，而是要让两者相辅相成。经营战略的思路有很多种，其中前馈是一种战略计划型的思路，而反馈则更接近于创发战略型。

SIM 可以进行推进战略计划型和创发战略型的活动。合理的生产战略指导和指导下的强大的现场活动可以产生有意义的知识和智慧，这些产物又可以进一步和战略相结合。经营和现场相互补充、相互刺激，这才是经营战略的理想状态。

第一章的"从自上而下型转向创发型的生产战略"一节提到过的创发战略就灵活运用了 SIM 的思路发展，把组织能力最大化。朝着创发型的生产战略发展具有很大的意义。

SIM 向信息物理的扩张

前面已经说明，前馈和反馈相结合在经营战略上具有重要意义。所以，在后期环节的处理上，也就是针对生产现场取得实际信息，是很有必要的。在生产进入量产阶段之前都采用 SIM 的方式进行业务的话，计划就可以在 SIM 的数据库中得到管理，也就可以针对前期环节进行反馈了。另外，在取得实际成果之后，分析计划的可行性、无法达成目标的原因、与实际成果的差异可以获得新的经验和教训，这可以充实生产样板、积累宝贵的现场经验。

生产现场的成果收集需要灵活应用MES系统(制造企业生产过程执行管理系统),并主要利用机械类设备来对生产信息进行成果收集。现在已进入物联网时代,能够获得更多的生产成果信息了。在SIM中也要积极运用既有的MES系统、物联网和智能工厂中的信息,和物理信息系统建立联系,使成果信息的获取更加方便。(见图3-23)

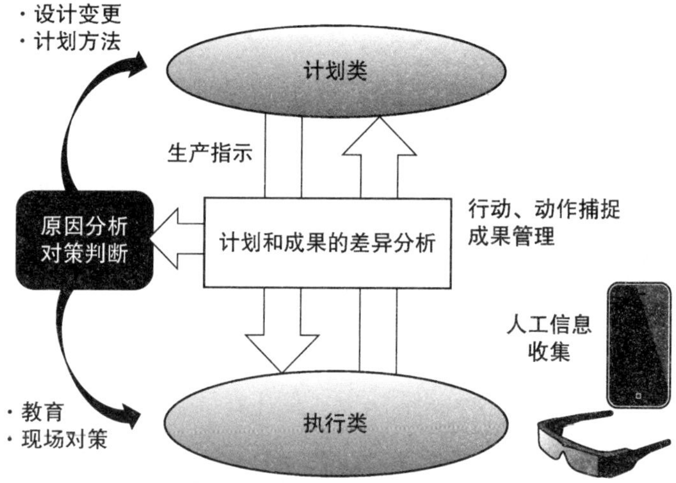

图3-23　计划和成果的差异分析

此外,还需要考虑的是人工信息收集。人的能力在今后仍然是很重要的,没有人的能力就无法维持强有力的生产。但是,在采用机械类信息收集的工厂,几乎不采用人工信息收集的方式。

通过机械类设备采集的信息,可以观察到生产线是如何运作的,但是事实上,生产现场还是有很多工作需要人工进行,如果不把握人的活动，就无法了解制造业真正的情况。工程之间的运输、设备的操作等绝大多数都是由人工完成的，维护也是人工进行的。虽然监控机械类设备的运转可以了解生产状态，但却不能分析呈现这种状态的原因。

另一方面，虽然人工收集生产信息很重要，但是如果要避免对进行监控的人员造成过大负担，技术方面还存在一些问题（这其中也有工作人员自己不希望工作量过大的原因）。然而，现在已经出现了可穿戴式装备，还可以使用智能手机等简单经济的终端进行技术性操作。由于生产指导、成果输入都可以通过低成本的智能手机完成，所以现在不仅可以获取机械类设备的成果信息，还可以低成本获得人工成果信息。这种智能手机技术也很容易被中小企业采用。机械类的活动由 MES 系统和智能机器负责，而人工活动则由可穿戴式设备和智能手机等负责，这样就能形成了高效的系统。

人工信息物理系统会在第四章中进行介绍，并在第五章中结合具体例子进行说明。

从手续型生产到能动最优型生产

关于信息物理还要提到一点，那就是 SIM 在制造业领域改革了生产管理。

以前，生产现场的工作计划通常是每天由生产线的负责人根据生产计划来制定的。对生产和生产对象的流程进行指导，也可以说这是一种指挥。这种情况无论在中小企业还是大型企业中都差不多。虽然有生产日程表，但是日程表并不会具体到每个人的工作计划。除了一些按部就班型的制造业，大多数生产现场事实上是人工支配的，这会导致很多问题和混乱。

现在，很多生产现场组装件等，由于进行多品种生产而出现混乱，无法充分发挥生产能力。特别是大型机械类、焊接、工时相差大、生产时需要调整步骤的企业的管理都比较难。如果生产进行得顺利还好，万一发生了生产延迟，要挽回局面就非常困难。

这种时候就需要一种从外力影响中复原的能力，也就是应变能力。应变能力在生产中至关重要。以往，解决这种问题都是用一种被称为“反应式调度”的技术，但是这种方式的局限性很大。

SIM可以解决这种问题。在前期制定计划时就利用SIM，对于量产开始后的生产活动，特别是每天变动的生产计划最优化都很有意义。

如图3-24所示，针对每天的生产活动，需要时常进行生产模拟。10分钟也好，半小时、1小时也好，在上午或下午刚开始生产的时候进行生产模拟都是可以的，要经常收集成果，定期实行生产模拟，即使是在实际成果停滞时实行也是可以的。

采取即时生产模拟，可以在明确无法达成目标时尽早采取措施。可以根据需要把生产计划向最优化调整，也可以把碰到瓶颈的工作放到第二天再做，还可以增加人员进行加班。

重要的是，不能耽误生产现场的问题，还要针对未来可能出现的问题及早打算、制定对策。过去的生产是按部就班地制定一连

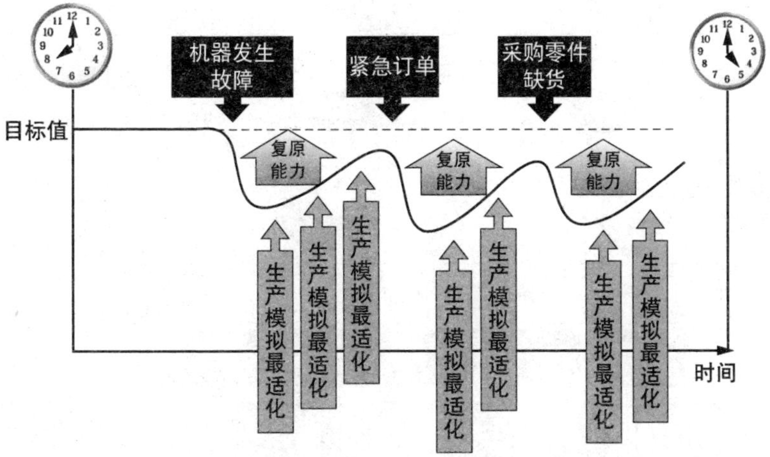

图 3-24　即时生产模拟与优化中产生的复原能力

串的工作计划，然后照着实行，也就是所谓的“手续型生产”。而现在要利用 SIM 的即时生产模拟实现最优作业的“即时型模拟能动最优化生产”(见图 3-25)。

虽然在生产流程固定的手续型生产中没必要使用能动最优型生产，但是在包含了多品种生产和不稳定要素的生产现场中，能动最优型生产是非常有效的。尤其是以自动机械为中心构成的生产线中，临时故障和突然故障会造成很大的影响，在这种情况下，能动最优型生产就可以有效应对。第四章和第五章会详细介绍能动最优型生产的实现方式和适用情况，敬请参考。

然而，并不是只要导入这种方式就能使生产现场的应变能力变得强大。不仅要用生产模拟进行预测，相应的生产现场的应对能力也十分重要。

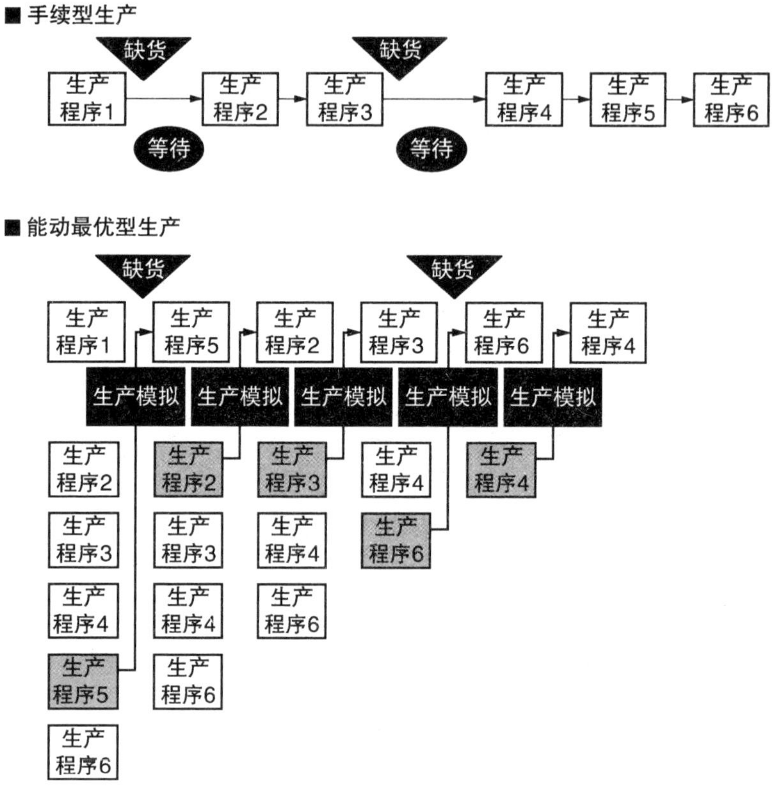

图 3-25　手续型生产到能动最优型生产

无论如何，把 SIM 运用于量产阶段，把静态的手续型运用转变为灵活能动的最优型运用，是生产走向理想状态的一大改革。

仿真集成制造的概念总结

前面介绍了很多仿真集成制造的概念，现在来汇总一下。

(1) 问题和目标

如今已经进入了全球化和多品种少量产的时代,仅仅靠优化和磨合是难以拥有国际竞争力的。在多变的时代,制造业必须向新的形式转变。

另外,随着物联网的发展,德国在“工业 4.0”中采取了横向分工,美国以通用公司为中心采取了高附加价值的服务化,各国都在产业文化的基础上进行了生产改革。相比之下,日本则止步于发展机器人技术等核心技术,没有创造出本质的新概念。

德国、美国和日本的产业文化和优势完全不同。重要的是,并不是要用自动化技术去强行模仿“工业 4.0”,而是要发挥日本拥有的本质优势,也就是利用日本强大的操作能力来发挥纵向合作的优势,要把这种优势用最新的技术去进行改革,从而实现前瞻性工程技术,形成在事先发现问题并采取对策的能力以及应对变化的能力。

前瞻性工程技术是在前期工程业务中的规划生产系统阶段就彻底找出问题、解决问题的技术。不是在事后进行优化,而是在计划阶段就规划出最高的性能和品质。把信息通信技术和物联网与日本的制造力相结合,才能让制造业走向新的时代。

(2) 具体的解决方式

在这种背景下,利用前瞻性工程技术,可以让能强化工程业务组织能力的仿真集成制造这一概念成为现实。灵活利用生产模拟,与前期业务相结合,通过把生产现场物联网化来改革生产管理,再将过去分散型的业务运用转变为集约型的业务运用,来改革工程业务。

这种解决方式根据投入量产的前期业务和量产开始以后的后期业务分为并行的两个主题(见图 3-26)。

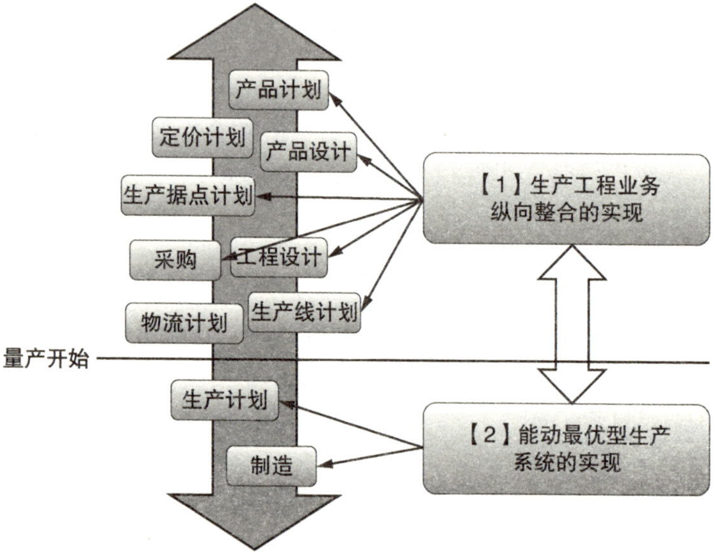

图 3-26　实现仿真集成制造的两种途径

① 生产工程业务纵向整合的实现

制造业的前期业务是从产品计划、定价计划、据点战略等计划开始,经过设计、采购、工程设计、生产线计划等,在形成生产体制以后投入量产。"生产系统"这一概念是这些业务的基础,通过生产样板可以把原本各自独立的业务有机地连接在一起,再利用生产模拟把产品、零件、生产设备、布局、工模具等"对象"和生产、工程、运输、物流、生产计划等"手段"进行意义结合,并检验它们之间关系的合理性和可行性。

为了实现生产工程业务的纵向整合，需要制定各种计划服务，并用生产模拟对各个业务流程进行评价，在验证合理性和效率的同时推进业务，从而提高前期业务的效率，实现组织能力的最大化。这意味着使部分最优向业务流程整合型整体最优发展成为可能的工程技术的实现。此外，要最大限度地利用物联网，完成与生产现场实际情况同步的数据库“全球工厂仓库”，并将其用于以生产工程业务为目的的计划中。

现在把生产工程业务纵向整合和过去的方式比较一下，来说明这一方式的目标。

过去，各组织中的业务流程管理非常模糊，导致经常发生需要返工修改的情况。而前瞻性工程技术可以在事先就采取对策，减少返工作业。

以前由 ERP 和 PLM 等数据共享方式构建出固定且抽象的样板构造，无法恰当精确地覆盖量产之前的全部工程业务。如果通过多尺度化和循环型利用管理机构，利用生产样板赋予其弹性，就能覆盖广泛的业务范围。

过去的样板非常抽象，缺乏量化的信息导致样板和生产现场发生偏离。通过能够高度表现实际的生产样板和物联网就能使样板和现场同步，根据生产现场的实际情况来制定计划。

从前，专家的知识和经验是私人的，只能运用于现场的个别活动中。然而，把专家掌握的具有实际效果的经验和智慧运用于生产样板中，让他人得以参考和再利用，就能把个人的知识升华为组织的智慧。

为了达到这些目标，不能仅仅满足于进行样板化或功能化，而是要再进一步，追求能完整表现实际生产现场的生产样板，同时彻底追求把专家的智慧与其进行意义结合的方法，把知识经验积累到系统中，以此为中心推进工程业务，就是基本的途径。

② 能动最优型生产系统的实现

进入量产阶段之后，生产现场出现机器故障、紧急状况、加急订单等都是家常便饭。要如何解决这些问题让生产回到正轨呢？解决这些问题的能力被称为“恢复力”。然而生产现场的问题用一般的方式很难解决。事实上，制定好的生产计划一旦被打乱，就很难回到原先的状态了。

能动最优型生产可以在设备临时故障、加急订单、零件缺货、品质问题等麻烦发生时利用即时生产模拟来预测问题可能产生的影响。找出问题后，用超并列模拟进行最优化技术，依次修正生产计划和生产线的配额、人员组成计划等种种生产资源，使其复原，或者是避开问题进行自律性调整。也就是说，灵活利用生产模拟，掌握对付生产中的波动、故障、干扰等问题的能力是基本途径。

实际的运用中要用到物联网技术。以人工为主的生产线在进行生产时，要采用信息物理系统进行生产指导和生产成果的监控；而以设备为主的生产线在生产中要通过 MES 系统和智能机器获取生产成果。这样可以及时发现生产延迟，并通过断续的超并列模拟进行能动最优化，把生产计划和生产体制一一修正，维持理想的生产状态。

SIM 的定位如图 3－27 所示。PLM、ERP 和 MES 之间是互补的关系。过去，PLM、ERP 和 MES 等系统是封闭在体系内部的，提供把它们连接起来、为推进整合型技术而发展的环境就是

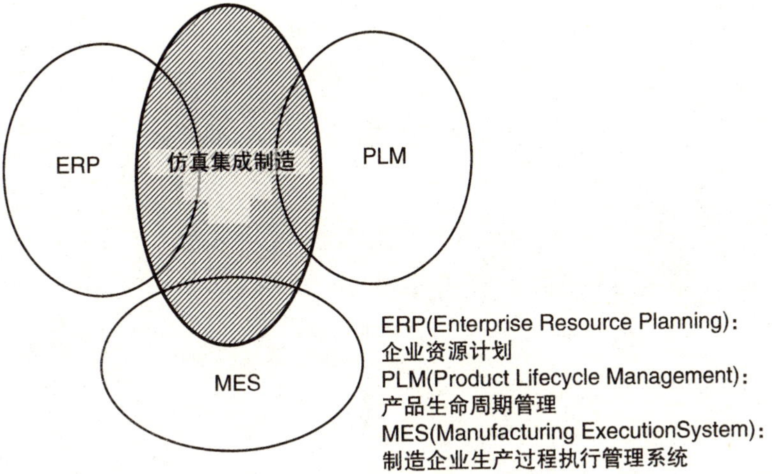

图 3-27　仿真集成制造的定位

SIM 的目的。由于生产样板在这些系统中都占据着核心地位，所以可以把它们有机地结合起来。

制造业的物联网化与 SIM

前文介绍了 SIM 的概念及其效果、可能性，本章的最后一部分将说明 SIM 在制造业的物联网化动向中的定位。

把物联网用于制造领域，用以把握生产相关资源的状态，可以在原有基础上实现全新的服务和管理系统。

第一章中介绍过，"工业 4.0"要通过智能机器标准化实现生产系统构成的自由度和能动的生产流程，工业互联网联盟的目标是通过把制造业和服务结合起来以实现附加价值化。SIM也要以某种方式取得相关生产资源并将其灵活运用于模拟之中，来实现工程能力的强化。总之，要把包括SIM在内的设备和对象网络化，追求新的变革。

然而，SIM和"工业4.0"、工业互联网联盟的不同之处有以下几点。

"工业4.0"和工业互联网联盟的切入点和发展方式是在生产活动中创造附加价值。"工业4.0"通过生产设备的标准化与数据交换构建灵活的生产系统，工业互联网联盟从销售自产商品转换到以物联网为基础的服务上。

另一方面，SIM无疑属于实践类方式，其重点在于制造业的前期计划环节。SIM不像"工业4.0"和工业互联网联盟一样提供把对象结合起来的构造，它是在物联网化的基础上展开的。

图3-28展示了"工业4.0"、工业互联网联盟和SIM的定位，

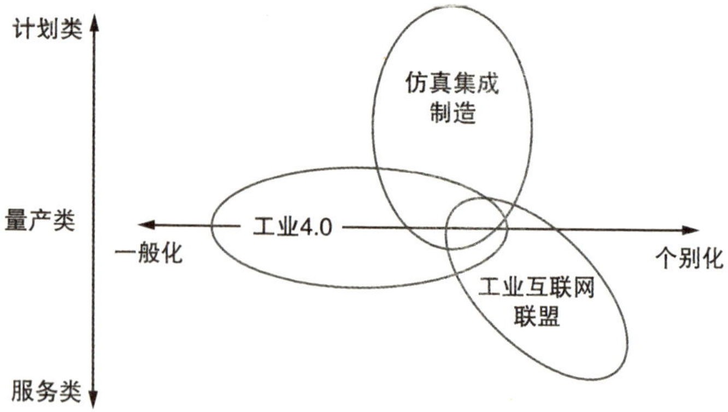

图3-28 工业4.0、工业互联网联盟和SIM的定位

可以说空间轴的联系和时间轴的联系是完全不同的。当然，随着它们各自的范围扩大，也会衍生出各种各样的概念，但是基本的想法和视点以及适用的起点还是在这一领域内的。

而且，虽然“工业 4.0”通过广泛创造来展开样板，开始推进智能机器的标准化，但偏重于计划类的前期环节和偏重于服务类的后期环节是无法标准化的。虽然第一章中提到过瑞士手表兼容机芯口径的例子，但这是由于量产类业务并不以附加价值为追求。应当在量产类业务中采取固定的、共通的价值构建，同时在前期环节和后期环节中追求个别的高附加价值。在把没有争议的部分共通化、开放化的基础上，在具备固有优势的领域中展开竞争，这是个自然的过程。作为各种方法的起点，“工业 4.0”的定位即是如此。

而 SIM 的定位则是以制造业文化为背景。第一章提到过的日本的优势和产业构造的指针，本章则展示了 SIM 的各种可能性。但是，制造业不能止步于 SIM，还要有效利用从 SIM 中获得的组织能力。

4 第四章

仿真与生产类业务的改革

云基础新时代模拟器 GD. findi

第三章说明了 SIM 的思路和可能性。SIM 的实现需要能够进行生产模拟的系统，本章就将介绍能够实现 SIM 的生产模拟器 GD. findi 及其使用方法。

开发 GD. findi 的原因是在生产类业务中需要能够实际使用的模拟器。虽然已经存在各种各样的生产模拟器技术和产品，但是这些产品基本都局限于生产模拟本身，而 GD. findi 是为了运行 SIM 而开发的，它的目的并不在于生产模拟，而在于在广泛的生产类业务中利用共通的生产样板进行制定计划和验证计划。也就是说，即使同为生产模拟器，根据开发时的出发点不同，使用方法和使用人群也是不同的。

因此，实际使用中的模拟器必须让不是专家的工程师也能使用。说具体一点就是，模拟器必须具备就算不是模拟领域的专门技术人员也能使用的可操作性。虽然 GD. findi 拥有强力的生产模拟引擎，但是并不是只能为模拟专家所用，而是为执行产品设计、工程设计、生产线设计等业务的工程师们开发的。

另外，GD. findi 还提供云服务，可以在云网络上使组织内部和组织之间共享同一个计划方案，从而有助于推进项目，同时也可以共享以生产样板和生产模块数据库为代表的各种数据资源和组件。

图4－1 展示了 GD. findi 云服务的整体概要。使用者只要在网上登陆 GD. findi，就能随时随地使用它。网络服务还提供多种多样的功能，可以根据使用目标和使用方式来选择不同的形态。

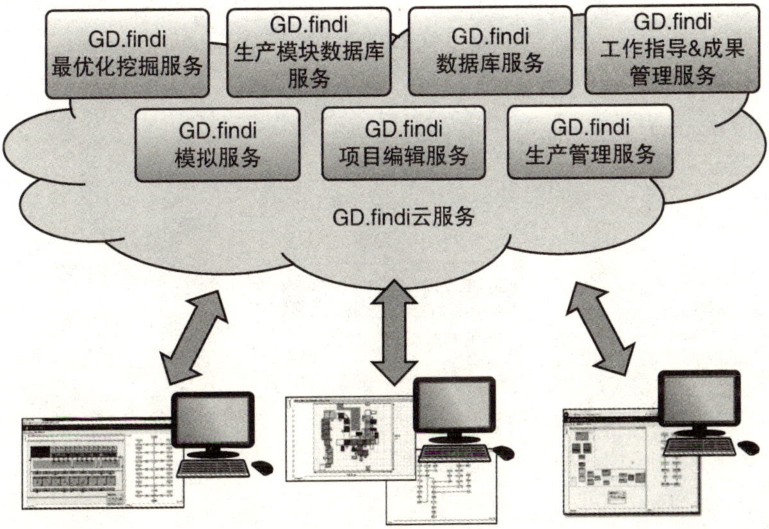

图 4－1　GD. findi 的云服务

本节中将介绍 GD. findi 的几个特征以供参考。

GD. findi 的基本操作和处理流程

GD. findi 的使用方法很简单。当然，数据输入是必要的。只要提供平面图、生产流程、生产计划这三个数据就可以了。(见图 4-2)在实际操作中，可以分别从 CAD、生产物料清单(MBOM)和物料需求计划(MRP)中直接取得已有的平面图、生产流程和生产计划数据。

输入这些数据后，把生产流程的构成要素“要素生产”分配到

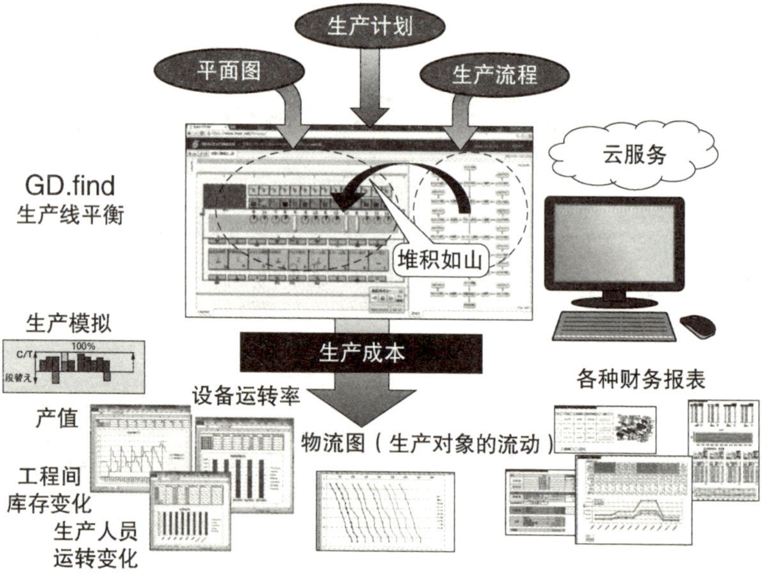

图 4-2　GD. find 中的输入和输出

作为平面图构成要素的实际生产场地中的生产点中，就完成了生产模拟的准备工作。

而且，这种分配只要动动鼠标就可以完成，所以可以按脑海中生产线的理想形态来操作。而以前的生产模拟器往往需要大量详细的设定和相应的编程。

准备完毕后，只要等着看生产模拟的运行结果就行了。GD.findi 能把生产对象的流动和工作人员的动向用动画表现出来，还能用名为“物流图”的分析信息图标来表示产值、设备运转率、人员运转率、工程间库存时间推移等各种模拟的结果（见图 4 - 3）。此外，由于能够把握各设备的运转时间和生产批次之间的关系，也可以做出以成产成本分析为目的的账簿。

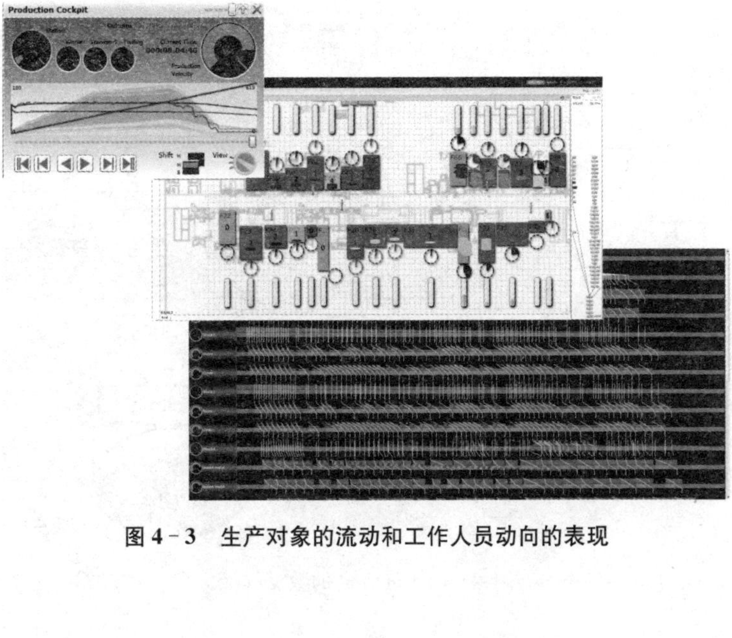

图 4 - 3　生产对象的流动和工作人员动向的表现

独立的数据体系和生产积极性

GD. findi 的特点是独立的数据体系和生产积极性，具备可以控制动态行为的运行模式。

图 4-4 展示了 GD. findi 的数据样板。显示工厂中生产点配置的平面图和表示产品组装流程的生产进程被作为独立的数据，这是因为平面图与生产进程的制作多因立案部门、负责人和时间而异。平面图是设计生产线业务的成果，生产进程是设计组装产品流程业务的产物，由于它们是由不同的部门产出的，所以采用独立的数据构造就格外方便。

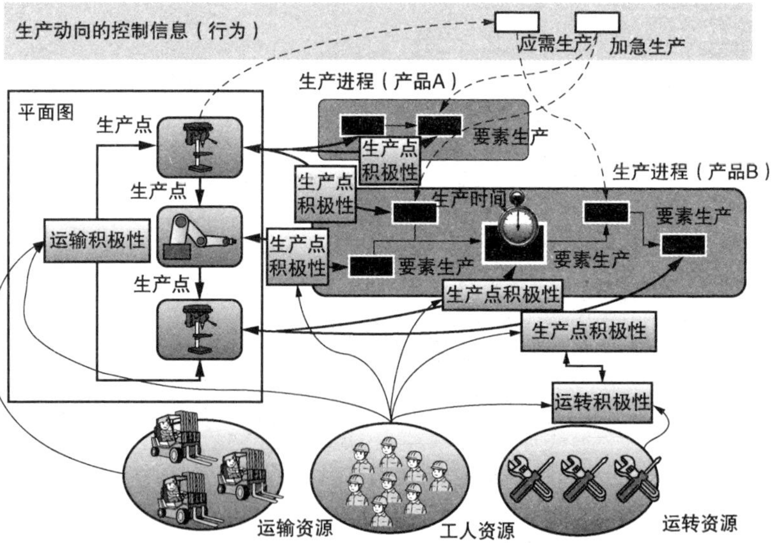

图 4-4　GD. find 的数据样板

另一方面，平面图和生产进程之间的关系又十分密切。作为生产进程的产品组装工作在平面图中的几个生产点实施，因此有必要把构成生产进程的要素生产进行的场所分配到构成平面图的生产点上，所以 GD. findi 导入了“生产点积极性”这一概念，用以管理构成生产进程的要素生产和构成平面图的生产点之间的关系。简而言之，就是把生产分配到生产点上，也就是所谓的集中生产，通过这种集中生产来实行生产模拟。

而且，“生产点积极性”并不仅仅是要素生产和生产点一一对应的关系，还可以是一对多、多对一、多对多的多种多样的关系。

例如，加工某种产品时，如果只选择一个生产点进行加工，这种情况就是一对一；而选择多个生产点进行分工时，由于在每个生产点都加工一样的产品，就变成了一对多。反过来，如果同一个生产点加工几种不同的商品，就是多对一。

生产动向的管理信息被视为一种行为，它能控制“生产点积极性”运转的条件和时机。通过设定，可以在同时进行多个要素生产的情况下进行选择要素生产的判断和应需生产等，也能在分析其他生产点状态的同时进行要素生产。

通过“生产点积极性”，可以自由定义生产线生产、流水车间生产、加工车间生产以及单人操作的完全细胞式生产等各种生产形态。

如果对生产流程再做进一步说明，就能记述多种产品的生产流程。再看图 4 - 4，要素生产是通过网络连接起来的，而这一连串的过程就是一种产品的生产流程。当生产多种产品时，用产品的数量就可以建立起网络。

构成生产流程的要素生产是用来表示进行生产的工作流程的。要素生产记述的是在一定时间内把投入的“对象”进行什么样的处理，最后产出的是什么。比如投入一个盒子、一个盒盖和 6 个瓶子，花 10 秒钟把瓶子装进盒子里盖上盖子，就产出了盖着盖子的盒子这一整体。这种流程就叫做要素生产。这里的投入和产出并非必须是固体的产品，也可以用 1 克黏着剂、1 升氮气、相当于 500 千卡的热量这种形式进行记述。另外，要素生产还可以记录生产必需的原料、生产的结果以及产出的副产品等。

接下来分析作为工厂资源的生产原材料。在 GD. findi 中可以从静态和动态两个角度来处理生产原材料。比如，生产线上设置的组装机器是静态资源；而用各台冲床进行冲压加工的金属模具根据生产要求在不同冲床之间传递，这就属于动态资源。另外，在生产点进行固定工作的生产工人属于静态资源，而根据生产计划在各个生产场地之间轮转的生产工人、在生产发生延迟时前被调去支援的生产工人以及兼顾生产线和物流配送工作的生产工人都属于动态资源。

由于动态资源的变动较大，所以很难分析出哪些动态资源是必要的。在这种情况下，生产模拟器就要发挥它的作用了。

以前的生产模拟器大多需要编程，非常费工夫。为了解决这一问题，GD. findi 搭载了数据体系。图 4－4 所示的“生产点积极性”可以按照设定好的投产资源来分配人员。比如，只要生产管理者把团队中生产工人的总数输入系统，“生产点积极性”就能自动模拟实际生产时所需数量的生产工人在虚拟空间进行生产。

另外，如果需要根据个人的技术和责任来选择，就可以不指定生产队伍，而是指定某位特定的工人，让符合要求的工人到该生产点进行生产。

当多个生产点指定同一名工人时就变成了“多工序”生产，工人在几个生产点之间来回穿梭来进行生产。U字型生产线中的多工序生产等是很容易记述的。

为了管理金属模具等动态资源，GD. findi设有“运转积极性”的功能。“运转积极性”的特点是，在管理工具的种类和数量的同时，在要生产其他产品或者工具的使用年限到期时调换工具。这样就可以利用更改产品时所需的时间来反映生产性了。

GD. findi的数据体系可以处理这些动态资源。“运转积极性”和“生产点积极性”相互关联来进行记述。（见图4－4）在某个生产点实行不同制品的“生产点积极性”运转时，如果“运转积极性”判断有变换步骤的必要，就会自动启动，把设定好的运转资源运用于接下来的生产中。当然，工人资源也是一样。必要的运转资源不足就无法运行“生产点积极性”，只能等待条件具备才能实行。

动态资源是根据具体情况而变化的，在实际操作中，动态资源大多都是在移动的。GD. findi能把这种动态的移动所需的移动时间也计算出来，反映在生产模拟的结果中。比如，某位工人要负责几个不同生产点的工作，如果生产点之间距离较远，那么开工时间也会相应推迟。

在GD. findi中，通过在实际业务中易于操作的数据体系可以轻松处理生产进程和生产资源的关系。有了这种数据体系，才能将第三章中提过的“对象”和“手段”置于生产样板中进行处理。

多层构造的生产模块(多尺度生产样板)

GD. findi 的一大特点就是把生产系统分成模块再进行组合。生产模块是一种“把生产进程分割到每个生产点的内容”，也就是拥有某种特定的生产功能的生产单位。GD. findi 中的数据体系就是生产点和要素生产的结合。(见图 4－5)具备功能和布局的对象接收到外部信号后完成对应的操作，就可以产出成果。也可能进行自动对应，类似于智能机器，要视情况而定。

另外，这种生产模块还可以拥有无限的多层构造，能实现第三

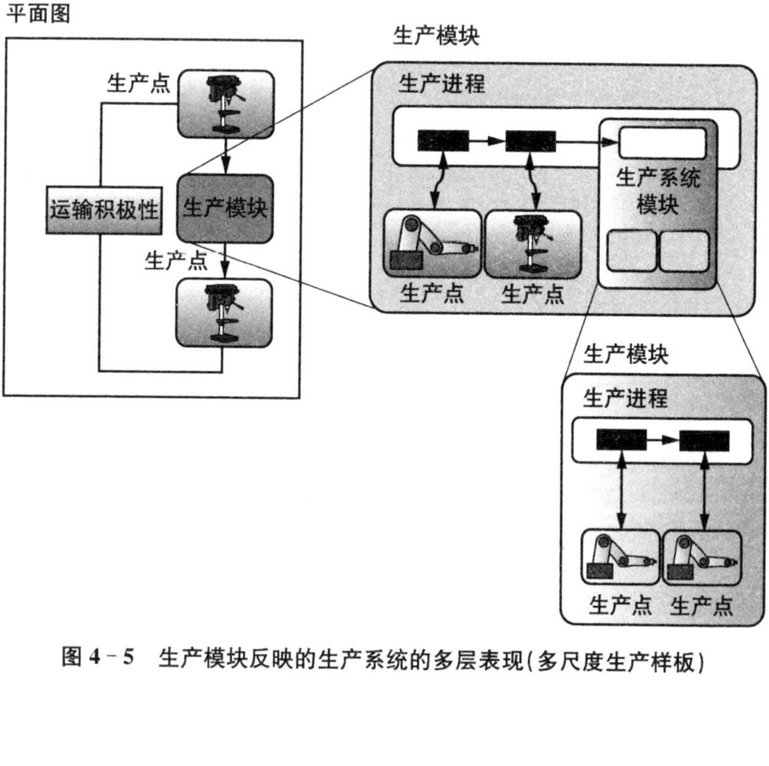

图 4－5　生产模块反映的生产系统的多层表现(多尺度生产样板)

章提到的“多尺度生产样板”。例如，跨国企业覆盖全世界的生产系统就是由分布于世界各地的生产工厂的模块构成的，每个生产工厂又由生产、收货、仓库、休息处等多个区域构成，这些区域又可以细分为机械加工、组装、检查等多个生产点。以组装生产点为例，它又由组装机器、库存场地、工模具库构成。如果还要进一步细化，组装机器也是由产品模具和机器本体构成的。生产系统就拥有这样的多层构造。GD. findi 的生产模块就可以处理这种构造。

接下来要说明如何运用这种模块构造。GD. findi 可以让生产模块自动组合成生产线。例如，可以实现“工业 4.0”的概念之一——标准化智能机器的组装，在考核生产系统整体能力和生产前置时间的同时还可以对智能机器的运转率进行评价，从而判断智能工厂的效率。

还可以通过生产模块的组合来记述生产系统的整体情况，这不仅能提高生产系统构建工作的效率，还可以确定生产工厂的计划方式。通过生产模块来定义基本的方式，并将其通过数据库共享，就可以通过灵活组合来创造新的生产系统。把已经确认的方式作为成果输入，就可以构筑有效率的生产系统。

普及个人的生产系统设计的智慧并进行再利用，就可以把制造业的经验分享出去，这具有重大的意义。

由生产负责人操作的非程序建模

下面说明操作性的部分。GD. findi 拥有非常直观的用户界面，可以进行生产样板的制作。

过去，生产模拟的问题之一就是制作生产样板是非常困难的。

现在，在 GD. findi 上，只需要动动鼠标就可以把要素生产分配到各个生产点，即设定要素生产中的集中生产。（见图 4－6）操作者可以设置生产地点和生产目标，确认分配效果后再进行设定工作。

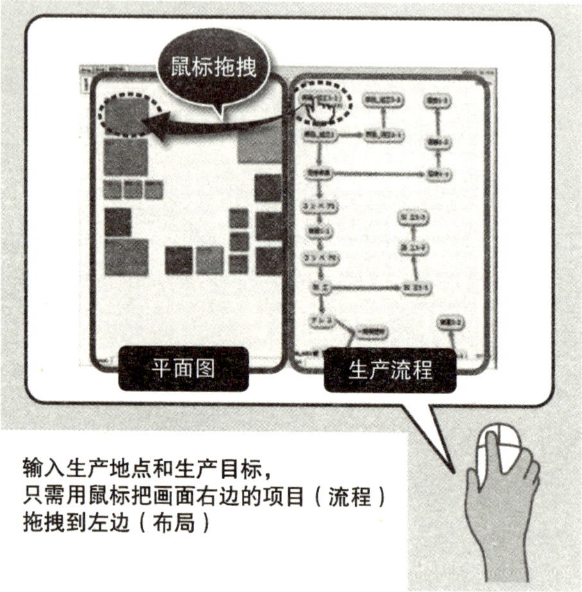

图 4－6　通过鼠标就能完成的要素生产的生产点分配

而且，管理产品的制造方法也很方便。比如，某个生产点若要同时生产几种产品时，就要根据具体情况来改变生产方式。这种生产方式的管理称作“调度”。以前的生产模拟器在进行调度时基本都要用“脚本”程序来添加判断条件，因此一般只有 IT 专家才会操作，对一般的生产工程师来说，操作难度太大了。

而 GD. findi 只要求对对象的处理方式进行设定。GD. findi

中可以设置“先入先出优先”“长循环期优先”“工作量优先”等可选的处理方式。

无论是数据体系还是用户界面，GD. findi 的可操作性都更高。即使负责生产业务的工程师并不是生产模拟器方面的专家，仍然可以制作出生产样板。

物料流程图的分析和问题解决

生产模拟之后应该如何分析其结果呢？GD. findi 完成生产模拟后，整个生产流程和生产资源的动向就被记录下来了，而且 GD. findi 还搭载了分析工具。

此外，控制模拟结果显示的“生产驾驶舱”（见图 4－7）除了能

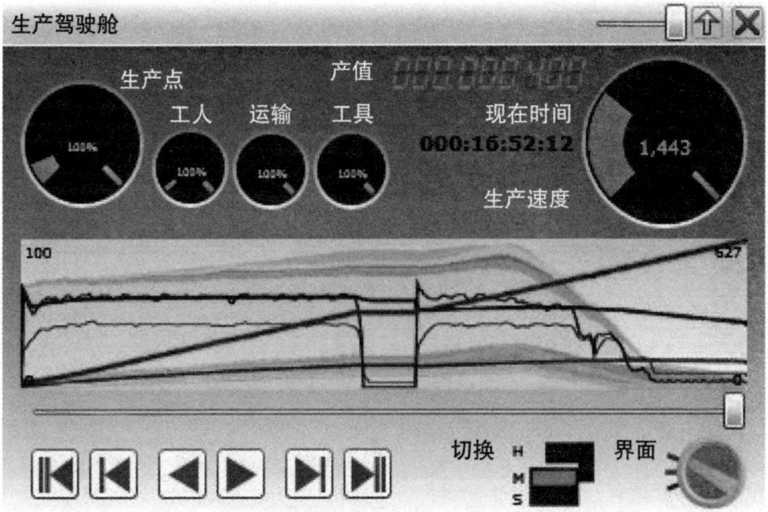

图 4－7　“生产驾驶舱”显示的生产数量、库存和运转率等数据

显示生产所需的时间和这段时间能创造的产值，还能显示生产点和生产者资源的运转率变化以及工程间库存的时间轴变化。平面图中生产对象的流向和生产者的行为以及工程间库存的情况，通过和生产驾驶舱时间线的联动，都可以被表现出来。

通过关注生产对象的流向，可以明确地对生产系统的动向进行分析。物料流程图（见图 4 - 8）以生产对象的流向为重点，描绘了其经过各产品和各生产点的轨迹，从而可以确认生产的进行方式，这就是所谓的“进度表”。图中曲线的走向表示某种生产对象的流动方式，曲线越偏向于直线，说明生产越平稳顺利。如果曲线在某处发生了变化，说明生产对象的流动在这个环节停滞了。造成这种状态的原因可能是生产进入了瓶颈期，也可能是零件没有到货，还可能是人手不足。通过曲线，整个生产状态一目了然。

图 4 - 8　物料流程图

GD. findi 可以把握生产状态的变化，从而使生产样板中的问题浮现出来。

观察物料流程图，从中发现问题并究其原因，就可以进一步完善生产系统和生产计划。

多种产品的汇总处理

当多种产品交织生产时，生产系统的构建和生产计划的制定就比较困难了。在这种情况下，生产模拟是非常有效的。然而，当产品种类太多时，就需要反复记录各个产品的生产流程。因此，GD. findi 也搭载了多种产品汇总记录的功能。

GD. findi 全球工厂仓库是可以储存 GD. findi 中的数据的数据库。当需要记录多种产品时，可以利用 GD. findi 进行处理，非常简单。

只要在 Microsoft Excel 等软件中登记产品信息（每种产品的生产流程），就能用 GD. findi 全球工厂仓库的产品汇总登记功能导入数据库（见图 4 - 9），自动生成 GD. findi 仿真项目。哪怕商品的种类成百上千，也能用这种方法处理。

计划生产成本的制定

前文已经对和生产模拟有直接关系的功能进行了说明，然而 GD. findi 的目标并不仅限于生产模拟，而是通过生产模拟来强化制造业。在这一层面上，就不可避免地要对生产成本进行核算并

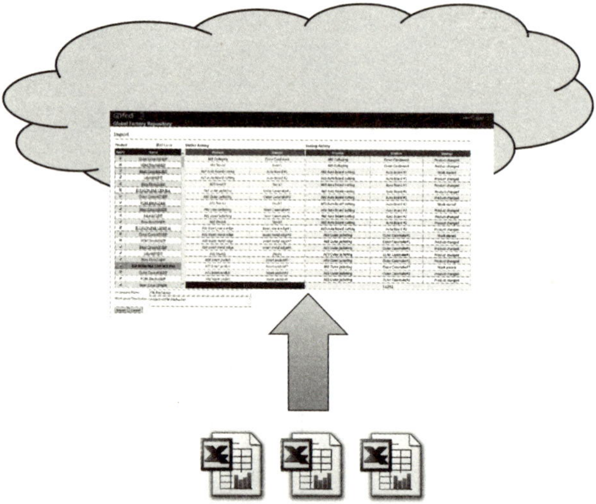

图 4-9　把多种产品记录至全球工厂仓库

制定对策。

来简单说明一下如何利用 GD.findi 进行生产成本的核算。GD.findi 可以灵活利用生产模拟的成果算出生产成本，再把设备和工人的运转率以及物流分析结果导入生产成本模型，从而计算出总成本。

大多数模拟器并不保存模拟演算结果的过程信息，而 GD.findi 的特点之一就是在进行模拟之后能保存设备和生产者行为的记录，能够把握各生产批次所启用的设备和工人等生产资源的信息，还能记录设备等生产资源用于哪些生产批次。

利用这种记录功能，可以计算出各个设备和工人等生产资源和生产批次的关联程度，再根据 ABC 成本法（基于活动的成本管理）算出生产成本。通过这种方法，还可以根据产品类别和生产批次计算出变化生产步骤和检查等间接活动的成本，从而求得成本动因，就能更加确切地把握生产成本。

把生产样板、生产计划、生产设备、工人组成、零件采购点、设备成本等输入 GD. findi 进行生产模拟，就可以在算出产值、生产资源运转率和库存等数据的基础上同时算出成本动因和各种生产原价表。（见图 4－10）

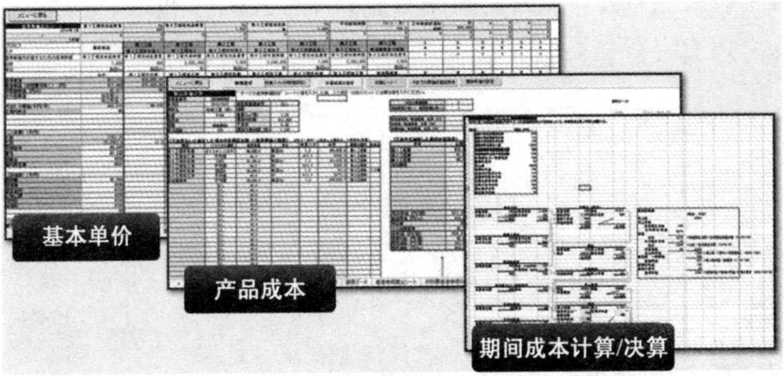

图 4－10　GD. findi 算出的生产成本账单例

从数量上把握和生产有关的资源，明确各种产品的生产成本、产品的生产线和生产工厂的变更以及内外生产区分的变更，都对产品的合并撤销等经营判断有帮助。

筛选模拟

前节说明了 GD. findi 的基本技术和功能，接下来介绍如何利用 GD. findi 进行新的计划制定。

首先，要进行筛选模拟。GD. findi 的一大特点就是只要输入条件就可以进行筛选。以前的模拟器大多仅能确认计划和评价计划，而GD. findi不仅能确认计划，还能更新计划、完善计划。具体方法是：先用宽松的制约条件进行验证，再慢慢添加其他制约条件，从而达到更新计划、完善计划的目的。

如图4-11所示，限制初期计划的设备、模具、运输和工人数量，来确认生产成本、工程间库存情况、前置时间和运转率等评价指标，再对计划进行修正筛选。

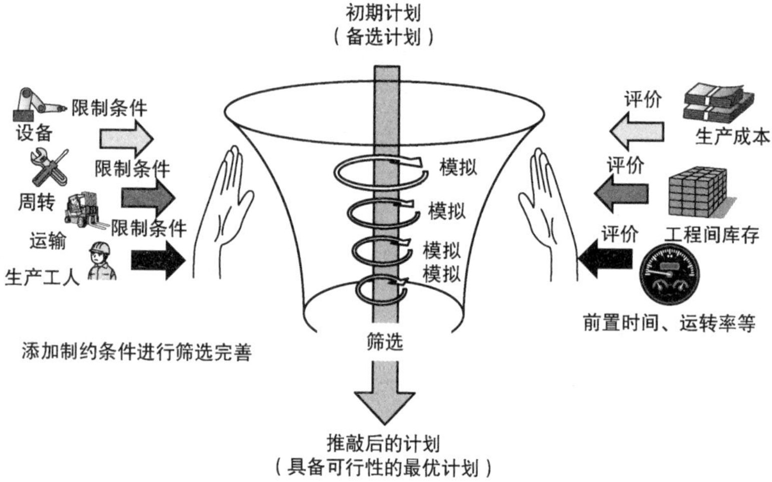

图4-11　通过筛选模拟导出的最优计划

这是过去的模拟技术难以做到的新方法：运用生产模拟，从几种初期计划中筛选出最优计划。这种方法被称为排除模拟(Squeeze Simulation)，也叫做筛选模拟。

具备专业知识的工程师在生产中能够根据经验抓住重点，用排除模拟的方法进行有效筛选，这也是专家偏好的一种方法。

为了实现这种方法，GD. findi 准备了数据体系和相应的用户界面。

M×N 模拟、挖掘

如果工程师既不是在生产领域拥有知识和经验的技术人员，也不是产品计划、成本、采购等领域的专家，那该如何使用 GD. findi 呢？

某个领域的专家知道生产的重点，也知道可以舍弃哪些条件，所以只要直接进行前文介绍的排除模拟就可以了。而没有专家时就要采用 M×N 模拟方法来广泛寻找解决方式。这种寻找解决方法的过程叫做“挖掘(mining)”，其目的是获得最优的解决方案。

“挖掘”原本是用于对石油、矿脉的探索。在和生产相关的计划中，寻找最优解决方案的过程和挖矿非常相似，而且也和挖掘矿山一样会出现很多变数，因此这并不是一件简单轻松的工作。

首先来说明在 GD. findi 中如何进行 M×N 模拟。GD. findi 通过生产样板把和生产相关的各种信息纳入同一模型，也就是把平面图、生产进程和生产积极性等整合起来，创造出多层的解答空间，在这一空间中把各个要素组合起来进行循环评价，从而得出最合适的解决方案，这就是 M×N 模拟的思路。

如何准备 M×N 所需的各种要素是关键。选出适当的要素，组合各种指标，就可以避免产生严重的问题。因此，必须根据要解决的问题的特点来选择合适的要素。

下面介绍实际的运用方法。图 4－12 所示就是从 PLM 到 GD. findi 的概念图。灵活利用生产物料清单和工艺物料清单来准备多种生产进程要素，输入 GD. findi，以便进行数据变换，再把从

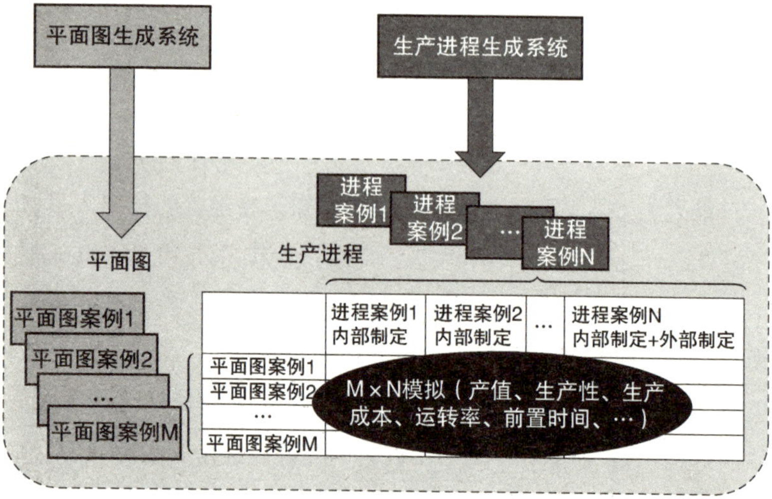

图 4－12　M×N 模拟的运行概念图

生产线设计的数据库中导出的平面图也导入 GD. findi，就可以进行 M×N 模拟了。

当各个层面的备选项都非常多时，就需要采取强力的“挖掘”技术。下一节将介绍这种技术。

通过超并列分散型模拟进行最优化

要用 M×N 模拟进行大量的组合评价时，一个一个地进行模拟是不现实的。因此 GD. findi 还搭载了并列、连续地进行海量模拟的超并列模拟功能。如图 4－13 所示，GD. findi 中有很多被称作“反应群”的模拟引擎，它们在云服务器上进行超并列模拟，使 GD. findi 可以进行预测性挖掘。

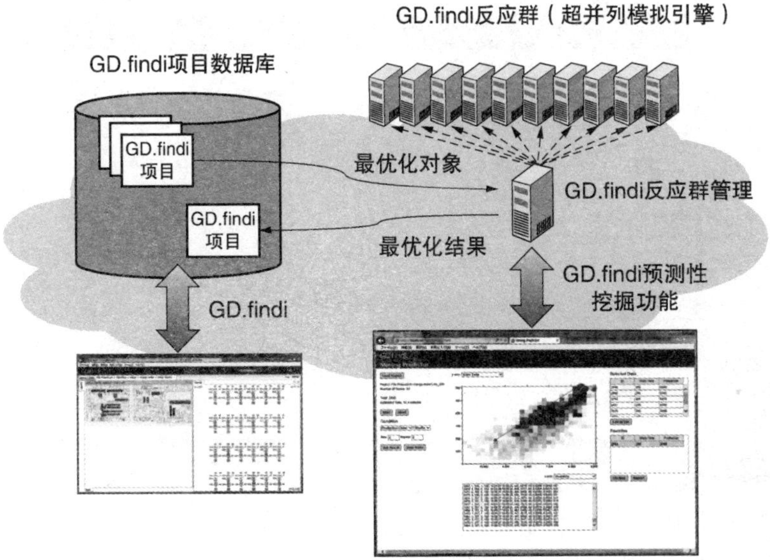

图 4－13　GD. findi 预测性挖掘的最优化

图 4－14 就是 GD. findi 预测性挖掘的案例。把初期的生产计划作为 GD. findi 的项目导入，通过组合计划产品种类的生产顺序生成大量的候补生产计划，再进行超并列模拟演算，把计算出的生产时间、运转率和工程间库存量等指标转换为图表，就能找出最优条件。

在这个例子中，纵轴表示生产时间（生产能力），横轴表示工程间库存量。当生产能力较高时，库存量越少越好，库存量越少就越接近右上角的理想情况。

这里需要注意的是，要和计划性的最优化与数理计划问题等区别开来，利用能反映生产现场实际情况的生产样板进行生产模

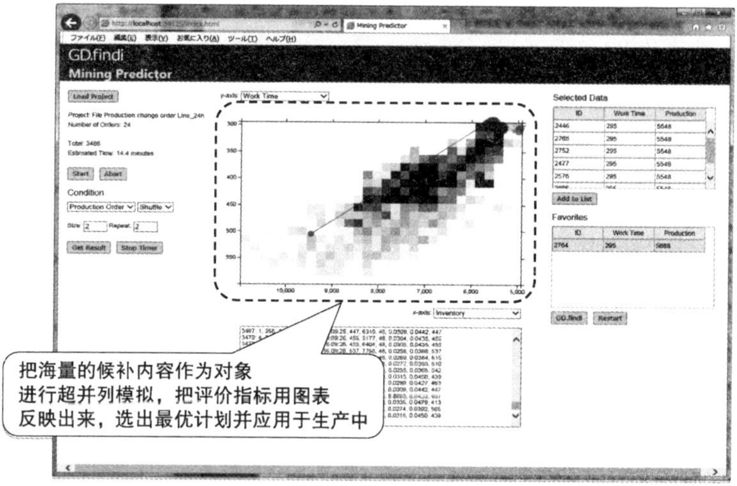

图 4－14　利用 GD. findi 预测性挖掘使生产计划最优化的案例

拟。当生产样板能够确切地反映生产现场的实际情况时，最优化的结果就不会是模糊的近似值，而具备很高的可实现性。也就是说，在 GD. findi 预测性挖掘中进行最优化得出的结果是具有可行性的解决方案。切实地反映实际情况并保证时效性是非常重要的。

人工网络和物理性的智能工厂

前节已经介绍了利用生产模拟进行计划立案的方法，而 SIM 的发展和生产现场的联系非常重要。本节中将说明如何实现第三章“SIM 向信息物理的扩张”一节中介绍的思路。

虽然生产现场已经进入了系统化和自动化，但是很多生产还是要靠人工操作。在生产工作中，工程间的运输、零件供应、步骤转换、维护、重要决策以及管理业务、日常的工作计划等都需要人的参与。

虽然生产现场配备了MES等各种管理系统和成果收集系统，但是这些系统多半对应的是机械类的生产。而现状是，即使在超大型企业的生产现场也需要白板坐镇，通过白板来指挥人工类的生产计划。

图4-15展示了过去生产管理的状态。以前用MRP和生产日程管理软件来进行生产计划的制定，但说到底这只是根据营业点的要求制定的。在这一阶段，生产计划往往无法反映出生产现场中的详细条件，这导致不能保证制定出的生产计划一定适用于实际的生产现场。实际上，MRP和生产日程管理软件制定出的生

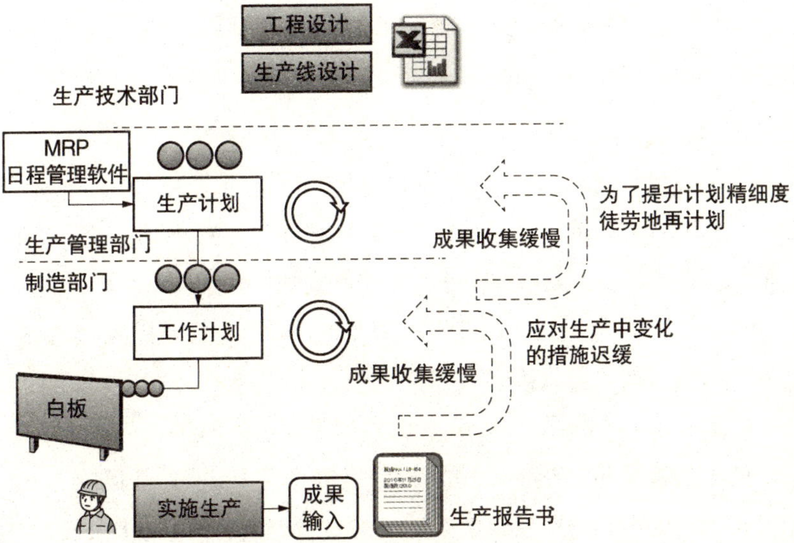

图4-15　过去生产管理中的信息流

产计划往往无法适用于生产现场，预定的计划常有延迟，导致现场混乱。为了解决这个问题，生产部门频繁运行 MRP，但是无论反复运行多少次，总是解决不了计划品质低下的问题。

另外，生产部门根据生产管理部门下发的生产计划来制定每天的生产业务计划。把生产计划与生产现场对应着开展工作，把工作分配给进行生产的生产点和负责人。这一流程一直是写在白板上的，放在生产现场，用以进行生产指导，生产者按流程操作并在生产报告书中收集成果。

这种情况下，如果生产按计划顺利进行，那就没有任何问题。可是，一旦生产发生了延迟，就无法轻易回到正轨了，就像前文所说，现场将陷入混乱。

虽然生产现场的人工网络物理化是一个主流的发展方向，但是人工业务仍然要继续进行。对大多数生产现场来说，考虑到自动化比例和投资成本，像“工业 4.0”一样把自动化机器完全智能化是不现实的。

从这一着眼点出发，GD. findi 在使现有的生产计划到生产实行阶段的人工活动和业务流程顺利进行的同时还会把生产现场网络化。换言之，也就是所谓的人工网络(Internet of Human)。

GD. findi 系列的网络物理化系统 GX. findi 就是以支援这种人工活动为概念构建的。

如图 4－16 所示，GX. findi 的目的是在生产管理部门、生产部门的现场领导和生产工人中推行网络物理化，把过去现场领导在模拟出的生产现场中制定生产计划的过程网络化，用电子白板、智能手机、可穿戴式设备等下达指示并收集生产成果。

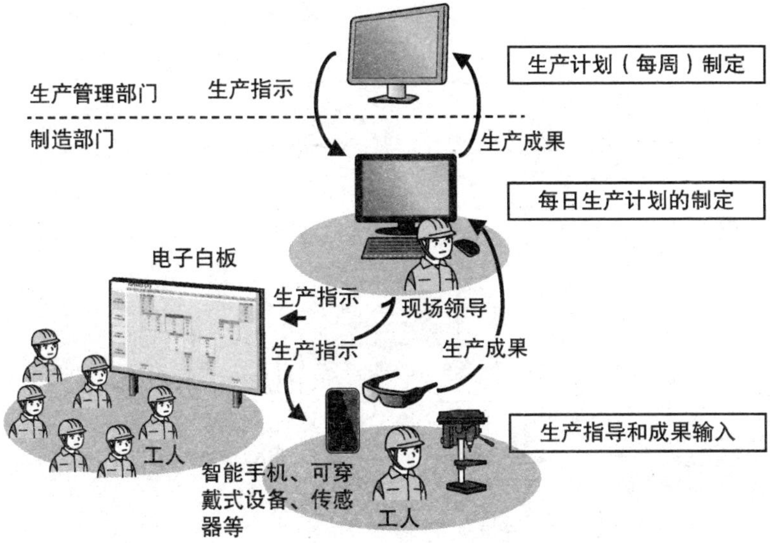

图 4 - 16　网络物理化系统中的生产管理

下面说明 GX. findi 中的生产管理信息的流动(见图 4 - 17)。网络物理系统的起点是生产管理部门,把 MRP 和生产日程管理软件等生成的目标明确的生产计划导入 GX. findi,就可以在使用生产模拟功能的同时验证生产计划的合理性。

GD. findi 针对 MRP 和生产日程管理软件生成的生产计划进行生产模拟,来验证能否在生产现场按照计划实施生产。(见图 4 - 18)在工程设计和生产线设计中制定出的生产样板是在生产现场中详细、正确地记述下来的,用这种生产样板进行模拟,可以确认生产计划是否具有可行性。这种可行性的确认是很重要的,能把生产计划中可能引起混乱的问题在事先就解决掉。

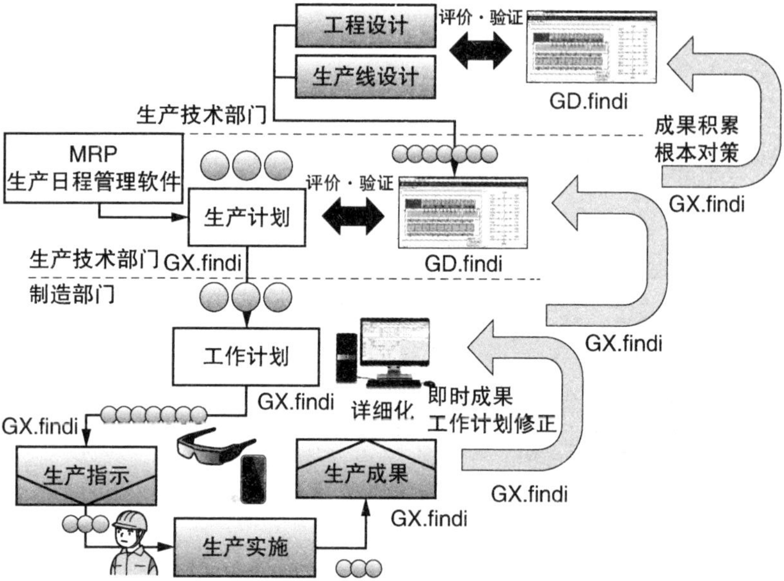

图 4-17　GX. findi 中生产管理信息的流动

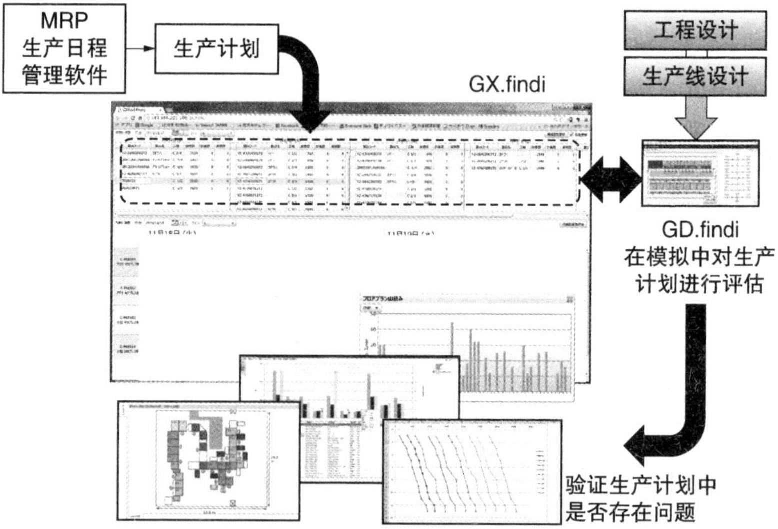

图 4-18　在 GX. findi 中验证生产计划的画面

GX. findi 把过去的白板电子化。在 GX. findi 的界面上方显示的生产计划中选择生产编号，再拖拽进界面下方的生产线作业和生产点的预定生产时间接口中（见图 4－19），最后添加负责人和本次生产的生产目标，就完成了计划制定，和在生产现场的白板上手写生产计划是一样的。

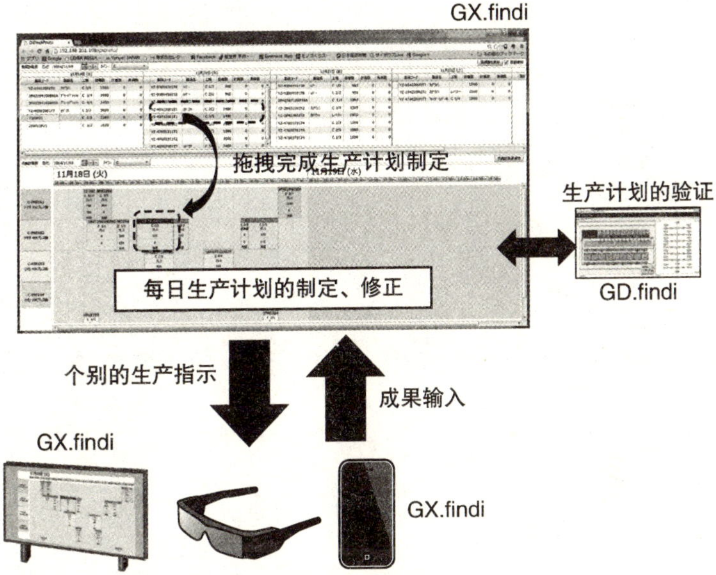

图 4－19　在 GX. findi 中制定生产计划的画面

在 GX. findi 中，前期工作准备好之后，通过工人佩戴的可穿戴式设备或每台设备上设置的终端，就可以按时间来传达生产指示了。另外，通过读取设备和货盘上的记号标志或是从终端直接输入，就可以收集生产成果。当然，和物联网以及 MES 连接起来也可以。

把成果即时储存进生产成果服务器中，就能显示在 GX. findi

的电子白板上的成果栏里，管理者就可以了解工程进度。从生产管理方面来看，也可以进行生产计划的再制定。此外，在生产技术方面，也可以用 GX. findi 来验证工程设计和生产线设计的优劣。

而且，通过计划和成果对比，不仅可以管理生产进度，还可以分析生产中出现延迟的原因。灵活利用大数据挖掘技术，可以获得生产现场的特点信息。如果同时收集了品质信息，利用贝氏网络与自我组织化结构图等各种分析手法，就可以统计出各种问题与原因之间的关系。

虽然在生产现场中仍然很难把握人工活动，但是可以利用 GX. findi 来处理人工网络，就能在通过物联网获取生产对象流动过程的同时彻底地利用模拟来实现全新的生产现场管理。

通过即时超并列分散型模拟使生产计划能动最优化

再来看看网络物理系统的高度化。前节已经介绍过，在运用系统中采用超并列分散型模拟实现最优化技术，可以建立起强力的智能工厂系统。

这个系统的目标是实现第三章“从手续型生产到能动最优型生产”一节中介绍过的能动最优型生产。生产经常无法按计划进行。第三章也提到过，临时故障、突然故障、零件缺货、缺乏急需品以及品质不达标等原因都会导致生产计划延迟。

解决这个问题的对策是：利用在“通过超并列分散型模拟进行最优化”一节中提到的 GD. findi 预测性挖掘对剩下的生产计划进行时刻最优化。把已经延迟的生产记入系统，使用最优化技术对如何开展剩下的工作进行修改和补正。

一旦生产发生了延迟，就会对整体的生产计划产生影响。即使是经验丰富的现场指导者，要判断如何改变现状并让生产恢复正轨也是非常困难的。这种时候就要用网络物理系统和即时模拟来进行能动最优化生产了。

另外，把 GD. findi 预测性挖掘置入管理企业所有生产工厂的生产调度中心，就能对异地的生产据点进行动态管理。可以用统一的方法汇总管理曾经分配给各个工厂的生产管理事务。这是物联网时代的全新的生产管理方式。

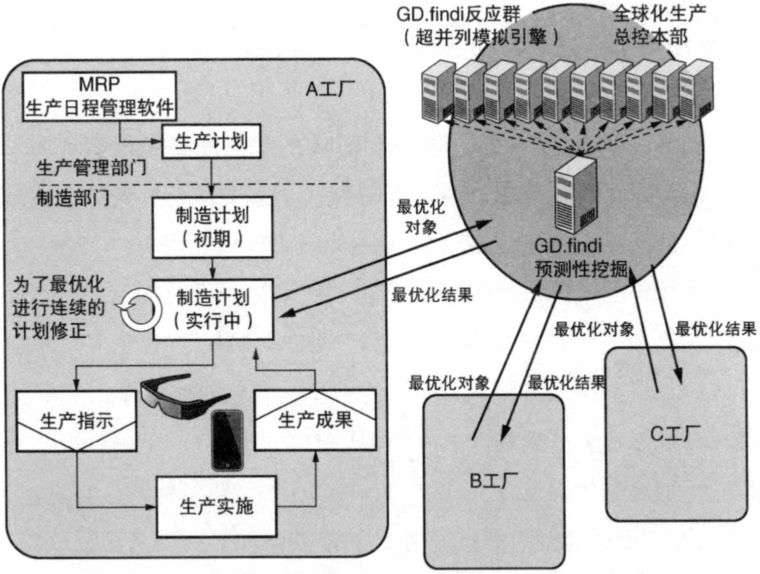

图 4 - 20　利用网络物理系统和即时模拟进行能动最优化生产

第五章将对生产计划的能动最优化进行介绍，敬请参考。

5 第五章

通过 SIM 来实现制造业的革新

适用 SIM 的战略模型

到前一章为止，本书已介绍了 SIM 的基本思路和以实现 SIM 为目标的生产模拟技术。本章将结合几个案例研究和具体事例来说明如何把 SIM 的概念作为制造业战略来加以利用。

本章中的案例研究有：(1)产品设计和生产系统刷新；(2)产品设计变化和生产物料清单的拟定；(3)自动化机器的导入效果验证；(4)工厂整体的调整、削减库存；(5)标准化战略与中等量产方式；(6)全球化生产战略；(7)海外工厂的生产准备；(8)综合型企业的生产销售库存调整。

表 5－1 对这些案例研究进行了分类整理。可以从经营战略、生产战略、部门改革以及组织间合作等很多角度来对这些案例进行研究。从下一节开始，会对这些案例进行详细说明，请各位读者参考。

表 5－1　从战略与问题解决的角度对案例研究进行分类

	部门改革	组织间合作
经营战略	(5)、(8)	(6)、(7)
生产战略	(3)、(4)	(1)、(2)

案例研究

产品设计和生产系统刷新

首先来看产品设计。产品设计的改变会影响工程设计。随着设计的模块化和原价成本对策等产品设计中出现改变，生产工程也会受到很大的影响。进行模块设计时，如果对象模块的生产进程和现有的生产线构成不一致，就不得不对生产线做出改变。也就是说，在产品设计的同时也要考虑提高生产性并使其模块化。即使不得不改变生产线，也要注意检验设计变化对生产性所产生的影响。

SIM 可以分析产品样板的设计变化会对生产线产生何种影响。(见图 5－1)如图左边的生产类业务流程所示，SIM 可以把生产战略和产品样板的制定和生产线检查联系起来并考察其影响。

但是，不能仅局限于确认设计变化对生产线所产生的影响，还要积极地对生产线进行修改，考虑要把生产性和生产成

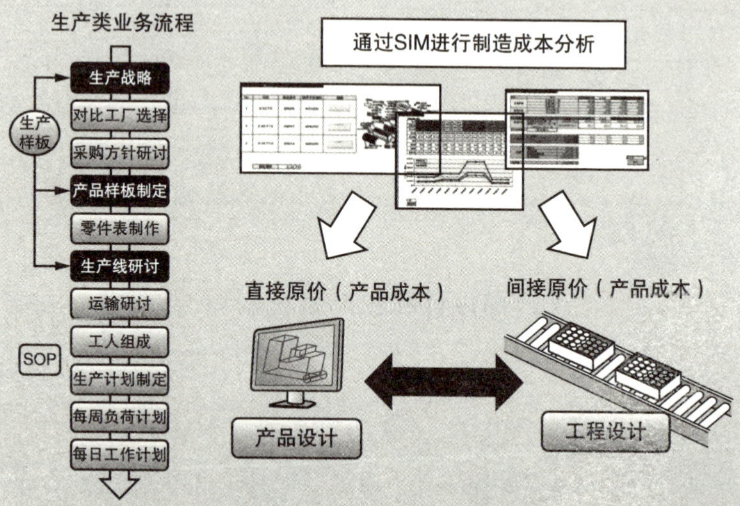

图 5-1　案例研究(1)产品设计与生产系统刷新

本调整到何种程度才能最好地应对设计变化。把产品变化所导致的生产流程改变输入既有的生产样板，就创造出了新的生产样板。通过生产模拟来比较两种生产样板，就能判断两者的影响了。

同时，如果能根据产品设计的变化和生产线设计的变化来进行合适的优化，就可能大幅缩短从产品设计到生产准备的时间。关于这一点，本章将用具体事例来进行介绍。

案例研究

产品设计的改变和生产物料清单的拟定

案例研究(1)说明了检验 SIM 中产品设计对工程设计影响的重要性。再进一步来看,SIM 也可以有效地应用于拟定生产物料清单。

过去,生产物料清单往往直到工程设计和量产线设计结束之后、投产之前才确定。这是因为产品设计对生产工程会造成很大的影响,而且生产工程的内容要根据量产线的设计和附属零件供应的形态、方式等决定,所以在临近投产前才能确定物料清单。因此,在物料清单确定之前,各种准备都不得不暂停。投产前后的生产准备业务非常混乱,也是量产启动延迟的重要原因之一。

SIM 可以检验产品设计对生产线可能造成的影响。在产品设计阶段制定生产进程、制造生产样板并在全球工厂仓库中把它们和生产线的信息结合,就可以制定生产计划,然后在生产模拟中判断生产计划的影响。在尚未确定是否会改变设计的阶段同时进行生产进程的制定和生产模拟可以提高生产性,这样就能更早完成生产物料清单的拟定。(见图 5-2)当然,随着之后的设计改变,会造成生产进程的更改,但在生产模拟中可以随时更新、完善生产物料清单。

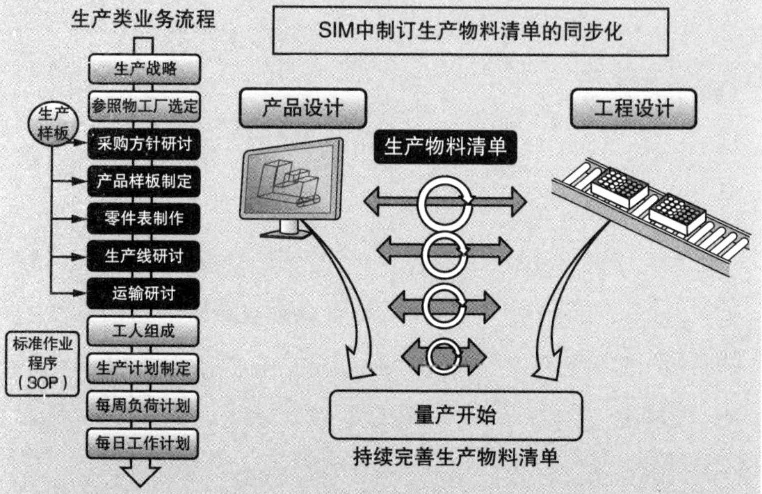

图 5-2　案例研究(2)产品设计的改变和生产物料清单的拟定

以前要到生产的后期阶段才能确定生产物料清单，这不但影响了生产线的设计，还对产品采购和物流设计等造成了一系列的影响。利用 SIM 实现物料清单的前端装载，就可以提高生产准备的效率。

案例研究

自动化机器的导入效果验证

下面的案例是关于检验导入自动化机器的效果的。在今后的制造业中，自动化将成为非常重要的生产战略。然而，要回答“进行多品种并行生产时该如何处理”“需要大规模投资的自动化机器的运转率应该调整到何种程度”“在多大的范围内进行自动化”等问题是非常困难的。虽然实行自动化是必须的，但是仍然需要维持一部分人工作业。必须找到进行自动化的合理范围。

图 5－3 展示的生产类业务流程中列出了“工人组成”。要如何安排工人组成呢？自动化并不是单纯地从手动机器到自动化机器的转换，必须注意自动化对工人组成和运输会产生什么样的影响。

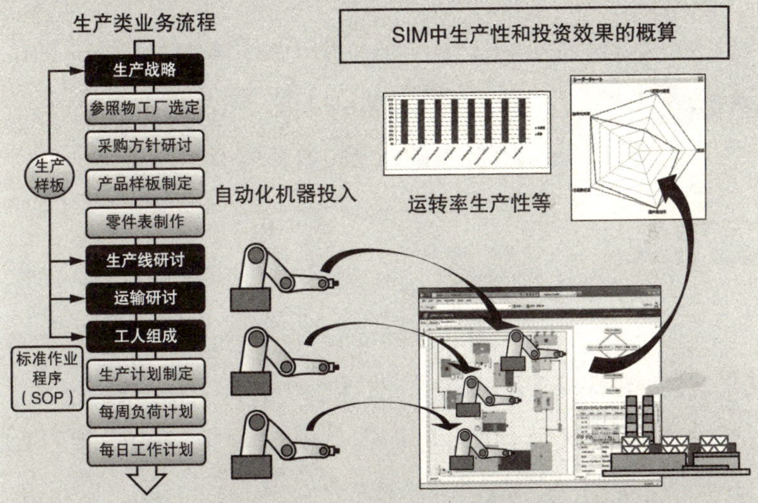

图 5－3　案例研究（3）自动化机器的导入效果验证

SIM 不仅能分析自动化对工人组成的影响，还能针对自动化战略、生产线研讨等算出自动化机器的运转率、运输效率、生产性以及生产成本。这样就可以更实际地把握自动化机器的投资效果，从而确定最优的自动化范围。

灵活利用记述了既存生产线的生产样板，将其改为自动化的生产样板，通过生产模拟来对以前的生产样板和新的生产样板进行比较，从而判断它们的特征。

根据需要定义所需的工人生产积极性，就可以算出生产所需的人员数量。另外，当工人人数有限时，也可以在系统里模拟有限的工人能够把生产性发挥到何种程度。

案例研究

工厂整体的调整、削减库存

接下来说明工厂整体的调整。

现在已经不是大量生产的时代，而是多品种少量产的时代。该如何应对多品种生产是生产战略中的重要一环。但是，随着多品种生产和混合生产的进行，中途库存、工程间库存必然增加。另外，为了应对多品种生产，往往要进行切换生产商品种类的“切换生产”。这种切换并不仅仅是生产商品的切换，还要根据情况来更改加工商品的模具。这样，不仅库存压力增大、运转率降低，生产前置时间也变长了。

设计多品种混合生产的生产线和生产计划都是难题。虽然多品种少量产是绝对主题，但要生产系统的设计仍然是个大问题。

SIM 不仅可以研究如何在生产线中流动、调整产品以及评估各产品要素生产的工程平衡，还能分析多品种生产的生产计划。（见图 5－4）

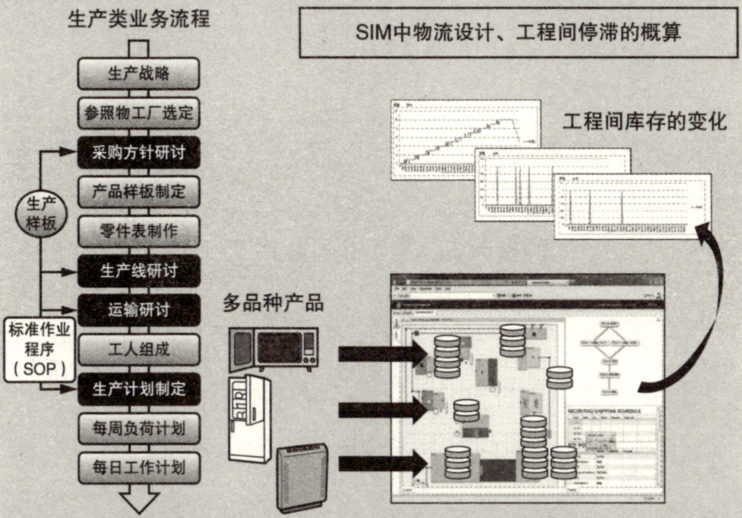

图 5－4　案例研究(4)工厂整体的调整、削减库存

生产顺序和生产批量的制定是在切换生产的时间成本、交货计划、库存量之间进行抉择。扩大同一产品的生产批量时可以减少切换时间，但是可能无法按时交货。另外，生产进度变慢还会导致工程间库存的增加。

这种情况下，应该通过全球工厂仓库来确认过去的库存变化情况，在生产模拟中验证新计划会对库存产生何种影响。GD. findi 可以算出运转率、生产切换时间、工程间库存量以及生产成本等数据，研究这些数据就可以制定出最优的生产计划以及合理的库存。

关于这个案例，本章稍后会结合具体例子加以评述，敬请参考。

案例研究

标准化战略与中等量产方式

下面是关于生产多种产品的企业进行产品标准化的案例。

如前文所述，若生产多种产品，随着库存的增加，生产能力就会降低。因此，对同时生产多种产品的企业来说，标准化是一项重要的战略。

图 5－5 中标出了“生产计划制定”。即使在标准化中也要改变模块化的产品结构体系，还要对生产工程和生产计划进行相应的修改。把能够在产品间兼容的零件单独设计为独立单元，就能使产品的多样化构成和定制成为可能。如果不用这种方式进行生产，就无法提供符合市场要求的前置时间和成本。不认真践行标准化战略的话，就会面临机会损失。

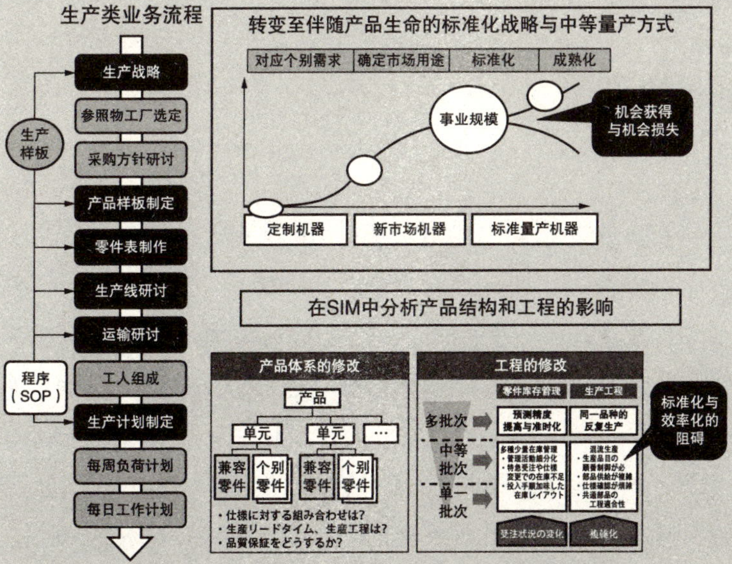

图 5-5　案例研究(5)标准化战略与中等量产方式

只要采取标准化的方法来设计单元，无论是多批次、中等批次还是单一批次的工程设计和库存管理方式，就都可以在 SIM 中通过预测和计划立案来进行修改，同时利用全球工厂仓库和过去的成果进行比较来判断影响，这对于进行战略性的决策非常有效。

案例研究

全球化生产战略

在全球化生产中，SIM 还可以用于决策生产据点。

当要判断应当把新产品投放到哪家工厂进行生产时，往往会选择生产过相似产品的工厂。然而，市场是不断变化的。随着采购点的变动，有必要对生产据点进行彻底的重新评价。根据情况，可以新建生产线，也可以在现有的生产线上进行混合生产。如此一来，“设想的生产线能否进行高效的生产”“会不会对现有的生产体制产生负面影响”等问题都需要仔细研究。另外，随着采购方针的变化，也必须同时分析内部物流和运输方式。

针对备选的海外生产据点，在 SIM 中检验产品变更和生产能力的改变，研究生产线的变化和混合生产，就可以制定出生产据点战略。(见图 5-6)灵活运用全球工厂仓库中的生产据点的生产线信息，在各工厂的生产样板中进行生产模拟。要确认各个生产据点的要素生产是否适应该工厂的情况，而且不仅要把握单个产品的生产性和运转率，还要检验所有产品生产线的生产性和运转率。

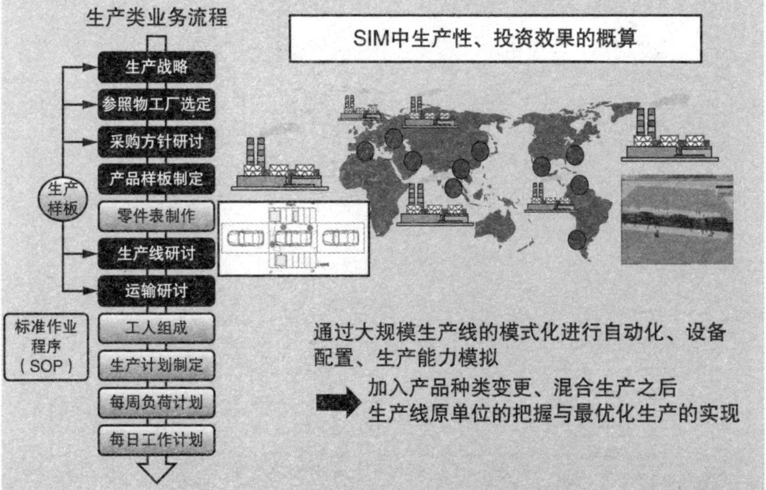

图 5－6　案例研究(6)全球化生产战略

案例研究

海外工厂的生产准备

SIM 不仅可以用于全球化生产中的生产据点战略，还可以用于即将开始量产时的生产准备阶段。

在海外生产中，即将投产时的生产准备是生产中的瓶颈期，也是造成生产成本上升的一大原因。无论是汽车等大规模制造商还是零件制造商，海外工厂都必须聘用当地的员工。但是，要克服工程技术、文化和语言的差异并不是件容易的事情。事实上，在建造海外工厂时，不仅要向自己公司的工厂提供技术支援，还要向负责外包业务的委托生产单位提供大量的技术支援，这意味着必须付出一定的成本才能开始投产。另一方面，在当地招聘员工可能会导致推迟量产，生产性和品质也可能得不到保障。

针对这个问题，解决方法就是让当地的员工在海外量产工厂的生产准备阶段的工程设计阶段利用 SIM 开展业务。（见图 5－7）

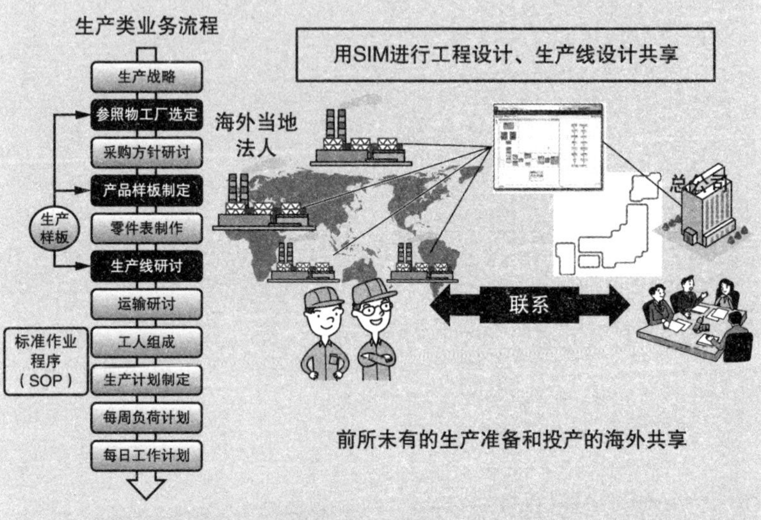

图 5－7　案例研究(7)海外工厂的生产准备

通过生产模拟来分析生产进程的变化，就能让当地员工也能对生产过程进行评价。另外，在云网络上进行生产模拟，也能让日本总部对当地员工的工程设计工作进行确认并指出问题、加以指导，还可以提供已有的有效生产样板，以加快工程设计活动的进度。

只有构建能让当地员工和总部员工高效合作的工程环境，才是面向全球化制造业前进的有效生产战略。

本书之后将会用具体的事例对本案例进行详述。

案例研究

综合型企业的生产销售库存调整

在研究生产线的合并与撤销时也可以用 SIM。

企业战略合并以及工厂合并撤销时，并不是仅仅移交生产就够了。合并后的工厂必须考虑生产流程、原料库存、工程间库存以及产品库存等问题要如何处理，并在此基础上制定生产线计划。

不只是合并和撤销，缩小生产规模时也是一样，而且这比扩大生产规模更难。扩大生产规模时，只需要新建生产线或延长原有的生产线，解决办法是非常明确的。可是，缩小生产时就不是减少一部分生产线这么简单了，而是要紧缩整个生产过程，即在维持各个生产点统一性的同时平衡生产线，并把生产线全体紧缩化。

SIM 可以把合并后工厂和生产线的设计存储在全球工厂

仓库中，也可以预先分析合并后的工厂应该采取何种生产流程和库存方式。（见图 5 - 8）它还能把握合并工厂的生产性和运转率状态，通过预估合并之后的生产性和运转率的水平以及合并之后的生产成本的降低幅度来推算出合并效果，再在此基础上制定方针。

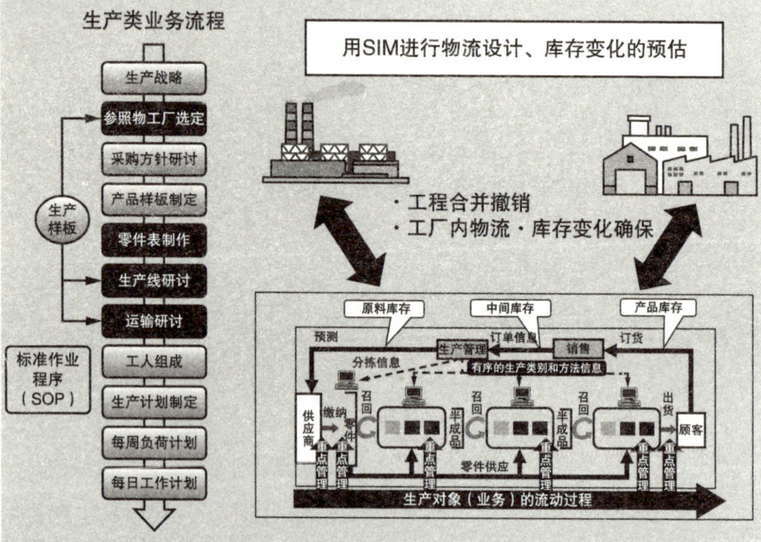

图 5 - 8　案例研究(8)综合型企业的生产销售库存调整

SIM、GD. findi 的具体活用案例

在笔者的一番说明后，大家应该会有这样一种印象：通过灵活运用 SIM，可以生产战略所产生的影响，进而能够提前制定出相应

的对策。而且，如果能够通过 SIM 来推动生产方式的革新，那么 SIM 就不失为一种推动生产战略的有效途径和方式了。

下面，笔者将介绍几个具体案例供读者参考。在使用 SIM 和 GD. findi 的企业中，笔者尽量覆盖更广的业态、形态，选择了几个企业案例。从企业特性方面来看，所选案例大到大型制造企业，小到中小企业，乃至涵盖了在亚洲地区迅速发展的制造业。从业务特性方面来看，所选案例涉及产品设计、多品种少量产、产量的驱动以及生产的实行。望读者参考。

活用案例

灵活应对设计变更

——以某机械制造商为例

第一个案例与“案例研究(1)产品设计与生产系统的革新”相对应，说明了产品的设计变更是如何对生产造成影响的。

以大型冷冻机的产品设计变更为例。当设计变更引起生产工序的追加时，由于这会给生产线带来一定的影响，就不得不考虑这一变更的可行性以及该如何变更生产线。

在这个案例中，该制造商制定了新产品开发策划，内容是将现行制品中第一档次的空气压缩机改成第二档次的新产品(见图 5－9)。图中用方框圈出来的工序就是为了生产新产品而不得不增加的生产工序。运用 GD. findi 技术便可以自动生

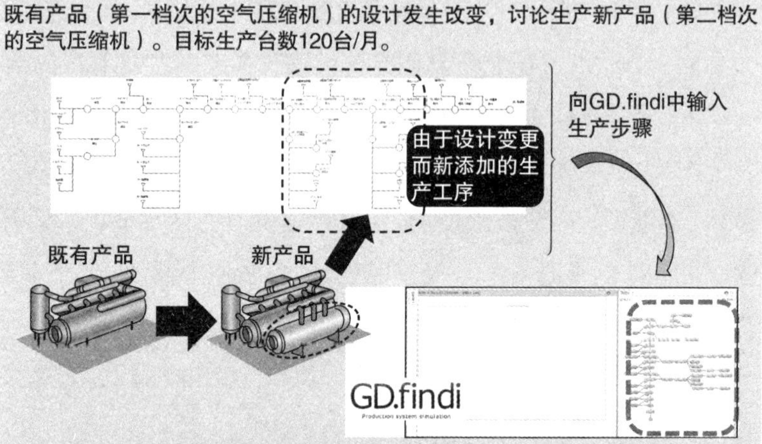

图 5-9　产品设计变更所引起的生产工序的变更

成生产过程、构筑生产模型。

接下来，我们对两种情况做一个对比。这两种情况分别是：(1)维持现有生产线的初始计划；(2)为了生产新产品而在初始计划的基础上做出新的调整。(见图 5-10)

如图 5-10 所示，生产总时间变长了。然后就可以着手更新初始计划、变更生产设计、增加作业站点、增加工作人员。

在此要对分析方法做一个简单的说明。GD. findi 中能够输出一份“材料流程图”(见图 5-11)。这张表格的横轴表示时间，纵轴表示过程，折线表示生产过程中产品进入各道工序的时刻。从开始时刻到结束时刻的中间部分代表生产周期，在一定范围内的折线图数量代表生产量。折线的倾斜度发生变化的部分表示产品暂停流动。观察这个图表就可以观测到整个

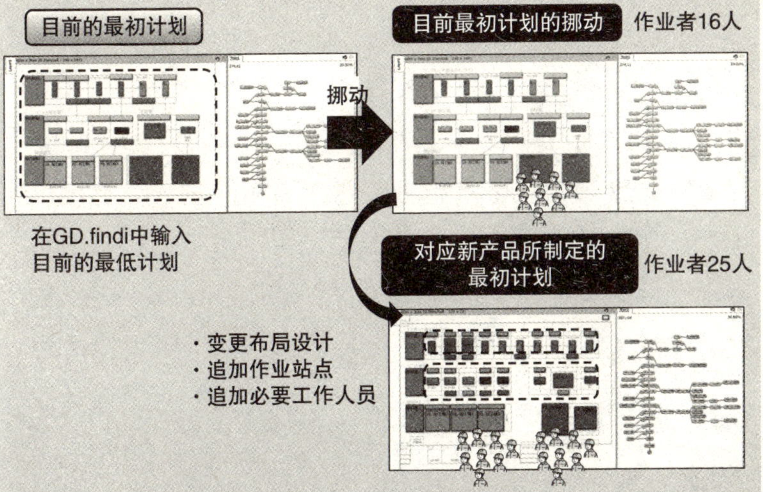

图 5 - 10　针对最初计划的变更所采取的应对计划

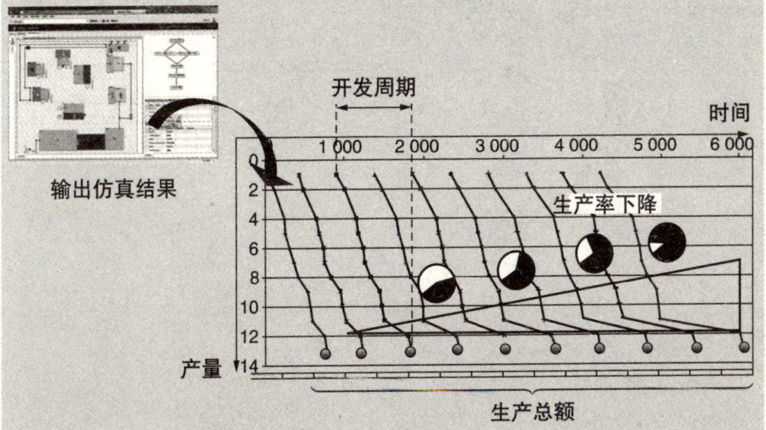

图 5 - 11　材料流程图表

生产系统中发生的各种情况。

用 GD. findi 的材料流程图来分析两种不同的生产计划，马上就可以清楚地分辨出二者有何不同。

请看图 5－12 的右侧，从这里我们可以看出这两种生产计划的对比情况。在仿真生产方面，二者的生产进程可以说是相同的。然而，产品虽然相同，但是生产线却存在差异。眼下需要的是既能维持生产数据的稳定又能结合生产概念和生产方式来灵活变换初始计划的技术。而 GD. findi 就拥有这项技术。

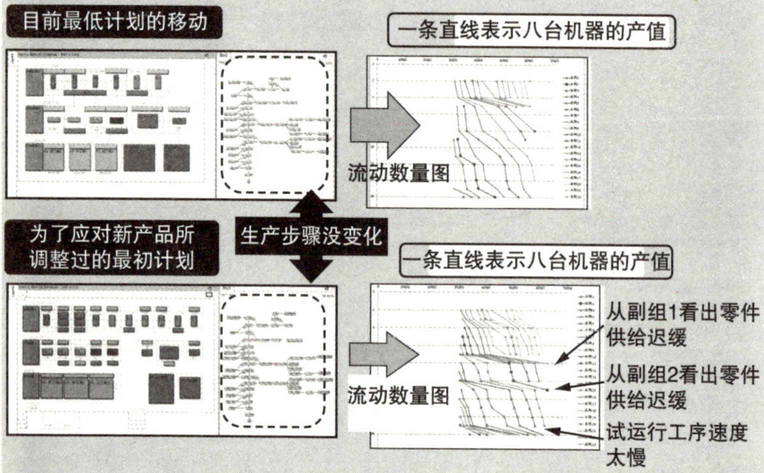

图 5－12　在 GD. findi 中比较多个计划

使用这项技术就能在对初始计划做出调整的情况下依然达到要求的产量。但是也存在一些问题。接下来会进行更加虚拟化的改善。在生产进入量产阶段之前，应当彻底解决能解决的一切问题。

活用案例

以多品种生产为目标的革新

——以某泰国文具生产商为例

这一案例适用于生产原创产品的亚洲制造业，与“案例研究(4)工厂整体的调整、削减库存”相对应。

现如今，在泰国日渐活跃的已不再是日本厂商的分包公司了，而是拥有自己独立品牌个性的本土制造商。接下来要介绍的是泰国最大的文具制造商。该制造商将总部设在曼谷，生产自家原创品牌。该公司以文件夹、笔记本、笔类为中心，原创品牌的产品种类多达一万种以上。(见图 5－13、图 5－14)该公司不仅有工厂生产种类繁多的原创品牌商品，还设有大规模的物流中心，可以说是泰国文具市场名副其实的领头羊企业。

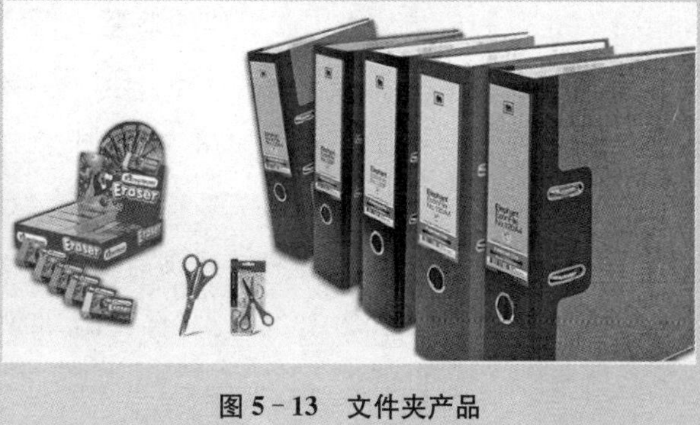

图 5－13　文件夹产品

图 5-14　笔记本产品

由于该制造商的多数商品是在自家公司的工厂内生产的，因此其运作方式是多品种生产的典型生产形态，而且其成品和半成品的库存的增加也就难以避免。与日本相比，泰国企业的供应链没有那么发达，所以，文件夹的金属零件、封皮表面上的塑料材质的成形和组装等都必须在公司内进行。因此，装配的金属零件和成形的零件等半成品会在仓库内越堆越多。

而且，不仅是以制造构件为主要工作的前期工程，在后期工程中如何保持生产线的平衡也是一大难题。印刷、封面粘贴、金属零件拼装等工序基本可以通过机械设备的自动化来实现，但各自的作业周期时间有很大差异，所以在加工不同种类的产品时必须采取工序调换作业。即使同为文件夹或笔记本生产，在尺寸、外观、原材料不同的情况下也必须进行对材料、金属模具、工具夹的更换作业。

在这样的生产形态下，一般来说会面临生产计划最优化、必要人员计划最优化、生产批量最优化三个问题。当然，这家公司也面临着同样的问题。

在生产计划方面，不仅要处理接单前的预先生产以及接单后的生产日程问题，还要处理每天的生产顺序、推动生产进程等详细的生产计划。而且，由于在生产现场的工作人员多数是来自派遣公司的职员，所以要确定整整一年的生产计划才能确定人员需求量。拟定出适当的必要人员计划也是十分重要的。另外，要针对多品种混流的基本问题来设定合适的生产批量规模。还要考虑是以减少工序调换次数来提高生产力还是缩短交货时间、减少产品和半成品库存。

首先，我们来考虑一下生产计划的最优化问题。如果产品的材料种类不同，那么在各道工序中处理不同材料的时候就会实行工序调换作业。如果只有一处需要工序调换，那么应对起来也相对简单，但还是会导致整个工程都要改变生产工序。即使产品不同，只要有使用同一种材料继续加工的工序，那么就不需要进行工序调换作业。这种情况只存在于偶尔使用同种材料的生产计划中。因为只有在组合模式的部分才容易发生工序调换作业，所以产品生产的组合（也就是生产计划的制定）是十分困难的。

在处理这种工序调换的组合问题时，通常的方法是把组合模式和工序调换作业的平均值相结合来制定生产计划。但是，这种方法存在局限性，即只能实现一定时期内的组合最优化。由于工序调换作业会消耗一定的时间，因此某天制定了最优生产顺序就能尽可能地提高生产效率，目的是提高开工率。因此，如果能灵活运用仿真生产，对各项生产计划进行仿真模拟，找到效率最高的生产计划，那么就再好不过了。下面，我们来看一下仿真生产是如何处理工序调换作业的。

在 GD. findi 中输入记述了生产顺序的生产计划来进行仿真模拟，就能够得出生产率和半成品库存的评估值，来对生产计划进行评估。

在 GD. findi 的仿真模拟中，当各道工序中进行不同种类材料的零件加工时就会自动进行工序调换作业。具体来看，先在各种材料中指定某种材料对其进行加工，消耗一定的工序调换作业时间，在此之后才能开始生产。这样就可以操控仿真活动进行开工了。（见图 5－15）

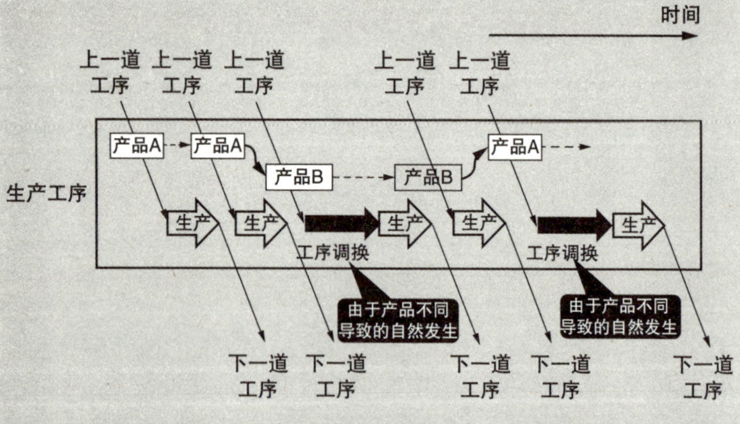

图 5－15　GD. findi 中工序调换作业发生时的结构情况

此时，GD. findi 体现出的特征是：在某道工序中，只要能根据产品变化时的组合情况来提前明确工序调换作业所需要的时间，那么当这个组合发生的时候，就会自动设定工序调换的时间。（见表 5-2、图 5-16）

表 5-2　工序调换的时间规定

产品	KC-50P70	KD-862F	KA-390	KE-P15-3
KC-048A	180 秒	1 200 秒	600 秒	1 800 秒
KD-485LG	1 200 秒	180 秒	1 800 秒	600 秒
KA037CL	600 秒	1 800 秒	180 秒	1 200 秒
KE-03151	1 800 秒	600 秒	1 200 秒	180 秒

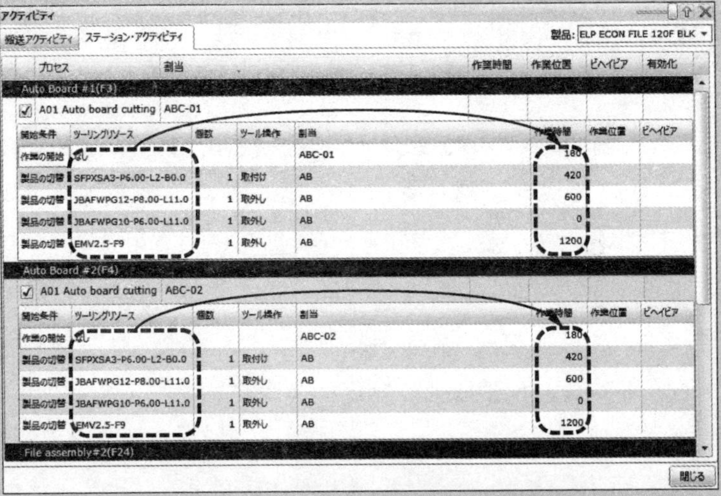

图 5-16　工序调换作业的设定界面

另外，在 GD. findi 操控工序调换作业的时候，不仅可以设定工序调换作业的时间，也可以设定工模具和人力资源

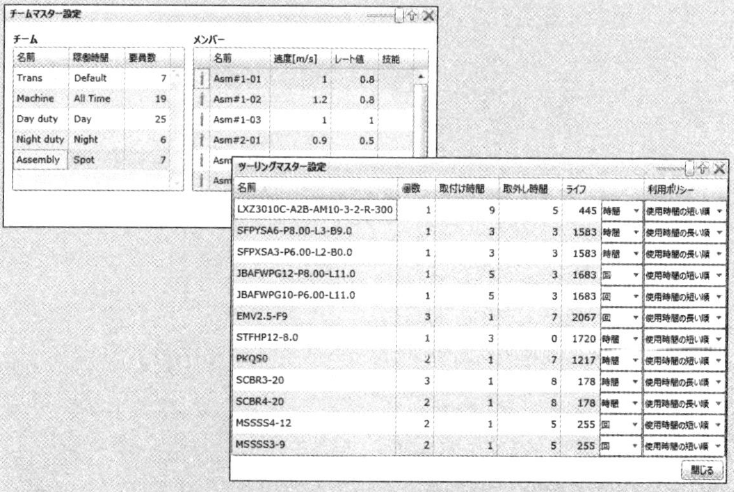

图 5-17　工序调换作业中必要物资的设定界面

（见图 5-17）。也就是说，工序的调换不仅要花费一定的作业时间，也需要调换金属模具等的工模具。如果不能调换金属模具，工序调换作业就无法实现。金属模具资源有限，当它在其他工序中被占用时，如果没有足够可供使用的金属模具，就无法实现工序调换作业，就会导致生产延期。另外，人手不足的时候也是一样。如果缺少可以更换金属模具的工作人员，也会导致工序调换作业延期。

不过，即便常常发生复杂的工序调换作业，GD. findi 也能够充分考虑到工模具和工作人员等生产资源因素，自动对工序进行调换，正确计算出生产周期。另外，由于 GD. findi 还能够全面把握半成品库存的情况，就可以将生产计划和生产现场实体综合起来做出评价了。

接下来，我们来考虑一下，如何利用 GD. findi 这一评价生产计划的技术来获得最优的生产计划呢？

如何在每天的生产计划中安排各种产品的投产顺序是个难题。那么，就把这些顺序组合起来来准备生产计划，再用 GD. findi 来评价这些计划。但是，这个顺序模式会成为生产的产品数量的顺序数字。比如，当产品数量是 5 的时候，顺序数就是 120。当产品数量是 10 的时候，顺序数字就超过了 360 万——这个数字实在是太过庞大了。

在这种情况下就需要活用 GD. findi 的超并列仿真系统（GD. findi Predictive Mining）了。这个系统在云端配置了多个 GD. findi 的仿真引擎，可以同时进行连续的仿真生产。这个系统可以一口气进行数量庞大的生产模拟。有关这项技术的详细介绍在第三章，对此感兴趣的读者可以参考前面的内容。

首先要在 GD. findi 中做出仿真生产的方案（见图 5－18）。由于产品数量有数千个之多，生产步骤也会有数千个之多。这时就要使用“GD. findi 全球工厂数据库”（GD. findi Global Factory Repository）了。它的功能是将大量信息总括起来全部输入，可以一次性输入数千个产品的数据。然后就可以开始设定产品的投产顺序了。

接下来，在 GD. findi 的超并列仿真系统中已经设定好的产品投产顺序可以进行自动变更了，在生成庞大数量的投产顺序模式的同时实行超并列模拟仿真，再结合仿真生产评价中的强

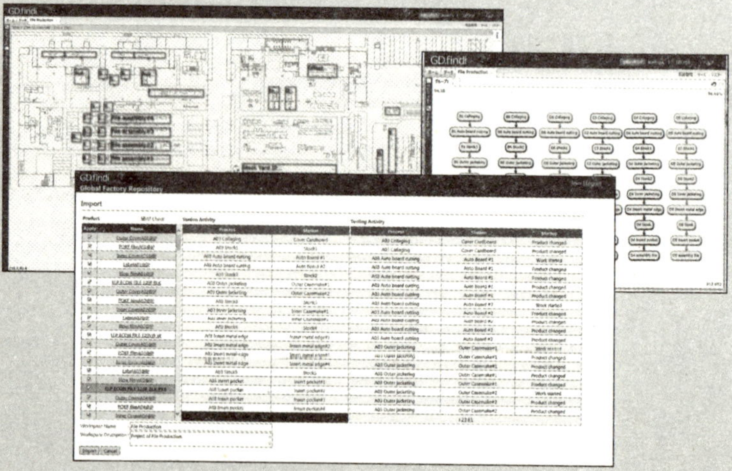

图5-18　使用GD. findi做成的生产计划

大的计算功能，就能得出最合适的产品投产顺序了。

图5-19是GD. findi的超并列仿真系统的操作界面。界面内容有三部分：一部分是可以设定GD. findi方案计划的图示板；一部分是设定探索方法以实现生产计划最优化的图示板；最后，探索结果的分析画面会以情境化的方式展现在界面正中央的位置。实际上，这是一个把超并列仿真的结果情境化的例子。与最初的生产计划（投产顺序）相对而言，生产力更高而库存量更低的更优的生产计划以情境化的形式出现在界面的右上角。这样，更好的投产顺序就得以被确认、选择并最终运用在实际生产中。

在每天的生产计划中，对计划的制定速度也有要求。因

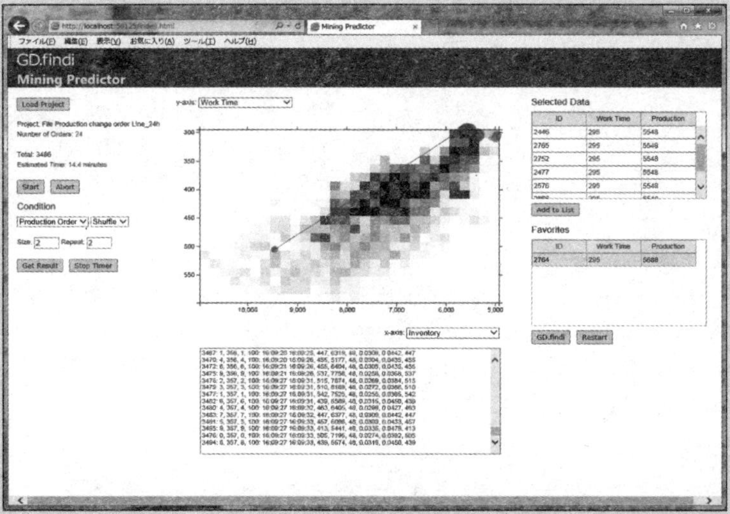

图 5-19　GD. findi/Predictive Mining 的操作界面

此，像这样激活计算处理能力以达到最优状态也是非常有效的。

下面来看一下人力资源的最优计划。随着市场需求的变动，生产量也会发生变化，人员计划也就要跟着做出调整。人员计划并非简单地根据生产量的增减来按比例调整，而是要根据这项工程的特性来对必需的工作人员数做出合适的设定。虽然这家制造商实现了全部机械化生产，但是机器需要工作人员操作。为了保证完成规定的生产量，也为了保证生产设备的高速运转，制定出合适的人员计划是很有必要的。如果工作人员数超过了生产设备所需的操作人员数，那么就会出现一定数量的剩余人员；如果不合理地减少了必需的工作人员数量，那

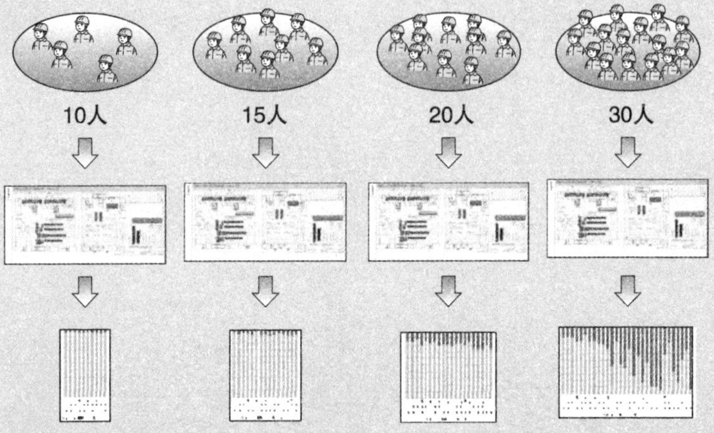

图 5-20 作业人数发生变化时，机器运转率也会发生变化

么生产设备的运转率就会达不到要求，也就无法完成生产目标了。

针对这个问题，我们可以灵活运用 GD. findi 的人力资源操控技术。无论是各个基站的作业，还是工程之间的搬运作业，这项技术都能对工作团队的人员需要进行动态分配。也就是说，如果能提前设定各个工作小组的作业人数，那么就能在各个工作站作业的时候或工序间运送的时候从工作小组中抽取必需的工作人员来进行作业。如果耗尽了工作小组中的人力资源，那么就无法进行作业和运送。就如图 5-20 所示的，只要改变工作小组中的工作人数，就可以对各种计划中的劳动效率和生产效率做出验证。

当改变工作小组的人数时，活用该技术，就可以验证生产能力的变化。（见图 5－21）也就是说，可以对生产系统进行“敏感度分析”，这个生产系统中就包括工作小组的必需人数。在必需人数发生变化时，通过仿真生产，可以计算出生产能力达到饱和状态时所需的人员数量。这个数量指的是实现某一生产量的必需工作人员数量，也可以说是工作团队全体人员的数量。这样就可以对工作站的作业小组、参与运送作业的工作小组进行区分和验证，而且这种组合也是可能实现的。

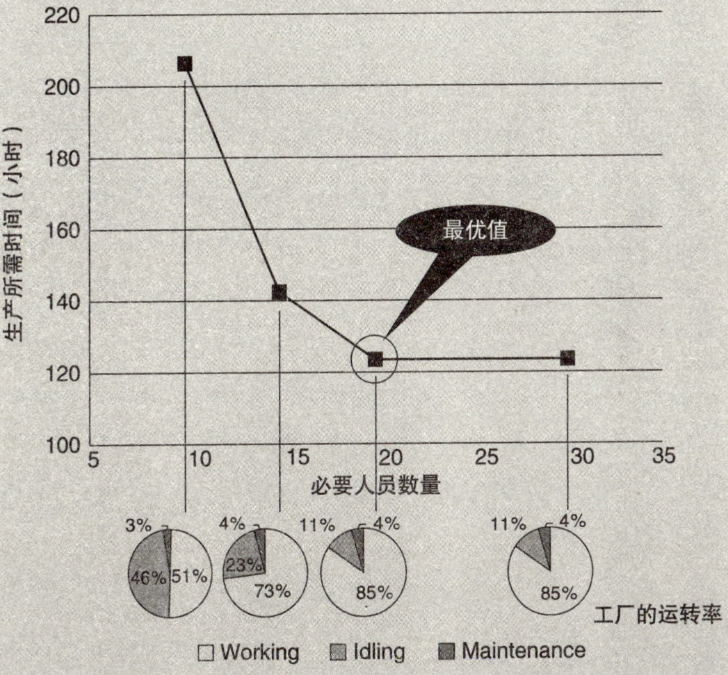

图 5－21　必要人员数量的变化和生产率的变化

当然，预设工作人员数量时，还要根据工作人员的能力和技术以确保一定的利润。但是，提前掌握基本的必需人员数量是制定生产计划的基础环节。

最后来介绍一下关于生产批量最优化的问题。在多品种生产中，生产批量的设定是个棘手的问题。每次发生产品转换时都要调换作业工序。如果只是调换材料就能解决，那么的确是很简单。可是，通常都要连带着调换工模具。为了缩短生产周期、压缩半成品库存，企业当然是希望缩小生产批量规模，然而副作用就是工序调换作业的次数也会相应增加，从而导致整个生产系统的生产力下降。另一方面，在减少工序调换次数以提高生产系统的能力时，企业会希望扩大生产批量，但是副作用就是劳动能力的下降以及排在后面的产品出货时间会随之变长。所以有必要把产品库存保持在一定的量之上。而且，生产批量对半成品库存和材料库存也会造成影响，所以如何做出判断就变得十分困难。

实际上，以前的做法是根据市场需求和库存变化来对生产批量做出调整。当工序调换影响生产效率时，企业会扩大生产批量数，由此引发对设备变更进行投资。在这种情况下，就很有必要验证这种调整是否妥当。

在 GD. findi 中，可以将生产批量的规模设定为投资计划的条件之一。针对某个批量的规模做出全体产品的生产计划之后进行仿真生产，可以对生产批量规模变更的效果做出判断(见图 5 - 22、图 5 - 23、图 5 - 24)。针对各个生产批量的规模，

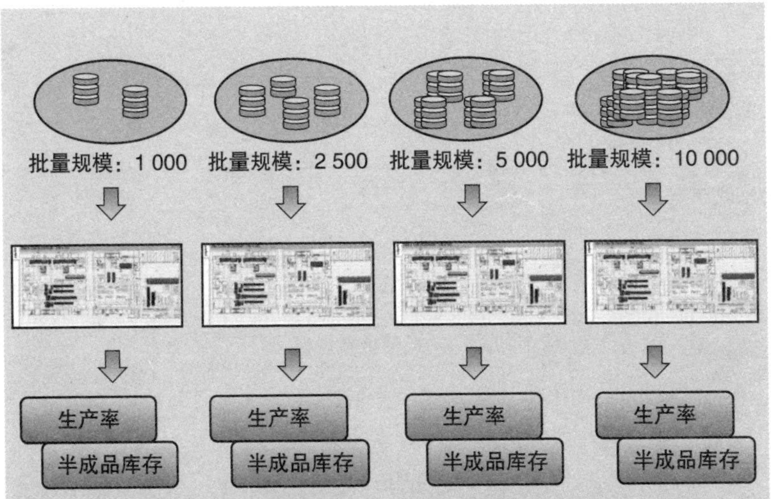

图 5－22　分析生产批量规模发生变化所造成的影响

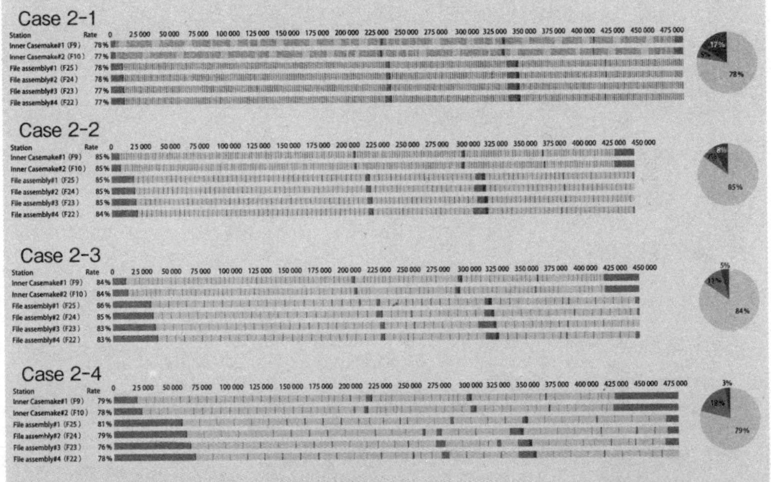

图 5－23　生产批量规模发生变化时运转率的变化

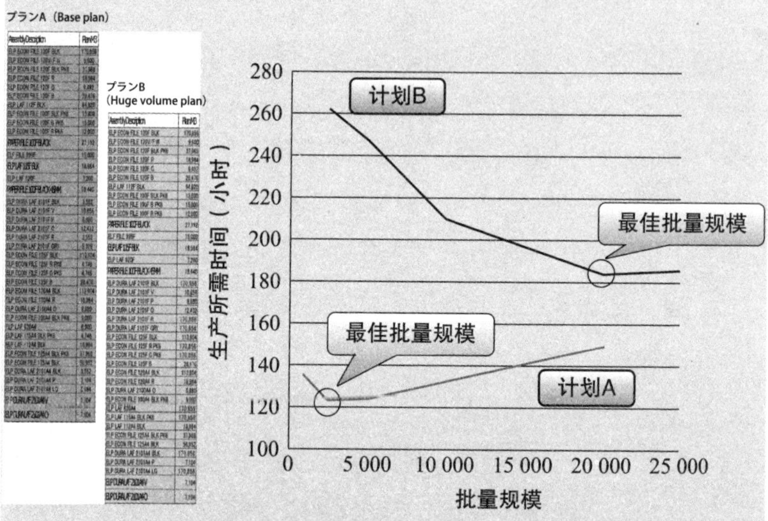

图 5－24　生产计划发生变化时最佳生产批量规模的变化

在保证生产率、产品库存、设备投资成本、制造开发周期的基础上，对削减生产成本的效果、库存成本、市场供给的开发周期等做出比较，就可以确定合适的生产批量规模。当然，因为对于这些都需要抉择权衡，所以从经营管理的角度出发，做出合适的判断是很有必要的。

这家制造商在 SIM 理念的基础上活用 GD. findi，对生产革新发起挑战：根据以往的管理办法和 EPR(生产者责任延伸制度)来进一步扩展生产管理技术，追求仿真生产的可能性。亚洲的制造业也是同样，正在从以前的日本制造商的分包公司的身份转型，开始生产具有原创性的独立品牌产品。这时，日本制造业的方法和技术得以在日本以及日本以外的国家和地区实现共享，推动制造业的高速发展。这无论是对亚洲的制造业还是对日本本土的制造业来说都是很有意义的。笔者衷心希望 SIM 的理念在挑战生产革新的平台（即全球化时代背景下的制造业）上能够做出贡献。

活用案例

以启动海外批量生产为目标的革新

——以某电子机器生产商为例

接下来要介绍的同样是发生在日本本土之外的案例。这一案例的内容是日本企业在国外进行生产的情况，与“案例研究(7)海外工厂的生产准备”相对应。

海外生产的生产准备中存在着一个巨大的难题，就是难以掌握当地生产的情况。通常，当地的法人或者委托生产方以当地技术人员为中心进行生产。日方总部会派出的技术人员前去支援，但顶多只起到帮助的作用，并不能成为生产的中心。而且，派出的技术人员并非长期驻在当地参与生产，而只是在生产项目设立初期前往当地。

这样的生产准备情况常常会导致量产滞后、产品质量不过关等一系列问题。那么，应当如何做生产准备呢？必须要结合当地情况，对实际状况进行监管。（见图 5－25）

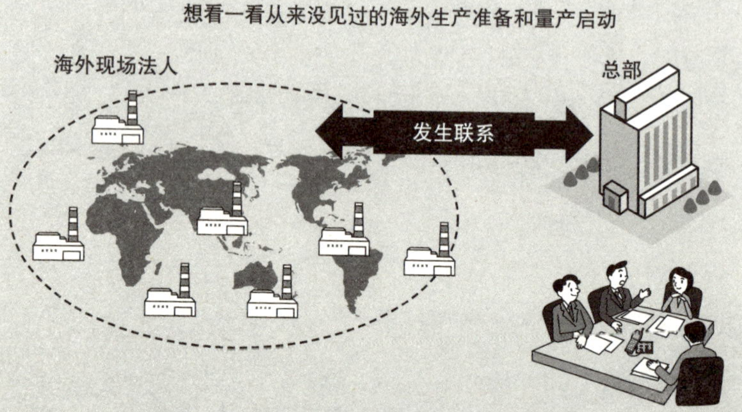

图 5-25

但是，如图 5-26 所示，实际生产中会产生各种各样的问题。特别是电机类制造业，通常来说，产品设计在日本本土进行，而工程设计则交给海外工厂。因此，海外工厂所在地固有的一些不符合日本企业规范的做法无法得到应有的管制，日方总部也就越来越不清楚海外的生产情况。虽然日方总部会向海外工厂派人进行检查修整，但是，总部一旦有所松懈，海外工厂就会原形毕露，出现了生产率低下、量产延误等问题。

为了解决这一难题，这家电子机器生产商灵活运用了 GD. findi 来推动生产准备。（见图 5-27）

通过使用 GD. findi，在海外工厂当地自行校验时，日本总部也可以确认情况、指导生产。如果能够增强总部与海外工厂当地法人的协作配合，并且让总部也能掌握海外工厂的生产情况，那么问题就能够迎刃而解了。

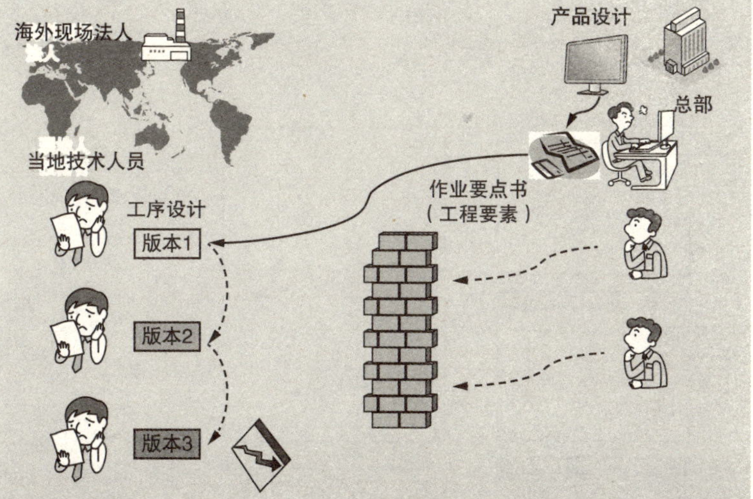

图 5 - 26

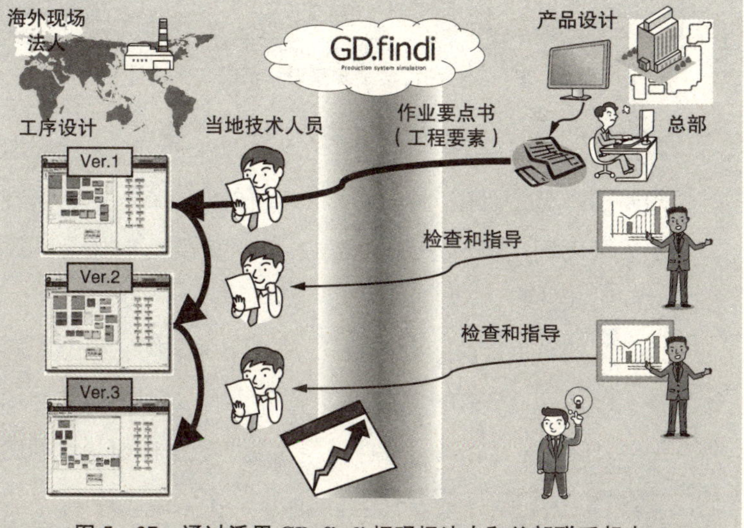

图 5 - 27　通过活用 GD. findi 把现场法人和总部联系起来

接下来将介绍生产准备的具体步骤。首先从材料流转图表的验证着手。（见图 5－28）

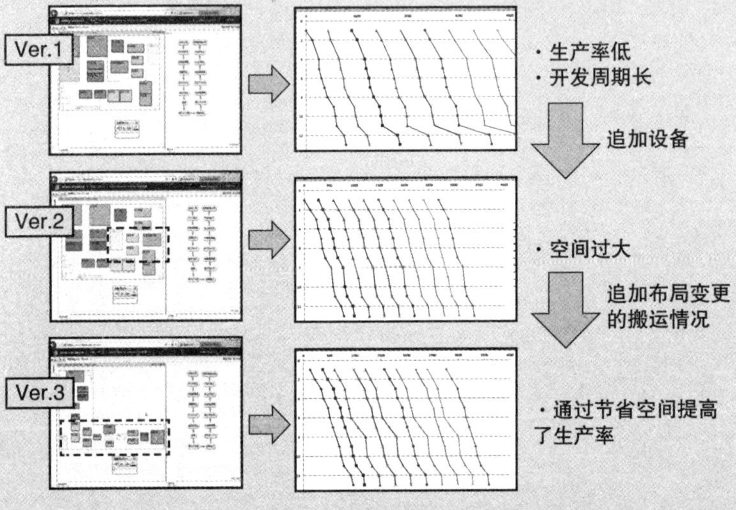

图 5－28　从材料流程图表来看精密的工序设计

我们可以看到，初期计划中存在生产能力低下、生产周期过长的问题。对此，制造商追加了生产设备。在看过材料流转图表之后可以确定生产率有了提高。接下来要面对的是工厂占用空间过大的问题。

接下来的对策是改变生产布局，使之更加紧凑。根据空间分布的实际情况，只能在分散的地方划分作业区域，所以要追加作业区域之间的运送。通过观察材料流转图表就能避免新问题的出现，做出一个既节省空间又保证高生产率的生产计划。

这样一来，海外工厂当地法人和日本总部就共同确认了工程设计改良。这一前所未有的、全新的生产准备方式推进了海外工厂的生产活动。

活用案例

以信息物理融合生产为目标的革新
——以某精密冲压机零件制造商为例

前文已经介绍了很多大型企业的案例，接下来将介绍一个中小企业的生产革新的例子。这家企业用到了信息物理融合生产技术。笔者想强调的是，这种技术不仅适用于大企业，在小企业中也是可行的。

强大的日本制造业所仰赖的不仅是大型组装制造商的巨大实力，也依靠着零件生产商的支持。在这些零件生产商中，很多都是中小企业。第一章已经说过，在产品供应链中，正是因为从零件生产商到组装制造商都积累了大量的技术、经历了长时间的磨合，才能制造出强大的成品。如果不去维持、强化零件制造商的力量，那么日本的制造业就会急剧衰落。

然而，零件制造商所处的经营环境十分严峻。收益构造的问题是一方面，新员工培训更是迫在眉睫。经验丰富的老员工即将退休，但还没有向年轻员工传授生产技术。除此之外，组装制造商以及底层制造商都不愿处理的难度较大的工作都落在了分包公司的头上。正因为如此，中小企业才要在生产现场导入新的力量，解决所面临的问题。

言归正传。案例中的这家冲压机零件生产商的主要业务就是生产精密金属冲压机的零件。该公司在薄型金属精密冲压机的高技术高品质方面引以为傲。(见图 5 - 29)在智能手机普及之前，传统手机盛行一时，该公司曾生产传统手机所使用的液晶背板，生产量一度高达 1 亿个，相当于当时全世界传统手机生产量的 10%。但是，随着时代的变迁，智能手机逐步替代传统手机，原本在日本本土进行的零件制造也逐渐转移到中国。

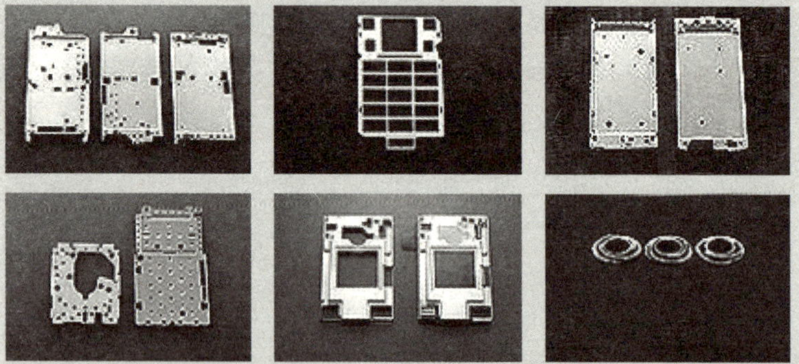

图 5 - 29　冲压机零件生产商的主要产品(精密金属冲压机零件)

该生产商不得不将其主力产品从大批量生产转为小批量生产。在进行大批量生产的时候，该生产商主要使用加工精度高的机械冲床(连续冲压)技术进行生产。现在，为了适应小批量生产，使用单冲床进行生产就成了主要方式。这种生产线形态叫做“流水车间型”或“任务车间型”。以前重要的任务是提高机械冲床生产的质量，而在采用了这样的生产线形态之后，单冲床生产线的生产管理就变得尤为重要。

“流水车间型”或“任务车间型”的生产中心在于工作人员。即使有了工作指示，也会发生工作延迟、设备故障、零件缺货、特急货品处理等问题。在生产管理中，对这些突发状况的处理就变得格外重要。生产线负责人必须掌握生产状态并采取合适的处理方式。要在生产现场放置白板，吸铁石和可擦笔也是不可缺少的。这种生产形态不只存在于中小企业。在大型制造企业中，比如汽车、电子机械产品制造商等，这些非大批量生产的生产线都是如此。

在未来的制造业中，在生产现场实施的生产管理也许就是最重要的事情。我们在第一章讨论过“工业 4.0”的智能机器技术。但是，单靠这项技术并不足以应对未来制造业所面临的难题。智能机器技术虽然可以应对多品种生产，但也有必要将应对个别工程方式的生产技术智能化。在大多数制造业，可以考虑智能机器技术的投资成本和生产率提高的期望值，但实际应用是很难的。智能机器只有在处理一定程度上已经组合化的产品或对产品进行部分个性化定制的时候是有效的。但是，大多数制造业并非是这种生产形态，不得不像以往一样对产品进行个性化处理。

在这种情况下，有效的办法并非智能机器化，而是能够支援生产管理的信息物理融合系统。在人工作业中，人的管理是最基本的，但是人的管理也有局限性。灵活运用信息物理融合系统可以辅助管理。

在这个背景下，需要活用第三章"'全球工厂仓库'和生产现场的结合"里介绍的技术。这项技术的详细信息请参考那一节内容。简单来说，这项技术就是：生产技术、生产管理、生产部门的负责人把与生产计划有关的方案制定成生产活动，将其作为通用样板并展开，使用移动装置来对工作者发出单独工作指示。

生产管理部门制定好作业计划，送到生产部门生产线负责人的手里，负责人经过判断来策划、制定生产现场的作业计划(见图5－30)。这份计划可以在生产线上设置的大型显示器(见图 5－31)上显示出来。这个大显示器就是白板的替代品。这份作业计划会发送到各工作人员的手机(见图 5－32)上。手机不仅可以显示具体的作业指示，工作人员还可以在手机上输入作业的实际进度和情况。通过这项技术，生产线负责人可以在显示器上实时观测各工作人员的实际工作情况，还可以将其共享至生产管理部门。

以前，生产现场一旦产生问题、出现生产延误，就需要花很多时间才能恢复正常状态。这是因为不仅处理问题需要花时间，而且出现的问题还会波及到其他作业。一旦作业发生延误，如果不能准确把握事态，就很难做出正确的判断、采取适当的对策。如果生产现场的工作人员也不知道该如何处理问题，

图 5 - 30　利用 GD. findi 设定作业计划

图 5 - 31　作为信息白板的大型显示器

图 5-32　作业人员手持的智能手机

就很容易使混乱局面不断扩大。

在这种情况下，首先要准确判断对策的效果和影响。如果这个状态继续下去，会对生产计划造成多大程度的延误？对发货会产生怎样的影响？如果要保证不耽误发货，那么会使其他计划受到多大程度的延误？这一系列的问题都需要事先考虑到并做出判断。即使是经验丰富的工作人员，可能能对眼前的状况做出判断，但是也很难对后续影响做出推测。

仿真生产可以对现阶段的生产状况做出模拟并对后续对策进行预测，这样就能提前知道所采用的对策会造成何种影响了。通过仿真模拟，可以修改生产计划、变更工作人员计划、解决加班问题等，以最优的对策来应对各种问题。

与这家企业一样，很多中小企业为了迈进全球化时代的制造业而推动生产体制的革新。希望这些中流砥柱能担负起未来日本制造业的重任。

活用案例

以动态最优化生产为目标的革新
——以某程序生产制造商为例

最后介绍一个通过实时仿真模拟来实现动态最优化生产的具体案例。在全球化的背景下，大部分电机、电子类的制造业正在正面遭受经营环境变化所带来的冲击。由于以亚洲为中心的电机制造商和电子元件制造商的兴起，竞争变得白热化，制造业不得不向着更高市场价格、更高生产率迈进。其中，提高多品种混流生产的生产率就成了一个重要课题。

比如，在半导体元件生产线上，生产设备是生产的基本要素。通常采用的生产方式是产品流过多个生产设备。在这样的生产形态中，某一个生产设备中会流过两种以上的生产批，因此各个生产设备的流程管理十分复杂。随着产品的高度化和产品种类的增加，生产工序越来越复杂，高效的管理也越来越困难。

为了应对这种生产现场的变化，电子元件生产商潜心钻研，灵活运用了仿真生产的流程管理的革新技术。仿真生产在对复杂的生产流程做出预测的同时还能对流程做出最优的管理。

一般来说，流程管理是按照“规章条例”所规定的顺序来进行的。在传送带和生产线上，如果流程只有一条，那么实施起来就很简单。采用流水线车间生产类型时，要推进整流化，每种产品就必须在规定好的流程上生产。采用任务车间生产类型的情况下，因为管理工序流程很困难，所以就产生了完全单元生产的想法。

但是，电子元件生产的流动方式并非如此，而是接二连三的生产批流向各个站点。因此，如何安排各批量的先后次序就成了一个课题，这时候就需要运用“任务车间作业调度”技术。

一般来说，会使用一种叫做“调度规则”的作业计划排序方法来进行操纵。（见图 5－33）具体来说就是使用先来后到排队法(First-in first-out)、交货期先后排队法(Earliest due date)、加工时间从短到长排队法(Shortest processing time)等调度规则来判断优先程度，以此来处理生产批之间的相互矛盾。

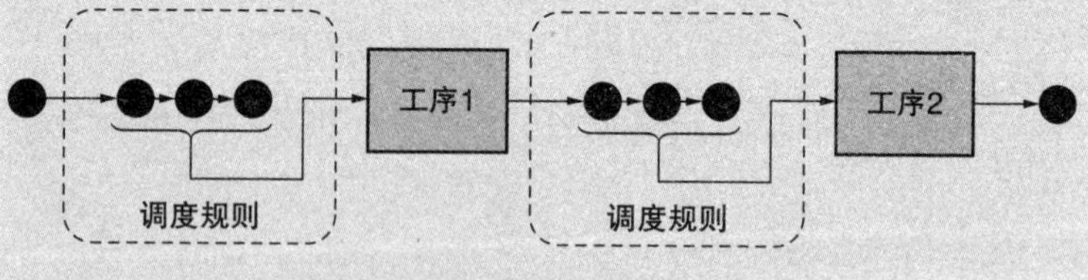

图 5－33　根据调度所安排的顺序

这里存在的问题是，选择并执行的调度规则会造成怎样的结果是无法预测的。即使认为通过操控优先顺序来管理工序流程就能做出最优选择，也无法预见其结果。即使做出了目前最合适的操控，但只要没有达到目的，就有必要采取别的对策。

使用 GD. findi 就可以对使用了调度规则的工序流程优先度所造成的影响进行仿真模拟。(见图 5－34)也就是说，只要选定某个调度规则来进行工序流程管理，就可以预测其对整个生产计划将造成怎样的影响，而且还可以验证调度规则参数的影响，找到最优参数。

图 5－34　在 GD. findi 上设定调度

另外，利用第四章介绍的超并列仿真模拟，可以找到最优生产计划。请参考本章中“以多品种生产为目标的革新——以某泰国文具生产商为例”介绍过的 GD. findi Predictive Mining。

把仿真生产运用到生产计划最优化中是超越了生产日程表的一种新途径。根据生产现场的实际情况进行仿真生产，就可以在确认实际情况的同时判断计划是否合适。对于生产现场的管理者来说，这是一种值得信赖的好方法。

在 SIM 中，这种方式叫做“仿真生产实现的动态最优化生产”（见图 5－35），即根据实际情况开展仿真模拟，在整体观察的基础上判断出最好的办法。笔者认为这是新时代的生产方式。

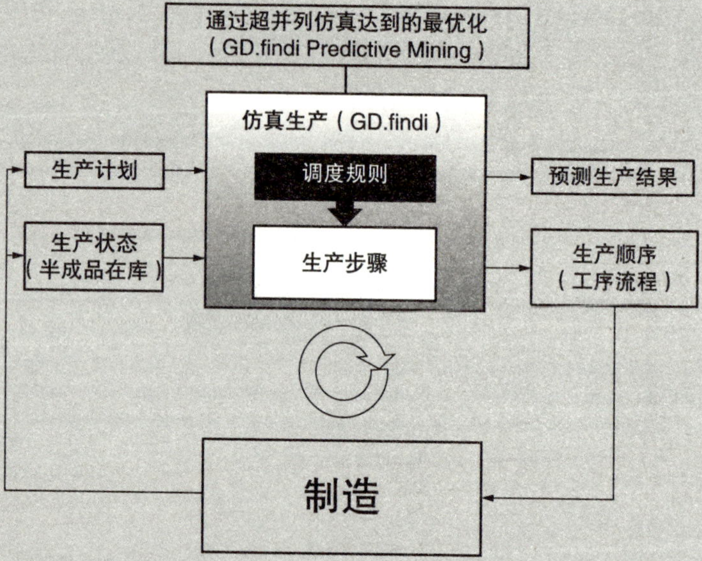

图 5－35　通过仿真生产实现的最优化生产

笔者还想介绍一下这一方式的使用方法。像这种以生产设备为中心的生产形态，在处理多品种生产和生产设备故障的同时也要对生产设备进行维护和保养。因此，在制定每天的生产计划时必须考虑生产的进展和生产设备的管理，也必须考虑当天的生产计划的变化。

在 GD. findi 中将生产线样板化，在工序流程的操控中设定调度规则时还要提供生产设备的维护保养计划，以便预测每天的生产情况。如图 5－36 所示，将生产样板、生产状况(即生产中的状态)和生产进展设定为生产条件，开始进行仿真生产，来预测维护计划会对生产计划造成多大影响，然后根据仿真模拟算出的调度处理结果来操控工序流程。

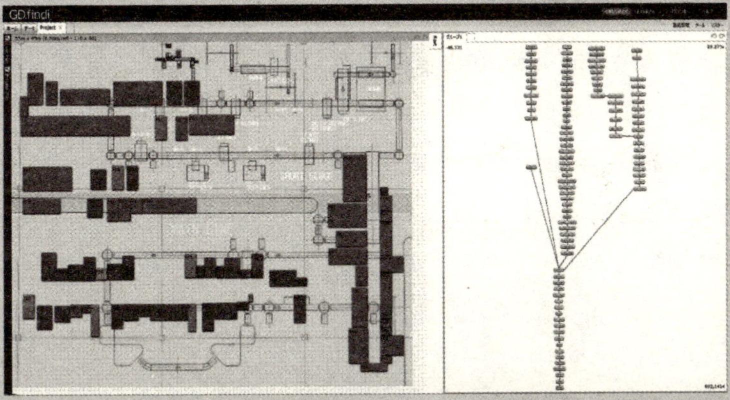

图 5－36 GD. findi 的界面

在实际生产中，各种设备维护工作以及难以预料的故障都是常有之事。使用 GD. findi 可以在维持生产率的同时制定、修改生产计划，使工作指示的管理效率得到巨大提升。

电子元件生产商采取这种方式，强化了生产组织，在追求质量、成本、交货期三要素的同时形成了应对战略性产品的体制，从而达到事业的新高度。

从活用案例来看SIM的可行性

至此，笔者已经介绍了五个SIM、GD. findi的活用案例。这五个案例涉及很多方面，从日本的制造业到海外工厂再到亚洲的制造业，从大型制造商到中小企业，从产品设计到生产方式和生产现场管理等。

产品制造业所涉及的范围很广，不能简单地一概而论，但是，由于仿真生产的实现，在将来抓住制造业的重点也不是没有可能。本章所介绍的案例适用于纵向合作业务，也可以理解为连接点与点之间的线，但是还不能构成很大的平面。不过，在不远的将来，笔者会把这些点、线连接起来，构成一个大平面，作为有用的信息来介绍给大家。

6 第六章

迈向智慧养成之路

经验样板化的意义与课题

这本书至此一直是由“经验”“样板”“计算”这三个关键词贯穿始终，不断考虑新型制造业的理想状态。在本书的第一章和第二章里，笔者思考的第一个主题是制造业今后的前进方向。第三章围绕第二个主题，即仿真集成制造的理念及其应用展开。在对各个主题进行讨论的时候，笔者以“经验”“样板”“计算”三个核心关键词中的“样板”和“计算”为轴心做了很多说明。但是，对“经验”这一关键词，笔者到目前为止并没有做出更进一步的思考。

本章将以“经验”为中心，探讨如何发挥“经验”、利用“经验”并将其与“样板”和“计算”有效地结合起来。

在研究如何发挥“经验”的作用之前，我们先来回顾一下第二章的内容。第二章的最后一节里，笔者对经验和样板化的意义都做出了说明，但是我们现在要重新考虑一下经验和样板化。图 6－1概括地说明了样板和经验在整个生产战略中的关系。

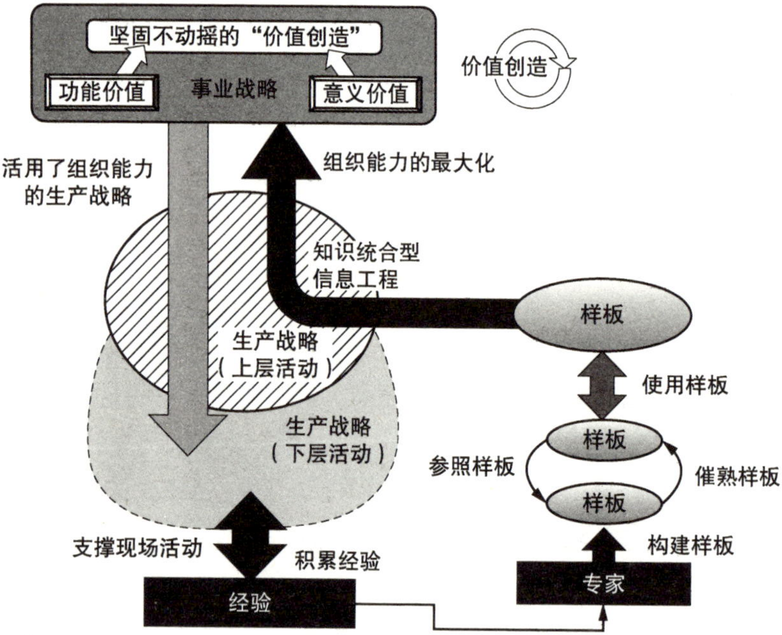

图 6－1　由经验到样板，再到价值创造

如第二章所说，“样板”必须由经验丰富的专家制作，因为现有的表单内容与生产现场的实际情况并不完全一致。还有一种可能是，实际情况已经发生变化，但是表单上的信息并没有及时更新。这种可能性也的确是存在的。另外，生产线上的产品流动以及作业人员的职责分担也常常不写在表单上。因此，专家们的知识和经验就尤为重要了。只有熟悉生产现场实际情况的人才能被称为专家。

专家在已有经验的基础上做出新的样板，或者将已有经验进一步扩大充实，样板就会逐渐累积起来、丰富起来。样板还可以再利用、再展开。特别是在生产战略的上层活动中，由于生产现场的信息和经验不够充分，那些对生产现场做出准确、具体的记述的样板会发挥很大的作用。通过生产现场的各种活动，专家将积累起来的经验样板化，将其灵活运用到各种业务中，这一点是非常重要的。

在第二章“以经验为基础构建样板”一节中说明了几个问题。这里提到的专家主要以生产现场的互动为主体，所以并不是指 IT 技术专家或者逻辑思考方面的专家。换句话说，生产现场的专家并不一定是样板制作的专家。

获得见解的能力和将见解样板化的能力是不一样的，后者是操作能力，所以要处理好这些基础能力的差异。

第二章里介绍了以下三个有效的对策：(1)自然思考构筑样板的“数据模型”；(2)提升作业效率的“构建样板的直观用户界面”；(3)样板成品的“综合管理系统”。

将这三个对策与第三章、第四章里介绍的技术和功能结合起来，有助于专家的活动。

具体说明一下。对策(1)需要，使用第四章里介绍的 GD. findi 的数据模型。作为独立的数据构造，初始计划和生产过程被保留下来，工作站和要素作业是其构成要素。只需要通过站点活动将数据结合起来，就可以构筑生产样板。这种关联性类似于有专家在现场进行活动。

对策(2)指的是使用第四章里介绍的 GD. findi 的直观的用户

界面。只要把要素作业分配给每个工作站，即使是堆积如山的工作也能够得到解决，即使现场的专家并不擅长程序设计也能够顺利地对生产进行操控。

对策(3)指的是使用第三章和第四章中介绍的多尺度生产样板的分层构造。将生产模块程序化，对生产中出现的种种变化提前做好准备工作，根据生产模块的分层构造做出详细的记述，看情况来对生产样板进行灵活展开，使其符合各种生产目的。

但是，单靠这个技术并不能有组织地展开并活用专家的经验。重要的是要让生产现场的专家抱有这样一种意识，那就是一定要与系统构筑负责人一方进行密切的想法沟通，实现互相理解。在这里，笔者想重新再思考如何发挥生产现场的力量这一问题。

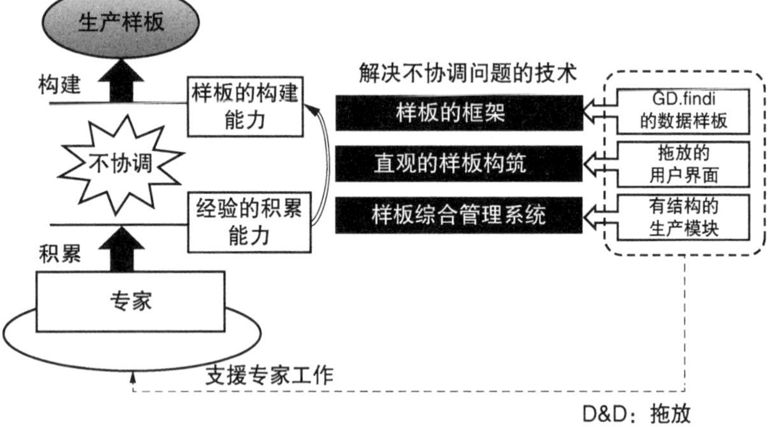

图 6-2　支援专家工作

经验的样板化与组织的经营

日本的制造业不仅依靠高度发达的技术要素，而且联合了个体的力量，不断对自身进行完善强化，形成了强大的竞争力，保证了质量、成本、交货期。但是，为了创造出新的市场价值，单纯追求质量、成本、交货期是远远不够的，笔者已经对此做出过解释。

具有看清未来市场走向的先见之明、提出新的价值观是很有必要的。关于这一点，笔者在第一章里已经讨论过了。毋庸置疑，能够引领组织寻找新的市场价值的超越型领袖人物是非常重要的。在变革的时代下，我们迫切需要能够合理领导组织的人才。

日本曾经出现过两位领袖人物，他们分别是仰慕史蒂夫・乔布斯的索尼公司创始人井深大先生和本田技研工业株式会社创始人本田宗一郎先生。这两位都是优秀的改革家，拥有强大的领导力。正是这样的优秀人才在拉动日本的制造业发展。但是，不是有领导能力就万事大吉的。实际上，索尼公司和本田公司内部都有着支撑这一强大领导能力的组织和人才。也就是说，日本制造业的强大离不开实力雄厚的中间人才的支撑。

本书已经介绍过，当公司的经营环境发生变化，如果中间层薄弱，那么就无法发挥制造业的潜在力量。

井深大先生和本田宗一郎先生对生产现场了解得十分透彻，对产品制造极为重视。正是因为如此，才有了今天产品制造业的强大。但是，如今的生产状况和经营环境已不同于两位先生当年所处的时代，我们要通过其他方式来继承他们的想法和行动。为了实现这一愿景，就必须从组织的经营管理出发，重新思想两位先生的想法和行动。

本书一开头就提到的弗雷德里克·泰勒先生曾说过，寻找世间少有的非凡人才固然重要，但在系统管理中培养一线级别的人才也十分重要。他还说过，最优质的管理无疑是一门科学，优秀的计划有助于人才培养。

虽然泰勒先生提出这个观点是在一百多年前，但是这个观点到现在依然具有重大价值。为了强化个体能力而制定出合适的管理计划，就可以系统地推进经验的样板化和人才培养，这些都是十分重要的。

就如前文所说，如果要达到制造业的理想状态，就一定要使组织管理达到最佳状态，因为这对制造业中各项活动的强化、支持和推进具有十分重要的作用。比起依靠生产现场，更重要的是充分理解并把握现场，提出一系列的有效措施。

本书的第一章里介绍的突生战略就是实现这一构想的途径之一，同时也要重视 SIM 的理念，但这并不意味着仅仅将 SIM 作为归纳生产战略的方针，也不意味着 GD. findi 或 IoT 是生产系统的最优工具，而是要通过使用这些工具来掌握生产现场的种种情况，分析眼前的任务和对策，在培养人才的同时把中心思想活用到经营战略上。

“认识”的样板化

接下来，我们来思考一下如何有组织地强化个体能力、将经验样板化。

本章“经验样板化的意义与课题”一节中提到了现场专家具有样板化意识的重要性以及现场专家与系统构造者紧密合作、相互沟通、达成一致的重要性。但是，这一切的前提是要抓住生产中存在的种种问题的本质并加大制定对策、提出建议的力度。然而，这不能依靠个人来实现，而是像泰勒先生说的，如果不将其作为组织管理来实行的话，就无法得到成果。

通过灵巧机敏地持续重复对话式的课题对策活动才能形成现场力，就像只有在现场实践之后才能得到“认识”一样。在经过累积之后，种种发现和对策越积越多，成了宝贵的经验。

因此，形成现场力需要积累丰富的经验，不断得到越来越多的“认识”，不断“完善”生产，这就衍生出了三现主义（现场、现货、现实）的思想。

当然，这种思想在完善生产的时代是非常重要的，但是，如果太执著于这种思想，就会局限在生产现场里。在生产现场，要确保生产活动随时能够得到完善，也必须要和样板化联系起来。因此，用 SIM 做出一个虚拟空间，在这个虚拟空间中展开这些活动，不失为一个很有效的对策。

在虚拟空间中体验活动就会产生认识。当然，虽然有时候不在现场、现货、现实的条件下就无法得到认识，但是，满足了现场、现货、现实这三个条件时也有可能得不到认识。尤其是在掌握复杂的产品流动或进行大范围活动的时候，利用虚拟空间来处理问题就能够更加得心应手。

另外，在虚拟空间中会发生一些在实际的生产现场所不可能发生的事情。在虚拟空间中可以简单地移动货物，也可以移动现实中暂时还不存在的货物，还可以看到不同工厂的生产情况的对比。通过虚拟空间的直观用户界面进行对话式的操作，然后观察由仿真模拟功能带来的种种现象，唤醒新的"认识"与智慧。

也就是说，这种体验活动能加快智慧生成的速度。我们称这种环境为"认识的 enabler"。"enabler"的意思是加快事物实现的速度。虚拟空间扮演着唤起认识的"增幅器(amplifier)"的角色。

而且，这种活动也和专家经验的样板化相关联，因为这种活动在虚拟活动中本身就有可能制造出样板。通过在虚拟空间中的体验就能够得到"认识"，从这个"认识"出发，采取对策，结果就作为虚拟空间内的活动被保留下来。然后，针对某个目的，所实行的活动的结果就是各种各样的知识、见解、对策会成为被编入经验库的样板，进而就可以在接下来的生产中被重复利用了。

在虚拟空间中，如果能够跨越 IT 系统的操作障碍，使专家能够自如地不受限制地进行操作，就有更有可能形成样板，然后，这些样板就会变成有组织的智慧见解。组织管理者充分发挥专家的能力，制定出课题对策，在推进对策的同时样板就会成为有组织的广泛展开的"智慧"。这不是单纯的知识的大集合体，而是从生产现场活动中得出的课题解决方法的大集合体，也叫做"智慧的结晶(collective wisdom)"。

知识框架的扩大与人才的高度化

前一节介绍了通过活用 SIM 的组织管理来将专家经验样板化的构思和技法，也是对本书三大关键词中的“经验”与“样板”的结合做出了说明，与前文联系起来，“经验”“样板”“计算”三大要素互相联合就成为了可能。

另外，还有一个必须加速解决的问题，即扩大样板的框架。在第二章和第三章里，笔者已经对样板的概念做出了说明。笔者还在第四章介绍了实现仿真生产的技术 GD. findi 的数据样板。在这个数据样板的基础上记述生产样板，这不仅是通过数据样板记述了经验和知识，也是增添了知识框架。此外，那些使用数据样板无法记述的生产现场的活动也无法作为生产样板被记述下来。

第四章里介绍的 GD. findi 的数据样板如今具有十分完备的组织构成，但是无法保证其框架今后依然十分完备。也就是说，在利用生产现场的经验做出生产样板的过程中有必要适当扩大数据样板。而且，只改变数据样板的构成是远远不够的，有时也需要扩大与某个数据样板对应的仿真模拟功能或者用户界面功能。

这时，协调专家的活动与开发虚拟功能的活动是很重要的。但是，要达到这一目的，就必须将系统化功能的必要条件抽出来，而要做到这一点是有难度的。那是因为开发虚拟功能的 IT 开发责任人很难理解生产现场出现的问题，而且生产现场的专家也并非 IT 技术的行家，因而就无法提出有效的想法。

在这种情况下，现场专家方和 IT 开发方必须都拥有处理生产现场出现的问题的经验，实现一体化。

如图 6－3 所示，一定要将现场的活动和系统功能的开发活动联系起来，形成一个体系。在生产现场多次重复与实际应用相对应的功能与智慧，才能提高现场和 IT 双方负责人的水平。而且，在这个过程中得到的新功能能够帮助现场活动提高品质和效率。

在实现功能化的同时发现解决问题的样板，通过样板使解决问题方法化，这也是非常重要的。功能本身并不能解决问题，只有将方法和对应的功能结合起来才能得到更好的对策和更高的问题解决能力。将现场的知识集合起来形成智慧，就能够得到“智慧的结晶”。

在这里，人才的高度化与功能化、方法化一样，也是非常重要的。现场的智慧和想法支撑着功能化。单靠功能是无法有效地传授想法的，而且实现功能化的能力也是有限的。因此，对一个组织来说，包含技术的思考、思想的共享以及教育都是十分重要的。

如图 6－3 所示，高层次的人才培养和发展是十分必要的。不只是传授，还要高效活用新的方法和功能，来实现未来产品制造业的人才高度化。

在经验和对话中衍生出的工程方法

像 SIM 这样具有预见性的技术将会发挥巨大的效果。单纯依靠虚拟空间内的功能是不够的，一定要通过一些样板才能得出新

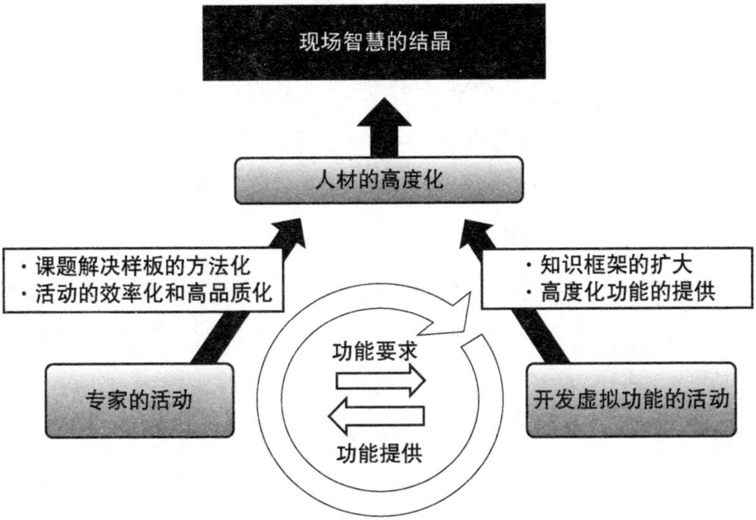

图 6-3 知识框架的扩大与人才的高度化

的认识，还能孕育出生产现场所无法得到的认识。今后的问题是如何创造出这样的样板并且进行有组织的管理。此外，如何有组织地创造出前面提到过的功能也是我们面临的一个问题。

本书针对这个问题的解决途径提出了“经验”这个关键词并进行了相关的思考。有关这个主题，本书没有给出一个确定的答案，但是提出要在互相刺激的过程中推行由上而下和由下而上的活动并将从中得出的智慧见解转化成一个能够共享、运用的结构，这是很重要的。这在前面已经介绍过了，而且也说明了与有预见性的技术相结合是非常有效的。

本书介绍的 GD. findi 仿真生产技术实际上就是通过这些活动所产生的智慧结晶之一。

GD.findi并不是在以往的仿真生产的基础上开发出来的技术，而且也不是单纯地以提高仿真生产的功能为目的。从有预见性的视角出发，掌握生产业务时要在理想的工程业务中发现究竟什么是必要的。也就是说，用各种业务视点贯穿从计划到设计、生产准备、制造的广泛的现场活动，彻底考虑应该预见到的事情是什么，然后就会慢慢发现想要发现的东西。

仿真技术的技术开发人员和从事生产现场的专家之间的对话、讨论以及实行的平台是可以搭建的。通过多次重复创造和验证，就能开发出有意义的功能，就能得到高度活用这些功能的工程方法。

正是依靠这些活动才形成了经验、样板和计算。因为必须要通过反复从各种角度考虑问题、反复进行实际安装和运用，才能够开发出新的方法和功能。

“认识”并不是一个客观的概念，而是从主观判断上找到切入点，以实现普遍化为目标，通过彻底的调查和分析，最终赋予主观判断以客观性，这个活动可以叫做“孕育智慧的道路”。

7

第七章

与英才的对话：职业智慧与数字工程的结合

英才简介和对话目的

本书由三个关键词“经验”“模型”“计算”贯穿始终，推动着讨论的进程。接下来，笔者要结合相关事例，来介绍一下贯彻这些关键词的途径、理念、技术。

感触颇深的是，革新不仅局限于单纯追求新的理念或技术。所谓革新，就是在产业文化中养成一个新事物并不断促进此新事物的发展，并不是一个由科学的发展带来的单纯的变化。而且，革新既不是模仿也不是复制。作为社会组织中的一种行为，作为某个产业文化中固有的特殊事物，革新一直在进行着。例如，在日本制造业中，对技术的改善、磨合技术、积累都是典型的革新运动。这种革新运动也是日本根据自身的社会构造，将产业文化和世界著名的质量管理学家 W. 爱德华兹 · 戴明(W. Edwards. Deming)

的质量管理理念相结合的产物。如果不能立足于产业文化，那么革新就没有根基，就无法茁壮成长。

笔者在前一章里提过多次，革新并非只是现状的延伸，而是基于产业文化，在导入新的技术和理念的同时对现有的实力进行革新，将其升华到一个新的高度。

因此，本书提出的理念即使真的有意义，也要以此为指向来创造新的价值。笔者所说的革新并非只是技术革新。只有使用理念和技术创造出新的价值模板，才能实现真正的革新。也就是说，使用创造出新的价值模板是必须的，这才是大规模变革的开端。

第一章提到了“创造价值”，而现在是要真真切切地使技术理念和“创造价值”结合起来。此时候，负责“创造价值”的一方和推动“创造价值”的一方之间的对话和沟通是很重要的。现在在产品制造业，与制造相关的所有工作人员都在努力地推动制造业的发展。笔者认为和相关工作人员交换意见、达成共识是十分重要的，因此与产品制造业的英才们进行了对话。

本章的主题是“职业智慧与数字工程的结合”。

面对熟知制造业并对制造业的未来抱有明确愿景与想法的各位英才，笔者在采访中向他们陈述了非常有意义的想法和意见。笔者非常希望各位读者朋友也能够看到对话的内容，所以决定在本书中加入谈话内容。

另外，之所以将对话内容出版出来，还有一个重要的理由，即读者可以从我与各位英才的对话中得到很多有用的暗示和启发。

以下是与笔者进行对话的五位英才：关制造业研究所的关伸

一先生、Lattice公司的董事长、总经理鸟谷浩志先生、O2公司的董事长、总经理松本晋一先生、一桥大学创新研究中心所长延冈健太郎教授、hers实验设计研究所董事长村田智明先生。

关伸一先生是"数码货摊"(D-Shop)的开发者。若使用这个电子元件生产系统，整个工程只需一人就可以完成。他从多方面来观察制造业的生产现场，推动制造业发展。下面，笔者将与关先生从生产现场的视角出发，围绕该如何提高日本制造业的实力这一问题进行讨论。

鸟谷浩志先生是日本原创3D技术XVL的开发者。他将超轻3D数据格式带入设计和制造领域，目标是革新生产现场。笔者与鸟谷先生从设计与制造的电子技术的视角出发，讨论了全世界的制造业和制造业的理想状态。

松本晋一先生以组件设计为切入点，从事与设计开发有关的咨询行业，也参与了金属模具制造。笔者将与松本先生从实际经营的角度出发来讨论有关制造业的强大以及商业模板的问题。

延冈健太郎先生借鉴了价值创造的理想状态，提供了值得学习与借鉴的信息，极具警示作用。笔者与延冈先生从价值创造的视角出发，讨论了制造业发展理想方向。

村田智明先生是美国微软公司XBOX游戏机的设计者之一，在业界享有盛名。笔者与村田先生从设计的视角出发，宏观地讨论该如何捕捉制造业的价值这一问题。

本章根据五位英才的专门领域，从现场制造力、设计开发、事业经营、价值创造、设计等各个视点出发，尝试重新考虑"职业智慧与数字工程的结合”。虽然对话涉及了方方面面的话题，但是这些话题都是与英才们丰富的经验有着直接联系的，其广度和深度都是可以真切感受到的。若读者朋友们能从中得到启发，将是笔者的荣幸。

谈 话

进化吧，日本的“制造力”！

——与关制造业研究所的关伸一先生的谈话

谈话的第一位嘉宾是来自关制造业研究所（http://www.seki-monodzukuri.com/）的关伸一先生。关先生在制造企业中有着长达 28 年的工作经验。2000 年，当时还在罗兰公司（Roland DG Corporation）工作的关先生发明了“数码货摊”（D-Shop）。这是一个仅需一人便可完成全部生产过程的电子元件生产系统。关先生因此备受瞩目。2010 年，关先生建立了关制造业研究所，以最新的数码制造技术来支持提高生产现场的质量和生产率的各项改善活动。最近，关先生在日本经济新闻制造业版块执笔开设连载专栏《关伸一赴优秀工厂探访记》，并活跃于写作、演讲、讲课等各项活动中。此外，他也在日经 BP 社举办的“日本最佳工厂奖”活动中担任审查员。

依然存在了解"自家企业长处"的企业

中村：今天，我们请来了来自关制造业研究所的关伸一先生。关先生，您好。在您平时对制造现场的观察中，一定产生了很多的思考。首先，想请您介绍一下您在日常观察中的一些思考。

关：现在存在着积极开拓创新的企业，也存在着不思进取、安于现状的企业，可以说形成了明显的两极分化。努力的企业采取的是非常积极的态度。比如，从2013年6月起在"日本经济新闻制造业"版块连载7回的"关伸一赴优秀工厂探访记"中，我探访过滨松市一家中坚工程机械生产商ENSHU公司。这家公司在总部的工厂（高塚工厂）设立了通用机械中心，同时在滨北工厂通过活用工程机械的引擎来制造传输管线，为中国及其他国家定做工厂设备。像这样就可以做出售设备的生意了。

中村：是啊。

关：最近有些小规模的企业也开始引入3D－CAD技术。这种"无论如何，先引入看看效果"的企业和完全没有兴趣引入新技术的企业形成了强烈对比，逐渐形成两极分化。实际上，在 2008 年的雷曼事件发生之后，日本国内对 3D－CAD 的技术引入正在明显增加。

中村：正在增加吗？

关：是的。有远见的经营者考虑到“这种不景气不会一直持续下去，在经济复苏之前，先用 3D 技术来强化自己的竞争力吧”，于是便导入了 3D－CAD 技术。虽然有很多由于长年的经济不景气而疲软、停业的企业，但是我也看到很多认真思考产品制造的小企业为了摆脱经济不景气的影响而购买了 3D－CAD 技术，还看到了“接下来不只是卖产品而且还要卖生产设备”的企业。我认为这些企业的行为都是非常有意思的。

中村：无论是（不只是卖商品的）系统性出售还是数码工程系统的引入，都是制造业内呈现的新动态。但是，紧跟新潮流的中坚企业有限。大型企业也是一样，在制造现场、生产技术等中间部门和经营部门中都没有出现所谓的新动态。虽然有许多烦恼，也对出路进行了探索，但现状就是没有任何变化。

关：是啊。我有两个问题想请教您。第一个问题是企业继承的问题，也就是“店主换代”。在我的老家滨松地区，即使店主已经七八十岁了，却仍在担任社长，这种情况并不罕见。我认为，如果是依靠血缘关系来传承公司的话，那么应该在下一代三四十岁的时候就让他们接任。

中村：您说得没错。

关：还有一个问题。接下来，中小企业需要做的是企业之间的协作和联合。那么问题来了，中小企业并不清楚自家企业的优势和长处。虽然在外界看来有着“非常了不起的技术”，但是如果企业自己看不到这一点，那么就无法推销自己。

中村：关先生所说的第一个问题，也就是企业继承问题，是中小企业面临的一个问题。第二个问题，我认为是由产业构造的问题所衍生出来的。以日本的汽车行业为首，大型整机制造商下面的一级、二级、三级制造商数量极多，这样的一种产业构造在某种意义上确保了订货的稳定和高质量，也就形成了各个企业优秀的技术能力和现场生产能力。即使对自家公司的长处不甚了解，也能把产品制造做得风生水起。这种情况也是有的。他们有固定的工作对象，并且可以在工作对象那里获得指导。在这种供应链构造条件下，难以意识到自家企业的长处是时有发生的。

关：是啊。

中村：所以，了解自身的长处成了中小企业形成不同于以往的供应链构造的新的交易形态的关键，也是增强自身实力的源泉。所以，如何打破在日本根深蒂固的旧式供应链构成了一个新的问题。然而，对中小企业来说，获得 B2B 的商业模式以及新的议案又十分困难。因为一开始就不了解自身优势，所以也不知道该如何在新的领域发挥自己的优势。

关：滨松有一家支柱型企业，非常活跃。这家公司擅长管具的弯曲加工，雅马哈发动机公司的摩托车支架曾经全部由这家公司提供。但是，自从雅马哈发动机公司开始进军海外市场，导致该公司损失了 95%的业务。作为支柱型企业，这家公司对自身的优势十分清楚，于是以管具加工替换掉铸成的零件，向丰田汽车公司推销新的产品样本。结果，这家当时员工不足 30 人的小公司成了丰田公司的一级供货商。

中村：从汽车行业的产业构造来看，即使成为一级供货商，也不意味着能有自家产品。日本制造业的产业结构有些特殊。在美国，即使是骨干企业也拥有许多自家产品，而且骨干企业也不太会进入大型企业的供应链。现在，美国正在推动制造业回归国内，可能是因为其国内本来就有制造业的基础吧。

关：是啊。

中村：在日本，企业都想成为供应链中的一环。我认为，打破这种想法才是日本制造业复兴的重点。努力攻入丰田公司的供应链无可非议，但是一旦出现不测，就必须考虑生产自家品牌的商品或考虑开拓海外市场。

关：我最初就职的公司就是一家一级供应商。离开那里是因为那家公司没有自己的品牌。我连续三年都向社长直接提出“请考虑生产自家品牌的商品吧”，但是最终也没有实现。

中村：听取别人的建议来进行生产，而且要生产好的东西，这也是很重要的。在品质的维护方面，经营管理者有很大的责任。自己充分思考之后再生产商品，不仅能增添工作的乐趣，也能提高企业活动的价值。

关：对工程师来说，自家企业品牌是非常重要的一件事。就拿汽车部件来说吧。虽然只是部件，但是供应商几乎负责了从设计到制造的所有工作，然而成品上却无法体现供应商公司的名字，所以工程师无法得到最大的成就感。

中村：曾经只有大型电子机械生产商才能制造出的产品，如今，新兴制造商也可以制造出来。供应商向大型企业提供的产品，如今也可以贴上自家公司的品牌，作为本公司产品投入市场。虽然在资金和市场开拓等方面还存在一些问题，但是，不被国外的新兴企业夺取市场，通过开发自家公司产品来赋予日本制造业新的活力不是很好吗？

重拾“试着做做看”的精神吧

中村：看了大型企业的动态，常常感到十分可惜。虽然我也知道大型企业的经营十分辛苦，既要维持整个企业运转，又维系雇佣关系，还要向股东负责，努力提高收益，但是，如果在这一系列活动中都无法提出让人耳目一新的战略或动作，无法改变现状的话，那么在不久的将来会产生很大的问题。

关：最大的问题就是无为主义和平均主义吧。即使加强管理，也还是出现问题，那也是没办法的事情。与其被人说“不可以太张扬，但是工作一定要认真做”，不如不要有太多追求，平安无事地过每一天。索尼公司之前不是也说过“我们不制造产品，而要创造市场”这样的话吗？

中村：您说得对。

关：说实话，我并不太相信市场调查。我认为，制造业基本上要基于企业自身的特点，百发一中或者二中，除此之外就不会造成什么轰动。但是，生产出东西并在市场引起巨大的轰动，可以推动制造业的发展。索尼公司已经实践过这一过程了。“要建设自由愉快的理想工厂，使认真优秀的技术人员的技能能够得到最大程度的发挥。”(选自东京通信工业公司的成立意旨书)。今天，索尼公司陷入困境，我认为是因为上面这句话所代表的“索尼主义”已不存在了吧。

中村：是啊。

关：NHK 晨间小说连续剧《阿政》的主人公龟山正春的竞争对手鸭居欣次郎的人物原型是三得利公司的创始人鸟居信治郎先生。“试着做做看”是鸟居先生经常挂在嘴边的一句话。虽然公司有这样的氛围，但其根深蒂固的策略和独立性，还是不敌股东至上主义。如果大型企业不能重新提出尖锐的策略，无法开口说出“我们就是依靠这个前进的”，也就是没有自己的优势和明确特征，那么就要在家电行业沦为韩国的转包工厂，在汽车行业沦为德国的转包工厂。这是我十分担心的事情。各个公司既然不得不制造有各自特征的产品，那么职工们有没有被安置在合适的环境里呢？对此我有很大的疑问。

中村：具体来说是怎样的一种环境呢？

关：并不是“枪打出头鸟”。出头鸟能出头其实倒也可以，只要中间管理层能控制得住局面就好。说得不客气一点就是，有了不会工作的中间管理层就会有不会工作的部下。看到部下努力的工作样子，对部下说“干得很棒，继续努力”，这样的赞赏文化现在已经快没有了。

中村：正如关先生所言，最近，中间管理层的能力确实很差。如果经营层的战略也不给力，那就不得不提高现场能力了。如果出于这个原因而过于依赖现场力，那么经营层所制定的战略就形同虚设了。

关：是啊。

中村：由于有那么一点现场力，即使经营层什么也不做，内部留成也会增加。因此，他们反而不会去做多余的事情。可见，股东资本主义的弊端有多大啊。

关：最近，罗兰公司（Roland DG Corporation）正在进行MBO（管理层收购，即高层领导主导的收购），停止了上市计划。以前，雅马哈家具科技股份有限公司（YAMAHA Livingtec）与雅马哈公司关于基金公司的出资份额进行了MBO，随后更名为托客乐思公司（TOCLAS CORPORATION）。能做出这样的选择的高层领导的确存在，但仍然只是少数。

构筑提高现场力的“方法”

中村：最近出现了一个议论，那就是如何用数码工具来模拟人类的思考活动。我认为这是一个有关数码工程巨大使命。在人类的思考活动中存在着以解决问题为目的的技法，也就是说存在着问题解决方法。为了有效利用这个方法，就要对其进

行定量分析。为了扩大可分析的对象，我认为应该使用数码工具。我们必须要构筑解决问题的方法，但是很可惜，目前为止这种构筑活动还不是很充分。生产现场的活动中缺乏逻辑性的思考。“PDCA 循环”（Plan-Do-Check-Action）在制造业中非常重要，日本制造业能取得今天的优秀成绩也离不开它的功劳。但是，在 PDCA 循环中，方法基本都被埋没了，这是 PDCA 的一个局限性。丰田生产系统（Toyota Production System）也是对实现方法化的一次尝试。但是，从外部看来，最多只看到其本质上的理念和想法，而很难看到具体的方法论。

关：原来如此。

中村：所以，在活用数码工具的同时也要把能够运用的方法落实到实际生产中去，这是一定要做的事。

关：提到“方法”这个词，让我想起了“田口方法”（品质工学）。田口方法是个非常优秀的方法，但是如果和模拟结合使用的话，就变得有些复杂了。理论上来说，4374个条件得出的实验结果，其实只用18个条件也可以推断出来，但是要做出18个试制品就非常困难了。但是，现在可以制作18种3D-CAD数据并进行仿真，从中挑选出大约2种不错的产品来试制。这种方法一定要推行。正因为有了数码、3D-CAD、CAE（Computer Aided Engineering）这些工具，田口方法才成为一个大家都在使用的好方法。不过，很难扩大这一方法的使用范围。意识到这一点的企业也已经开始运用这些方法了。

中村：原来如此。

关：这些企业正在发出"这个尝试进行得很顺利"的信号，但是接受方好像并没能领会到这个信号的妙处。

中村：无论是田口方法还是发明问题解决理论（TRIZ），重要的是生产现场的工作人员能够在思考过程中把握好方向感，这一点是很有必要的。要让员工有这样的觉悟："田口方法是个好方法，但是使用、思考以及做事的人是你。"还要让员工主动来推动工作进程。有些人能胜任富有创造性的工作，有些人却不能。如果能构筑一种流程管理，使那些即使无法胜任创造性工作的员工也能通过方法论来开展工作，就最好了。

关：LEXER公司开发的GD. findi这一仿真生产工具能够在计算机上模拟生产现场，预测产品的流动和动态，对吧？

中村：虽然LEXER公司称其为虚拟工具（功能上的确如此），但这并非单纯的3D化或动画化，而是在虚拟的环境中试着对生产活动中发生的各种问题做出分析和解决。比如，在某种情况下出现了某种问题，要怎么分析？采取什么措施？在我看来，“虚拟”等同于“现实”。如果手中有A、B、C、D四种对策，而且能看清采取各种对策能带来什么结果，那么就能了解采取每种对策的意义和效果，来推动现场的生产。只有在虚拟环境中提高了现场力，才有可能理解这种做法的意义，才有可能产生新的想法。现在，制造业处在困难的境地，如果不能创造出这种工作环境，那么员工就无法积极地参与到生产活动中来。

关：当然，能够提出新方法的人才固然十分重要，但更重要的是能在理解这个方法的基础上使用这个方法。实际上，在表格计算软件中输入数据就可以马上得到分析结果，但还是有很多人不理解这些数据的意义。

中村：是啊。

关：CAE也是这样。说到这里，我忽然想起一件事情。生产用的夹具是根据产品的大小尺寸来决定的，最大的尺寸也是知道的。就拿受模夹具来说，很多企业至今还是一个一个地进行设计的。既然知道最大尺寸，通过3D-CAD就能够自动设计外型。一旦构筑了自动设计的工艺流程，生产准备的速度就会显著提高。在日本，虽然有人意识到了这一点，但是这种人很少。

中村：是啊，有点难啊。

关：现在，为了向制造业的发展贡献一份力量，我正在参与推广 3D 工具的基础讲座，但是，我还是建议在做公差分析和仿真模拟时先进行手算。只有在手算之后才能使用工具，所以这一道流程是必不可少的。必须要在理解理论的基础上才可以使用方法或者工具。这一点必需强调，可是目前的培训在这方面没有做好。

中村：随着时代的变迁，工程师的工作内容发生了变化，技术也不一样了。在这种情况下，重要的是要把理论控制到哪种程度。我认为，把理论和皮肤感觉联系起来，理解并把握它们的关系，发现其中的价值，培养这种能力是非常重要的。

关：是啊，很重要。

中村：就拿刚才提到的夹具来说，且不谈模拟和数码，在设计夹具时，为了构筑一种设计思考方法而形成一种思考形态是十分有必要的。也希望在生产现场能出现更多的方法和认识。从某种意义上来说，以前这种情况是存在的，但是最近为什么就几乎消失了呢？这引起了我的思考。单纯是因为现在比以前更忙了吗，还是这种人才已经没有了吗？我认为另有原因。

关：是啊，的确不愿意那样想。比如，对基层的工作人员说“你的工作就是制造夹具”，那么基层员工就会认为“这是我自己的工作”，在做新产品的时候还是会像以前那样一个一个地重新设计。真的，不能不对此抱有疑问。从古至今，能够逆向思考的人的确不多。

中村：我认为，人的素养不会因为时代的改变而改变。这应该不是大环境的问题。与现在相比，以前的产品种类少，对品质和品控的要求也与今天相去甚远。所以，以前工作并不太忙，自发性的活动也比现在要多。然而，如今的产品种类有了明显增加，对品质的要求也高了很多，而且产品投放市场的期间也缩短了，公司也在减员。即便如此，对成果的追求却没有改变。在当下的环境里，如果你让别人自发做点什么，其实是很困难的。我认为这是管理方面的问题。

关：很有可能是这样啊。

中村：可以说这是时代造就的必然。因为工作的原因导致视野狭窄，无法从新的角度去观察制造业。在以前的汽车公司，对冲压加工啊上漆啊组装啊等工序都十分了解的人是有的，可是现在基本找不到这样的人了。冲压就交给冲压工来做，上漆就交给油漆工来做，组装就交给组装工人来做。职能细分比以前提高很多，但也导致工人对其他工序不了解。例如，会有工人问："冲压是什么？"因此，重新培养能全面管控生产现场的人才是很有必要的。

关：前几天听到一件很好笑的事情。有个设计负责人要求加工一个高 4 米的铝制圆柱，误差允许在±5%。这玩艺到底谁能测出来啊(笑)。最近出现了很多这样的情况。虽然当事人说"质量当然是越高越好"，但这却令人哭笑不得啊。

中村：这种技术上的事确实是没办法指导。

关：我还在罗兰公司负责电子元件生产系统的时候，其实自己根本没做什么实质性的工作，只是负责在工厂里来回巡视。看到有工人好像遇到了麻烦或者看到有危险的工作，就会对相关人员说“你去那边帮一下忙吧”。这种职务在现在的工厂里应该已经没有了吧。

仿真技术使制造业得以发展

中村：出现这种状况，是有组织状态和管理体制的原因的。“改变管理体制”这句话，说起来容易做起来难。我们必须要考虑一下自己能做些什么。在规划日本制造业今后的理想状态时，也要考虑眼下如何促进日本制造业发展。不管怎么说，日本的制造业还是有丰富的经验和强大的力量。我认为，应当为此尽一份力量，哪怕只是绵薄之力。关先生对此怎么看？

关：从产品的视角来看，“用 3D 技术一气贯通制造业”是可行的。但是，如果从生产现场的系统的角度出发，那么中村先生所说的方法论，或者说是成体系的思考方法就稍微有点薄弱了。我说过，“日本制造业的力量还不够强大”。说得更直白一点，照这个态势发展下去，日本被新兴国家赶超也只是个时间问题。也就是说，日本接下来不得不更进一步地提高制造业的实力。我认为应该发挥方法论和工具的作用，利用仿真生产。“在这个工厂的这种布局下，如果采用这种流程进行生产的话，产量就能提升好多啊。”

中村：是啊。

关：日本以前善于通过“现场直觉”来确定流程的顺序，因为过去有很多有经验的人，可以近乎精准地推断“如果是生产这个产品的话要用多少人，用哪种流程就可以完成”。但是，这种人才现在越来越少了。如果能熟练使用 GD. find 之类的工具，那么就可以模拟生产现场，可以知道“理论上我们的生产现场需要多少人和什么样的流程”了。我认为这些工具是非常有效的。

中村：在活用数码工程工具的基础上，为了提高生产率，还要留意工程设计、编组以及物流如何安排。培养组合使用系统的技巧是十分重要的。

关：正如您所说，我在了解了 GD. find 之后注意到，如果能对 3D - CAD 设计的全尺寸模型进行装配性评价的话，就可以知道组装好这个设计所需的时间，也可以知道标准时间。如果能把 3D - CAD 和 GD. find 的仿真生产系统相结合，就能精确预测在一小时之内能组装好多少产品。一定要实现这一技术啊。

中村：是啊。我们提倡的不是产品本身，而是与制造业的生产系统相关的理念——SIM。关先生刚才提到的“3D 技术一气贯通的制造业”，实际上和 SIM 的核心有着密切的联系。产品生产的核心是“用 3D 技术一气贯通制造业”，生产系统的核心是 SIM。我就是希望能够生产出更好的产品，做出更好的生产系统。

关：两种流程之间一定要有一种共通语言或共通数据，才能使产品和生产系统得以结合。

中村：在每个阶段都要计划、执行、检查和纠正，这构成了 PDCA 管理循环。第一阶段的计划、执行、检查和纠正会以某种形式保存下来，让其他岗位的工作人员在后面的阶段利用。如果要在后面的阶段里改变做法，也要了解负责上一阶段的人的想法，否则就无法做出改善。我希望能把各个阶段里出现的思考和活动存下来并且使之可视化，与其他部门或单位共享。

关：是啊。

中村：仅仅是在表格计算软件的电子表格里写下讨论的问题是远远不够的，而是要参照出现问题的原因，如“在这里出现了干扰”“如果这样编组，那么会多出好几个人”“如果劳动效率是这样的话，那么要制造新产品的话，机器人就会停下来”等，利用仿真工具的图像功能向其他部门的人解释原因，这一点是很重要的。让大家都能看明白每个现场负责人的活动，就是理想的良性循环了。我认为这是智慧的凝聚，如果企业不这么做就无法提高企业的实力。

关：您说得有道理。

中村：这个问题的迫切之处就在于，如果只是在某个工厂内部，那不采用新方法倒也没什么大影响，但是现在有很多企业都在积极开拓海外市场。如果依然延续旧的方法，那么后勤线会变得又细又长，容易断掉。所以不能只是把测试数据发给其他部门和单位，而是必须构筑起包含现场体验的知识共享系统，这样才能创造出一条稳固的补给线。

将日本制造业的见解带入全球商业

中村：一个公司应当将自身的优点当作商业战略，使其发挥更大的作用。

关：对。今后，只卖商品是不够的。前面提到的 ENSHU 公司就是一个很好的例子。ENSHU 公司把自家的技术和技巧活用起来，售卖传输管线和生产设备。因为日本的生产系统在世界上广受欢迎，所以可以考虑把生产系统作为商品出售。“如果把敝公司的自动化设备引入贵公司的生产现场，生产率可以提高百分之好几十。”可以先在本公司进行仿真生产，效果好的话再去别的公司宣传，就会更有说服力。因为可以大致计算出到什么时候能收回多少投资，所以我觉得赚取外汇将成为日本的商业模式之一，很有发展潜力。

中村：您的意思是说，日本今后要把至今为止所积累的制造业的相关经验卖给国外的公司，成为一种新的商业模式，是吧？进一步说，我认为不仅可以出售生产系统，还可以出售应用管理也可以。以加工机或能够组装并操控各种装置的装配机为例，附带应用管理，打包向东南亚国家出售。比如，采用制造企业生产过程执行系统（Manufacturing Execution System）来安排生产流程的时间顺序，进行验证和指示，这一切都可以在云端完成。我们正在向这一方向发展。

关：对啊。

中村：现在，我们都在为提升产品力、营销力和销售力而辛勤工作，如果能发挥日本特有的实力并将其作为一个出口战略，应该会很有成效。尤其是在现在的东南亚和南亚地区，正在把产品制造的类型分成欧美派和日本派。比如说，东南亚地区有一部分人坚定地追捧以丰田生产系统（TPS）和丰田的改善理念为代表的日本式制造业；另有一部分人深受以德国为代表的欧洲式的理念影响，追求坚固强大的设计。

关：原来如此。

中村：德国正在把德国式的生产方式渗入东南亚市场。这就是典型的"工业 4.0"，也是德国试图将全世界的生产方式都改变为德国式的一个重要步骤。把想把日本式制造业扩展到全世界并将其定为国策，就一定要忘记在出售产品的同时推销我们的生产系统。德国已经在这方面付出行动了。

关：这的确就是德国的国策啊。虽然只是推广与汽车车身硬度有关的激光熔接技术，但却被制定为德国的国策。反观日本，一提到制造业，说得最多的却是辅助金的话题（笑）。

通过知识共享来提高日本制造业的实力

中村：无论怎么说，既然企业无法从内部做出改变，我们就必须不断地传达观点明确的信息。

关：前几天，我在脸谱网上发了这样一条信息："现在的制造业要求整条产业链充分使用 3D 数据，却没有将 3D 数据转换成 2D 数据。那么，为什么工程类的专门杂志要开始连载有关二维平面设计图的内容呢？"结果引起了很大反响，收到了五六十条评论。一旦发出了观点明确的信息，就会让很多人开始认真思考这个问题。像我们这样持有自己立场的人，会被问到是如何收集知识的。使用社交网络，说不定会有意外的收获和乐趣。

中村：现在，我有兴趣去做的就是这件事了。我认为，包括大企业在内的所有日本企业都存在与生产现场联系薄弱的问题。在日本企业中，技术人员之间的横向联系太少，彼此都不知道对方在做什么。我认为有必要加强横向之间的联系，使所有人都紧密联系起来。

关：是啊。

中村：如果能有一个深入讨论从产品制造的方法到针对生产现场的研究方法的平台，有一个能够共享技巧和知识的平台，不是很好吗？我的意思是说，并非活用制造业的资源，而是在制造业的世界中创造一个共享知识的平台。单纯使用文字是很难实现共享的，所以要运用虚拟技术来实现。

关：有一名技师在我的脸谱网上针对那条信息做出了这样的评论："我感到非常兴奋、非常有趣。如果在现实中能有机会聚在一起讨论就好了。"可见创造一个共享知识的平台是多么重要。

中村：是啊。

关：准备好模拟器，输入数据，模拟对方的技巧，观察生产率能提高多少，这也是很有趣的一件事。

中村：能分享单元生产和TPS的一个流生产（各工序只有一个工件在流动）之类的与手法相关的技巧也是很好的。这和每个商品的构思和知识产权都没有关系，所以应该全面分享，相互借鉴使用。制作一个工程设计的程序库，实现自由使用共享的知识，这是很好的。

关：我在罗兰公司时开发的"移动货摊"也对其他公司开放了，有数千人来参观学习。来参观的企业和我约定，如果使用了我们的"移动货摊"，就让我们参观他们的生产现场，所以当时我就允许他们来拍照和录像。但是，最终严守承诺的公司也顶多不超过六七家。当时，我们得知有些企业开始使用"移动货摊"，就给他们的负责人打电话询问参观生产现场的事，得到的回复却是"上司说不允许给你们看我们的生产现场"。

中村：是嘛。

关：看现场是绝对不行的。但是我去参观了那些同意开放生产现场的企业，常常惊叹"竟然有这种想法啊"，从中得到了很多有参考价值的知识。通过借鉴其他企业的经验和智慧，我所在的企业也会有所成长。在知识共享的环境下，日本制造业应该可以整体提升到一个新的高度。我非常盼望能有这样一个知识共享的平台。

中村：同感。今后会继续讨论制造业的前景，也希望从大家那里听到宝贵的意见和建议。今天非常感谢关先生在这里与我交流。

关：我也同样谢谢您。我很高兴今天能进行如此深入的讨论。十分感谢。

谈 话

所谓“全球的制造业”就是着眼于世界的“全体制造业”

——与 Lattice 公司董事长、总经理鸟谷浩志先生的谈话

Lattice 公司（http://www.lattice.co.jp）的总经理鸟谷浩志先生是日本数码工程中原创 3D 技术的开发、设计、制造领域的引领者，特别是将 XVL 三维虚拟数据格式带入设计和制造领域，不断推动生产现场的发展。XVL 不仅可以将 3D-CAD 数据进行 1/100 的超压缩，还可以将 3D 形状以及包含了属性信息和构成信息的 3D-CAD 数据一同展示出来。这样就可以将 3D 数据与设计、制造、生产技术、服务、供应等各

项业务结合起来，有效活用。笔者的 LEXER 公司也开发了虚拟工程计划和生产线模拟器“GP4”，最近正在开展云生产模拟器“GD. findi”的研发。虽然我们各自所处的领域不同，但笔者非常能理解乌谷先生开发技术、在制造业中引入数码工程的不易。以此为背景，笔者和乌谷先生进行讨论。

超轻量 3D 虚拟数据格式 XVL 的开发背景

中村： 虽然我相信很多朋友已经都了解了，但还是想请您介绍一下贵公司的技术以及开发历程。

乌谷： 最近，3D－CAD 在制造业中已经普及开来，但是一般来说还是只有产品设计者在使用。2000 年左右，通过对 CAD、CAM、CAE 的推广，设计部门开始使用 3D－CAD 数据。当时，3D－CAD 数据没有得到广泛使用的原因是数据太过庞大。1997 年，Lattice 公司成立，通过对数据进行压缩，提出了“Casual 3D”理念，致力于使每个人都能够轻松使用 3D 数据。

另外，当时的网络连接的主要方式是电话线路，比较薄弱，所以开发出了能将数据彻底压缩、实现人人皆可在网络共享 3D 数据的 XVL 技术。

中村：用户的反映如何？

鸟谷：实际上，刚将它带入制造业时，只听到了“数据很轻薄”的反响。最初版本的 XVL 可以将数据压缩，制造部门就可以电脑上看到这些数据了，而且可以通过网络高速传输。在展示 XVL 的时候，很多人惊叹“竟然可以用网络传输这么多 3D 数据”。但是，随着 3D - CAD 技术的普及，2003 年时用户需求就发生了变化。比如，一台汽车的 3D - CAD 数据的大小就超过了 10 GB。使用二代 XVL，即使是 32BT 的电脑也能够处理 10GB 的数据，非常节约内存。以丰田公司为代表的大规模制造商要求“处理更大的 3D 数据”，而以波音公司为代表的大型飞机制造商“由于要和世界上其他网络环境不够发达的地区的机场联系，因此希望 3D 数据能被压缩得更小一点”。这两者的市场需求就明显不同。XVL 的最新版本结合了这两种技术，能够轻松处理大容量数据。所以，制造业和服务业等行业都开始使用 3D 数据了。

中村：原来如此。当初，在实现设计数据轻量化的过程中，产品产生了各种各样的问题，技术也不断进化。如今，网络世界的数据传送能力和 CPU 的处理能力都有显著提高，但是制造业需要处理的数据对于比网络线路的传送能力来说还是非常庞大的。

鸟谷：是的。中村先生说到了重点上。最近，网络线路变粗，PC 内存变大，还出现了 64BT 的电脑。我也在创办公司后也有过担心：难道 XVL 技术在不久之后就会被舍弃吗？但实际上的形势是向着相反的方向发展的。比如，由于制造业的全球化，汽车的样式多了起来，就需要对各种汽车进行分类。一台汽车的 3D 数据从最初的 10 GB 逐渐扩大到 20 GB、30 GB。而且，生产技术部门不仅要使用 3D 数据来处理 3 万个零件的数据，还要处理各种组装工序的信息，导致数据的规模更加宏大。

中村：当市场开始关注 3D 数据技术的可能性，不仅用户的需求会越来越明显，用户的要求也会越来越多。

鸟谷：正是。目前还有一种技术动向，那就是虽然平板电脑和智能手机越来越普及，但这些可移动设备的内存反倒越来越小。第一代 ipad 的内存有 256 MB，而第二代只有 512 MB。在这种情况下，如果要看 3D 数据，那么数据轻量化和节省内存就尤为重要了。使用 XVL 技术后，上层的设计部门负责验证大规模的数据，下层的部门就利用平板电脑观看简单的 3D 数据。这就是使用 XVL 技术的必要性。

日本制造业面临的问题

中村：也就是说，XVL 技术越来越能满足用户的需求了。鸟谷先生在日常的工作中与制造业加强联系，全面把握客户的现状和制造业的问题。从某种意义上来说，我与鸟谷先生是站在同一立场上来考虑如何通过利用数码工程来参与制造业并提高制造业各项业务及生产现场的效率。但是,我认为重点在于如何把客户们引向一个共同的方向。现在的日本制造业所面临的问题堆积如山,所以想听听鸟谷先生对这方面的看法。

鸟谷: 对于现今制造业的问题,我想从三个观点出发来谈谈我的看法。首先,一直以来,日本制造业十分擅长处理对QCD(质量、成本、交货期)的改善,通过对生产现场的改善来提高生产效率和品质。但是,反观数码家电等产业,越来越多的制造商问的更多的是"应该制造什么""应该提供怎样的服务"。汽车产业和电机产业曾经都是日本的巨头产业,汽车产业如今竞争激烈,电机产业却越来越走下坡路了。那么,在采用新型商业模式的同时,能否制造新的产品呢?这就是我要说的第一点。

中村: 是啊。

鸟谷: 我要说的第二点是,由于安倍经济学导致日元汇率急剧下降,该如何应对如此大的汇率变动呢?第一个问题是"生产什么";第二个课题就是"在哪里生产",是在日本本土制造还是去海外制造?说到制造业的最优配置,是随机应变地变换生产地好还是踏踏实实地在日本国内生产好呢?我认为职责分配是相当重要的。

中村: 是的。

鸟谷: 第三个点是,受全球化的影响,日本市场已经进入饱和状态,必须要将产品销往新兴国家或欧美国家。如果是这样，那么在设计、生产技术以及生产部门里会出现各个国家的人。跨越文化的障碍，宣传日本制造业，是非常重要的。

中村：的确，制造业所处的大环境正在发生巨变，除了全球化和产品战略，公司内的体制改革也是一个迫在眉睫的问题。在这种情况下，日本制造业是否能够充分应对发生的各种变化呢？实际上不能。有关这方面的背景和原因，希望能听听鸟谷先生的意见和看法。

鸟谷：以前，人们认为日本人擅长“磨合制造业”。但是现在，看一看活跃的产业与不活跃的产业，就会发现，相对活跃的产业可以在某种程度上预见产品开发时间，并且在讨论的同时生产出产品，其产品寿命长达5～10年甚至更久，而且，即使是特别订制品，产量也能达到数万台；与之相反，一口气投资生产好几亿台的“短小轻薄”的最终产品，这种产业就不那么活跃了。有人说曾经是“短小轻薄的时代”，而现在正在回到“大长厚重的时代”。

中村：原来如此。

鸟谷：不管怎么说，现如今，企业的成功并不在于销售产品，而是采取把各种服务与产品组合起来的新型商业模式。

中村：关于您最开始指出的那一点，我认为，当日本制造业的最大优势是PDCA和现场力的时候，当他们能够应对商业模式、商品或生产量的时候，只是通过改善的手段来维持自身的竞争力。相反，在生产量较低或生产期间较短的时候，在无法依靠“磨合”来生产的时候，日本制造业的优势就不复存在了。

鸟谷： 正是如此。

中村： 说到服务方面，拿索尼公司和美国的苹果公司来做对比，是比较有象征性的例子。日本企业对全球化迟迟没有展开服务，常常有人谈论这一问题。您在这方面是怎么看的呢？

鸟谷： 日本企业的确擅长踏踏实实地进行改善，但是对于产品全体的商业模式构筑以及以软件为主题的生产就不太擅长了。但是，也有像小松集团那样使用设备远程控制管理系统"KOMTRAX"并在数十万台建机上安装 GPS 的例子。最近出现了物联网(IoT)技术，如果能够下功夫吸收并使用这一技术，日本的制造业就仍然有胜算。尤其是对持有多只股份的企业来说，那将会是一笔很大的资金。

中村： 我也经常考虑这方面的问题。有人讨论过，日本人是不是从一开始就擅长使用新方法和提出新挑战？但是我感觉，尤其是在制造业，好像越来越难提出新挑战了。

鸟谷： 您能举个例子吗？

中村： 特别是在股东资本主义的暴风骤雨中，越来越从"如何提高投资回报率(ROI)"这一角度出发，就很容易抑制间接成本。也有人讨论过什么是"直接"什么是"间接"。比如，有人说生产技术是间接业务，是不产生价值的业务。以前，大型制造企业中还设有开发部、生产技术部和制造部，但是现在，设有生产技术部的企业越来越少，在生产技术部工作的人员被调入了设计部或生产技术科。

鸟谷： 是啊。生产技术是制造业竞争力的源泉，应该重视。

那么，生产技术的现状又是什么样的？

中村：现在，很多企业的生产技术科更加重视设备的开发和安装等操作工程，而不是生产技术和技术方法的开发。不再重视产品制造的技术开发，意味着一个公司在制造方面的优势已经不复存在了。

鸟谷：已经退化到这种程度了啊。

中村：当然，很多企业的间接部门有很大优势。但是，如果从 ROI 的角度来看，那种优势并不是什么好事情。在这种管理环境中，企业既无法解决制造部门中产生的问题，又不能采用新的生产革新的部署和人才，也就是说，制造业的技巧也丧失了。

鸟谷：有外在竞争力和内在竞争力，这里说的就是内在竞争力吧。

中村：是的。我认为很多企业在这方面都存在问题。现在的情况是，产品体系中出现了各种各样的派生品，为了生产这些派生品，导致生产技术和制造方面的技巧、分类所涉及的范围越来越广，因此单纯依靠个人的力量和经验是无法应对这种局面的。以前，汽车制造商只需要为数不多的几种产品就可以组成生产阵容；可是在派生品层出不穷的今天，仅凭个人经验是不行的。因此，我认为汽车制造商们陷入了新的困境。

鸟谷：的确，日本制造业的精英们都逐渐流向海外了。如果数码工程可以应对这种新情况的话就好了。

中村：是啊。到目前为止，无论是上层环节还是下层环节，还有某种意义上的设计环节，都是由人来维持生产现场的运转的。但是今天，产品种类的范围和数量发生了巨大的变化，同时，产品制造的场所也正在发生巨大的变化。以前在国内工厂生产时，可以看到生产现场的动态；但是，现在很难实时掌握远在海外的制造业现场的情况，而且日本的工作人员并不会一直在海外的生产现场监督。生产现场离我们越来越远，问题也就不停地出现。对此，利用数码工具来解决这个问题就变得尤为重要。日本今后的制造业不能再延续以往的做法了。竞争环境发生了变化，企业面临的问题也发生了变化，因此必须建立一套适应新情况的新体制和新办法。

鸟谷：深表同感。正是因为制造业逐渐国际化，所以有必要结合生产现场当地的情况来进行生产，而且一定要制定相应的开发体制和信息共享体制。在现场常常会听到“不应该是这样啊”这样本不该发生的情况。语言问题不可避免，文化上也存在很大差异（“如果是日本人的话应该会考虑到那一点吧”）。但是，越是有文化差异，就越要和生产现场的外国工作人员进行全面、到位的交流。

虚拟世界与现实世界的统一

中村： 刚才我们聊了有关数码工程的问题。当然，数码工程并不是万能的，重要的是如何将数码工程与人类的智慧和能力有效地结合起来。下面，我们来谈谈第二个话题吧。

鸟谷： 是啊。只有人类才能判断数码工程的结果，并且合理利用数码工程。

中村： 正因为数码工程在目前的应用有限，我们才必须要考虑数码工程目前还无法处理的问题以及接下来必须要解决的问题。关于鸟谷先生开发的技术以及整个所谓的“制造 IT”所面临的问题和今后的发展方向，想听听您的看法。

鸟谷： 尽管我们的技术颇有成效，但是说实话，在处理超大容量的 3D 数据时仍然有很多无法解决的问题。接下来，我想介绍 3 个利用超大容量数据的先进技术。首先就是零件的干涉计算。如果使用 CAD，那么每个人都能进行干涉计算。但是，要对大规模的装配进行干涉计算的话，使用 CAD 就行不通了。因为 CAD 的计算要耗费很多时间，并且无法处理大规模的模型。那些因高昂的花费而导致无法制造实体最优机和试作机的制造业，例如汽车制造业，针对其中复杂的产品干涉检查，XVL 技术能够发挥巨大的力量。第二个技术就是使用 3D

模型的操控软件进行漏洞修复。在制造部门，大多是通过使用可编程逻辑控制器（Programmable Logic Controller）来对制造装置进行操控。现在，我们开发了 VMech 技术，即使没有实体的装置，也可以在 XVL 的模型中进行仿真模拟。以前，要启动批量生产时，由于没有操控软件，导致无法启动生产线。操控软件成了生产活动的瓶颈，这样的例子有很多。为了克服这个困难，就要在生产线设备就绪之前着手修复操控软件的程序漏洞。如果按这个顺序来安排，那么当生产线准备就绪时，只要启动设备就可以开始生产了。这是很多客户所希望的。

中村：原来如此。

鸟谷：就像中村先生刚才提到的，日本的企业在生产技术方面拥有强大的实力，即使在全世界生产，设备的制造也能全部在日本本土完成。这样的例子有很多。今后，在这些企业中，仿真生产应该会发挥巨大的作用。如果全世界都购置这样的设备，那么设备的维护也能通过仿真功能来进行。这正是数码工程一显身手的机会啊。

中村：是啊。

鸟谷：第三个技术就是通过对电气设计的模型与机械设计的模型进行合体来进行电气机械混合验证的技术。这样就可以将电气 CAD 模型的电气属性（例如是导体还是绝缘体、存在多大的电位差等）转换成 XVL 模型，再通过解析，就可以在数码模型上进行计算并发现“这一部分容易发生短路”“这一部分容易产生静电”等问题了。在制造好实物之后，一些必须要做的实验就大大减少了，这意味着能够迅速地进行产品开发。

中村：是啊。

鸟谷：实际上，我们与图研公司(ZUKEN. INC)共同开发了“XVL Studio Z”。如果展开来看的话，会有很多有意思的事。一般来说，机器的设计者和电气的设计者是分别在不同的部门工作的。公司的部门之间常常会有沟通不畅的问题。对于机器的设计者来说，会因为机器上开了一个洞而导致电路上出现短路。通常情况下，在完成机器设计之后，接下来就需要电气设计方来解决这些问题。但是，通过使用“XVL Studio Z”，机器设计者就能看到电流的回路，于是就可以实现双方的合作了。

中村：原来如此。

鸟谷：把不同领域的数据进行统合，形成一个更大规模的数据，对此进行各种检验，是十分重要的。如果今后日本的制造业中的电气、机器、软件等部门能够协调工作，那么数码检验就能发挥越来越大的作用。

中村：可编程控制器和硬件上的模拟软件，目前还没有实现连接啊。

鸟谷：正是如此。

中村：还处于相互分离的状态。控制的机器虽然是连续数小时运转工作的，但是分离型和连续型的综合检验技术还没有确立。设想中的虚拟制造机，或者说是智能机器这样的技术，目前还没有实现。

鸟谷：还有一点就是，虚拟与现实的统一是不是必要，这是一个值得思考的问题。对此，有两种做法：一种是将虚拟融入现实，还有一种做法是将现实融入虚拟。使用激光计量仪对空间进行三维扫描并将其点群（三维坐标中用来表示很多点的集合）化，现场现货的三维形状数据带入虚拟的XVL中是可以实现的。就在去年（2014年），我们与合作伙伴elysium公司（总部位于日本滨松市）共同开发了点云处理软件“XVL infiPoints”，可以轻松地处理现货的大容量点群数据。将工厂内的数十亿点规模的点群综合XVL的大规模模型，就可以进行各种各样的验证了。

中村：厉害。

鸟谷：这个技术在什么时候使用呢？比如现在，由于停止了原子能发电，导致电力不足，所以考虑在工厂内放入自供的发电设备。但是，工厂中有楼梯，而且放置各种机器会使空间更为狭小逼仄，所以无法绘制出正确、合适的设计图。在工厂内使用激光扫描测量，就能确定是否能够搬入机器，搬入时楼梯会不会造成障碍，使用何种步骤去设置才能最有效等。这些问题通过数据模板都可以进行验证，查一下就可以看到适用范围。工厂是如此，城市基础设施也是如此。在长时间使用的设施的内部安装设备时，这个技术都能发挥巨大的作用。

中村：原来如此。

鸟谷：我想再举一个例子。这是从一家造船公司听到的事情。船上的货仓空着的时候就会失去平衡，因此需要向船内灌入海水，也就是压舱水，以保持平衡。我再举一个油轮的例子。当轮船驶入其他海域，需要装入石油时就会排出压舱水。由于向海中排放其他海域的海水会破坏生态系统，所以一定要将压舱水中的水生生物降低到一定标准以下才能排出，因此必须在旧型轮船中放入水处理设备。将船内的空间进行三维扫描点群化，使用仿真模拟的方式来确定如何将压舱水处理装置搬入船体内部。这个时候，这个技术也能发挥巨大作用。

中村：那么，将虚拟融入现实，又是怎样一回事呢？

鸟谷：在这方面，我们与佳能 it 解决方案公司（CANON it solution）共同开发了一个混合现实（Mixed Reality）系统，叫做"MREAL"。所谓 MR，就是将现实世界和虚拟世界进行融合的影像技术，也叫做合成现实感。将 MR 和 XVL 结合起来，可以实现大规模且复杂的三维虚拟模型的计算机动画与现实影像的合成，反映在头戴式可视设备（HMD）上。例如，将汽车的三维数据的动画影像与真车的影像进行合成，就可以在真实的汽车内看到电配线的三维模型像网眼一样布满全车。

中村：是这样啊。

鸟谷："能否进入配线作业的场所？""如何进行作业？""作业时弯腰的话是否方便？"等问题，人们都可以在虚拟模型中体验到。

中村：刚才您举了工厂和造船的例子。但是，正确的数据其实是不存在的吧？

鸟谷：嗯，是的。

中村： 尤其是在工厂中，对吧？

鸟谷： 工厂会经常改变布局。

中村： 如果去客户的工厂中询问“请问有工厂的设计蓝图吗？”，通常得到的回答都是“没有”。为了不断地改善生产条件，工厂会频繁改变布局，所以没有最新的数据。

鸟谷： 但是，改善生产条件也能在一定程度上激发日本制造业现场的活力。

中村： 是的。改善是必须的。虽然现场力和改善活动是日本制造业的优势，但是改善活动导致工厂布局的相关数据缺失。为了解决这一问题，就需要发挥激光测量和 3D 技术的作用。

鸟谷： 的确是这样。

中村： 如果采用这种新方法，就不需要像过去那样用镶合的方式来确认尺寸了。活用三维数据，提前做出预测，就能推动 PDCA 循环。在外界看来，使用数码手段貌似能够解决任何问题，但实际上并非如此。目前还存在许多无法解决的问题。

鸟谷： 在技术层面上是可以实现的，但是要在生产现场将其固定下来的确是一件很难的事。

中村： 我认为，必须要一个问题一个问题地循序渐进地处理。刚才您说到活用三维数据的话题。当然，从业务流程上来看，有必要有效地利用这个技术，但是，在工程方面或者制造 IT 方面，还有很多问题是目前无法处理的。

鸟谷： 原来如此。那么，您能否就业务流程的观点做出一些说明呢？

工程链与供应链的协作

中村：也许鸟谷先生也是这样想的。使用数字数据来贯通上层和下层是我们的核心策略和核心理念。但是，鸟谷先生和我有一点不同：您的公司讲究在产品轴上的一气贯通。而我们公司强调流程轴上的一气贯通。这两个轴心是并行前进的。还有一点，虽然我负责的是工程链领域，但是在协调统合生产、制造方面的各种信息的时候，就不得不从供应链的角度出发来考虑问题。工程链和供应链都很重要，二者各自持有有效的信息。我认为，将它们整合起来是非常重要的。就像刚刚鸟谷先生谈到将操控、物理和电气三个领域整合起来那样，我们需要考虑的是如何将供应链和工程链同步起来。从某种意义上说，实现计划上的配合是很有必要的。在这方面，如果能发挥 XVL 技术和我们正在努力开发、推广的其他虚拟技术的作用就更好了。

鸟谷：是的。说到 XVL 技术，它是我们和图研公司正在进行的“可视化物料清单”(visual BOM)，就是供应链和工程链的结节点。它是一种可以通过三维技术实现生产信息可视化来支持经营的系统。中村先生刚才说的那番话，强调的是要在制造业的更上层环节进行检讨，是吧？

中村：就像鸟谷先生在一开始提到的那样，在明确了在哪

里造什么的产品理念和平均年限法之后，就开始进入设计和量产工序。从上层环节就要开始对后续工程的供应链信息进行一定程度上的讨论并且一定要将这些信息考虑进来。

鸟谷：原来如此。

中村：在验证工程链计划的漏洞时，也要从供应链的角度来改善产品，这在流程上是有必要的。至今，供应链和生产链在各自运转的过程中，要到量产阶段才调整双方的视点，同时开始量产。可以说，这从侧面反映了日本企业中工程链和供应链的磨合情况。我认为，假设磨合是有必要的，那么仅仅在投入量产之前很短的时间才开始是不够的，而要在更早的阶段就开始进行磨合。这里要向现场的工作人员道歉。但是，在量产即将开始前才开始磨合就等于是返工。在这个阶段进行改善活动，那么从某种意义上说也等于是返工。的确，改善活动是很重要的，是不得不做的，但是返工是完全可以避免的。理想状态是能够一次性完成生产任务。

鸟谷：那是当然。

中村：由于不能一次性完成所有任务，所以要进行改善。正因为如此，说改善活动是不得已而为之的坏事情也可以。但是，因为事先就知道会出问题，所以必须要在量产开始之前的一段时间就提前进行改善或者磨合，而不是在马上要开始量产时进行。

鸟谷：原来如此。也就是说前期持重，要在很早之前就提前解决问题。

中村：这之间有一道很大的鸿沟。从这一点出发，就要在更早的阶段就验证供应链和工程链，那么广义上的仿真模拟就十分有必要了。我们从生产的观点谈了很多，运用仿真生产技术，在工程链的上层环节或者供应链的上层环节进行仿真模拟，就可以在出现问题之前的更早的阶段进行检查并将工程链和供应链整合。这种方法是今后的制造业所要努力的目标。目前，数码工程在上层环节和下层环节都没有得到很好的运用。在什么时候使用这种方法会很有效？这个我们还不知道，但是这种流程基本上是没有问题的。

鸟谷：对于下层环节来说，数码工程也能实现重要的意义，这一点也很重要的吧？

中村：从这个观点来看，数码工程工具的重要作用就是促进并协调工程链和供应链这两条具有不同视点的活动，这样就可以改变整体业务流程，可以说是一个非常重要的方法。

鸟谷：真的是一个高深的话题啊。我们谈一点更容易理解的话题吧。就拿我们公司的合作伙伴正在制作的一款全自动零件目录制作软件“CATALOGcreator”来说吧。在零件目录上，必要的信息就是零件在部件分解图上所对应的零件编号以及每个部件的咨询联络处等信息，这些信息都用表格的形式展现出来。三维数据是设计部门做出来的,但是各部门的服务信息都掌握在各部门的手里,所以那些信息的构造当然与设计部门制作的工程物料清单的数据构造有所不同。但是,由于同一种部件持有同样的 ID,那么就有可能将数据自动联系起来。通过这种办法使服务部门的信息和上层设计信息联系起来,全自动生成可以用二维图像或三维模型来表示的零件目录。目前得到了很多好评。

中村: 是啊。

鸟谷: 这个软件是由我们公司的合作伙伴之一的德国 TID Infomatik 开发的。他们的想法十分大胆。我们问他们:"如果要更改设计,怎么办?"他们回答说:"什么都不需要考虑。"如果设计出现变更,那么全部自动重做,然后再检查就可以了。如果这样做就没问题的话,就准备将这一技术向世界公布。

中村: 不是改善而是更换损坏部件和消耗品,至于这一行为对生产会造成多大的影响,是不需要考虑的,对吗?

鸟谷: 他们就是这样想的。的确,现在的定制产品越来越多,针对每个客户都需要制作不同的零件目录。这时如果使用 CATALOGcreator 这样的软件,自动做成符合每个客户要求的零件目录,就能以极低的运作成本来提供高级别的服务。

"应当舍弃的东西"和"应当活用的东西"

中村: 我们的谈话一开始的时候就提到了现在要在日本推广一个新方法是特别难的一件事。现在,听了您的一番话,使我开始重新思考问题。实际上，很多日本企业并没有活用新的工序并将产品投入市场。那么，为什么做不到呢？

乌谷：听了接下来我要讲的这个例子就很容易理解了。那是因为日本人过于细致和讲究所造成的。日本人在处理零件目录中的插图时，若对分解图和分解线不够满意，会想“应当分解得更细致一点”或“线要画得更加美观一点”，然后会亲自动手修改。但是，如果由人来修改的话，就无法实现零件目录的自动化生成了。我问德国合作伙伴：“德国人对插图中不尽人意的地方怎么看？”他们说：“这样就可以了，无需修改。”如果我进一步问他们为什么，他们说道：“只要能够分辨出是哪个零件就可以了。为什么日本人要那么在乎那几条线画得美不美观呢？”德国人的这种想法，不知道在日本能否被接受并推广，这就是接下来需要讨论的问题了。

中村：说得好听一点是讲究，说得不好听就是日本人卡在了那一点上。这种讲究可以舍弃，若还要坚持，就变成了一种阻碍发展的讲究。

乌谷：而且，讲求极致的人并不是产品的终端用户而是制造者。终端用户可能只希望东西降价，但是，制造者会拘泥于“一直以来我都把插图画得如此尽善尽美，为什么要简略成这样”。

中村：追求细微之处的完美的确是日本制造业的优势之一，但是，明明可以舍弃的东西却一定要留下来，也就日本人会这样做。哪些是应当追求的东西，哪些是应当舍弃的东西，应当从工程的视角来看,而非从投资效果的经济视角出发。

鸟谷: 倒不如说这需要经营管理上的判断吧。类似刚才说的零件目录系统,有一家美国的客户已经构筑起来了。这家美国的客户正在为上千家用户公司提供产品的简单定制化服务,所以公司里是没有现货的。一旦接到客户打来的电话、得知出现问题时,他们就要在上千个画面中挑出来电客户的货物图,开始拼命查清问题的原因。所以,该公司不得不对旧体制进行更新。他们的服务部门负责人在看了由 XVL 的三维数据做成的服务手册之后,给我们公司打来了电话,对方说"请看一下这里",我们说"请打开这里,就成了这个样子",然后对方说"我现在就要订购这个产品"。如果客户看到实物的同时服务部门的负责人就能看到仿真模型,那么服务等级就会大大提升。今后,我们考虑对这种服务进行收费,开展一些新的业务。

中村: 因为 XVL 技术是有这种能力和潜质的吧。

鸟谷: 谢谢夸奖。我们也是依靠客户们的不断使用和反馈才一步一步挖掘出 XVL 的更大价值的。

中村: 这就是 XVL 技术非常棒的一点。如果使用 XVL,那么就无需介意数据的大小,可以活用客户提供的数据,这是一般的技术所做不到的。就好像那些普通的技术中都会存在阈值一样,数据输入的精度也好粒度也好,总是有无论如何也无法处理到的一个层面啊。

鸟谷: 可以说,XVL 技术的最大特征就是能够确保数据模型内存小、品质高。

中村： 实际上，对于正在进行中的生产线或者设计，还是要常常说“不做到这种程度就不可以”这种十分讲究的话。但是，将整个系统作为一个整体来看的时候，这种拘泥和讲究其实是没什么效果的。所以我觉得在那方面的判断力和逻辑思考能力还是欠佳的。

鸟谷： 原来如此。

中村： 说到底，因为这并不是什么工匠的手艺，而是工程的世界啊。当我们对全球化的理解不是“世界”的含义而是“整体的制造业”时，逻辑思考就尤为必要。我认为有必要将这种逻辑思考与日本人固有的讲究、细致的现场思考相结合，这将是一种很有益的办法。但这绝非意味着只需要逻辑思考就足够了。拘泥于现场的思考会使人找不到出路，而仅凭逻辑思考就无法发挥出日本制造业的优势。我常常想向世界传达出这样一种信息和观念，即并不是说采取了现场思考就要丢掉逻辑思考，而是要将两者结合起来。

鸟谷： 在我们公司的产品中有一个运用三维数据制作插图的“插图制作选项”这一解决方案。在产品的使用说明书和服务手册中有很多插图，至今为止，我们看到的这些插图都是技术插图画家看着实物亲手画出来的。如果使用三维数据来全自动生成插图，那么经费就会大幅下降。这样一来，终归是向着理想状态迈进了。但是，如果真把这种解决方案带入生产现场，就会出现新的问题，即“那些靠画产品插图为生的人今后该何去何从”。

中村：的确是有这个问题。

鸟谷：的确，这些专业的技术插图画家亲手描绘的插图更容易看懂、品质更高。但是，如果只是要保证能分辨出每个零件，那么使用三维数据自动生成图像就可以达到要求，而且成本也相对低很多。至于要如何选择，那就需要经营管理者来判断了。如果以后要用三维数据来做技术插图的话，那么绘制产品插图的画家们要么去制作简单易懂的手册，要么去做更富有创造性的工作。

中村：也就是说，战略影响了企业的姿态。那么，类似这样的局面今后会越来越多吗？

鸟谷：是的。有一位客户下定决心，决定所有的插图都使用 XVL 来制作。但是，实际应用的时候问题来了，如产品的三维数据不全。从供应商那里调来的零件没有三维数据，这种情况时有发生。若"三维数据的完整率只有 70%左右，以致达不到更好的效果"，那"如何处理那些没有三维数据的零件呢？是用手绘吗"？会出现一系列的问题。

中村：是啊。

鸟谷：后来那位客户是怎么处理的呢？对于没有三维数据的零件，设计部门做了一些数据出来，采购部门也准备了一些合作零件的三维数据。就是这样来提高三维数据的完整度的。结果是，即使是这样也不妨碍三维数据的使用，数码工程的技巧也随之提高了。在三维化发展的进程中，并非设计起主导作用，而是后续的工程会要求设计带来更多的三维数据。

中村：从后续工程开始改变，我认为这非常好。在亲身体验了 XVL 的效果之后就会理解它真正的价值。后续工程提出的要求越高，效果就会越好。比如，亲手绘制插图的人从现在起就要和新技术保持同步了。

鸟谷：的确如此。

中村：一开始就一定要考虑安全保障啊。

鸟谷：现在正在提出这个计划。曾经负责绘制插图的画家们开始从事动画类的工作，负责向 iPad 发送活用三维数据的新时代手册。

中村：我认为，今后会在各个领域出现类似的问题，因为这是数字化带来的必然结果。

制造业肩负缩小社会差距的重任

鸟谷：因为今年 1 月（2015 年 1 月）得了流感，我就没有出门（笑），只好从亚马逊（Amazon）网购了一本法国经济学家托马斯·皮凯蒂（Thomas Piketty）的《21 世纪资本论》，一口气读完了 600 页。

中村：我也听说了。我还担心您不能来参加这次谈话呢。

鸟谷：这本书写道，资本收益率高于经济增长率是历史的必然。换句话说，像作者皮凯蒂这样的大富翁只要投资就能不断取得收益，但是，普通的工薪族只能得到和经济增长率同等程度的提薪，所以社会差距越来越大。这就是这本书的主旨。

中村：原来如此。

鸟谷：在这本书中，我注意到几个地方。作者写道，生产技术进步的必要前提是人类技能，通过教育来提高能力的人会有更高的收入，然后社会差距就会不断减小。但是，作者又说这不过是空想罢了。这位作者的想法是基于欧美社会的现实情况，比如美国金融业的经营者能获得几十亿日元的巨额报酬，导致不正常的差距。话说回来，皮凯蒂说缩小社会差距的一个办法是教育，这对制造业来说这并不是空想。数码工程就能为社会做出贡献。

中村：因为这个作者不了解日本制造业的情况啊。生产技术的进步的确是创造价值的源泉之一，但是这种创造价值的活动并没有发生在欧美，而是在我们日本。皮凯蒂是一名经济学家，他是以曾经的外部现象作为分析对象的，并没有在产生价值的生产现场亲身体验过。之前，施振荣(Stan Shih)以“微笑曲线”(smiling curve)来嘲笑日本制造业，于是索尼中村研究所所长中村末广先生提出了“武藏曲线”，正面反击“微笑曲线”。

“武藏曲线”强调组装、制造阶段的流程有更高的利润，能产生更多的价值。我们一定不能忘了这一点。

鸟谷：我也是这么认为的。皮凯蒂是法国人，这本书中提到了好多法国、美国和英国的情况。和这些国家相比，日本算得上是平等社会了。刚才说到，美国的制造业中，设计部门和制造部门有明确的职责分担。这就会让人感觉到明显的身份差异和阶层差异了。反观日本，我们的设计部门和生产现场的关系是比较平等的。在平等地发挥各组织的作用的同时，我们可以用IT技术来推动日本企业生产技术的进步。在这个过程中，如果每个人都能提高能力，收入也会大幅增加，缩小社会差距就不再是空想。这就需要我们通过制造业的发展来实现这一美好愿景。能与中村先生并肩奋斗是我的荣幸。

中村：是的。我也认为我们齐心协力地开展日本原创的数码工程是很重要的。今后还请多多指教。今天在这里与您进行了非常广泛且深入的谈话，我感到非常荣幸和喜悦。

鸟谷：我也是非常高兴。谢谢您。

中村：谢谢您。

谈　话

强化工程链，谋求价值与竞争力的重构

——与O2公司董事长、总经理松本晋一先生的谈话

松本先生曾先后就职于大型化学品制造公司、IT风险企业以及咨询公司，在2004年3月建立了O2公司。他以工程链管理（ECM）为切入点，提议在制造业的开发领域及设计领

域进行改革。松本先生深入生产现场，以卓越的执行力为武器，推动日本大型企业的内部改革。他与 LEXER 公司所采取的方式不同，在设想工程计划生产线模拟器 GP4 和生产系统模拟器 GD. findi 的基础上开发产品，在从设计到量产的基本阶段进行改革，通过这种方式为日本制造业的发展作出贡献。在这一过程中，可见松本先生积极活动的意义以及制造业的业务改革的困难所在。接下来，我就要和这位以“既要做也要说”为座右铭并受到广大客户一致好评的松本先生围绕“今后的制造业”的主题谈一谈。

岌岌可危的技术立国——日本的技术

中村：首先，我想听一下松本先生对日本制造业的感受，尤其是日本制造业日趋保守、生产现场呈现疲态等问题。

松本：暂且不说这个。我对“社会差距”的存在深有体会。小泉前首相在任时就一直听到有人在谈差距，当时我还以为指的是个人之间的差距。但是，最近我开始感到企业和企业之间的差距也慢慢拉大了。

中村：是啊。

松本：拿丰田汽车来说吧。

创业家出身的丰田章雄社长带领公司取得了良好的业绩。于是，丰田公司为了实现利益还原，宣布绝不会要求承包商降低价格。但是，这个要求只适用于一级承包商，二级承包商和三级承包商依然被迫降价。日本的制造业呈金字塔形构造，顶端是丰田和索尼这样的大型企业。商品应该是自下而上流动，资金应该是自上而下流动，但是，我们看到的情况是资金在中途就停止流动了。也就是说，在制造业的整条价值链中并没有实现合理的财富分配。结果就是，金字塔底层的企业没有得到利益还原，没有余力进行投资，进入了负螺旋发展。

中村：正是如此。

松本：还有一点，为什么日本企业在国外无法在竞争中取胜？关于这个问题，经常有人说是因为战略上有欠缺，但是我认为日本企业的生产技术的退步也是一个非常重要的原因。我从2014年2月到同年12月在《diamond》周刊上发表了连载报道《复兴日本制造业！力荐"超高速磨合型"制造业》。其中写道："例如，当我把零件制造这一块外包出去的时候，如果自己还没有掌握制造这种零件的技术和诀窍，那委托别的公司制造这种零件也不会进行得很顺利，很多企业的业绩还是会变差，导致裁员。然而此时，公司仍然没有掌握生产技巧和秘诀，却裁掉了很多员工。这样一来，诀窍并没有在公司中累积起来，而人员离开会使技术和诀窍一并流失。"

中村：您说得对。

松本：因为失去了可以制造零件的人力。比如说，日本某公司要委托中国某企业制造某零件的时候，报价的高低是这家日本公司无法判断的，现场力也会降低。虽然日本被称为“技术强国”，但是日本的技术日趋下降，这和日本公司在全球市场中竞争力的下降是分不开的。可以说，目前日本所面临的是一个非常严峻的态势。

中村：松本先生说的这些是非常客观的，我也有同样感受。日本制造业的产业构造的确是有些特殊。有一种情况，我们最近提得比较少了，但是明显看得出来，日本的旧体系还是残留了下来。虽然会对处在供应链上的企业说一些漂亮话，但是金字塔构造依然存在，这一点和其他国家和地区有着非常明显的不同。

松本：是啊。

中村：打个比方。瑞士的钟表产业是最古老的产业之一。也许是因为欧洲制造业的产业构造是水平的，整个社会也是水平分工社会，所以零件的提供就可以在内部完成。最近，人们开始针对模块化发起了热议，但是欧洲仍然在原有的水平构造中推动着模块化和标准化的进程。

日本式“积累”思考的极限

中村：我很喜欢机械表，平时会买一些手表的零件自己组装。在瑞士，欧米茄（OMEGA）和劳力士（ROLEX）都是很著名的品牌。比如，我会采购欧米茄的 speedmaster 系列手表的机芯，当然，设计和制造都不是由欧米茄负责的，而是由机芯制造商

独立完成的。

松本：是吗？这件事让我受到了好大的冲击啊(笑)。

中村：大家可能不太了解。比较有代表性的机芯制造商有Valjoux公司和ETA集团，他们生产的机芯动力强劲、精度高、不易坏、易维护，凭借这些优质的特性成了手表机芯制造业的标杆。欧米茄的Speedmaster系列手表使用的是Valjoux 7750型号的机芯，而与其配套的表针是由专门生产表针的公司负责的，表盘是由专门生产表盘的公司负责的。手表厂商只需要花费1万日元就可以配齐机芯、表针和表盘。但是，当组装成一块完整的手表之后，这块表的售价便高达50万日元，甚至100万日元。

松本：中村先生是自己买手表零件回来组装吗？

中村：是的，虽然是自己组装的，不过表走得还是很不错的(笑)。组装前也是查了很多信息，看到有卖手表零件的，于是就买来自己组装试试看，结果真的成功了。虽说这是我个人的爱好，但是从产业构造的角度来看，我是边收集信息边组装好了手表。

松本：是啊。

中村：这种情况不只局限在手表业。我想举一个汽车制造商的例子。实际上，宝马公司(BMW)的X系和戴姆勒公司

(Daimler)的 G 级四轮驱动(SUV)系列产品都是在同一个原始设计制造商(ODM)那里生产的。日本丰田(TOYOTA)的 86 跑车和日产(NISSAN)的 skyline 系列,从设计到制造全都是交给外包公司负责的。这种情况在欧洲的产业构造中是很常见的。

松本: 因为欧洲从一开始就是那种结构啊。

中村: 我再举一个博世公司(BOSCH)的例子。在欧洲,零件制造商虽然只负责幕后的工作,但仍然具有巨大的存在价值,而且其自主经营的业务也进行得不错。但是,日本的零件制造商完全是按照总承包商的要求来进行生产的,如果总承包商要求他们把成本减半,那么他们就只能照做,却不能去生产别的产品。我想,这就是日本特有的产业结构吧。

松本: 听了您的一番话,让我感到日本的产业构造是阶梯式的。意思是,从供应商那里收集起来的零件价格或者说价值会像阶梯一样积累起来,最终成为售价。但是在欧洲,像欧米茄的 speedmaster 系列手表那样,组装完成之后,在上市时突然价格飙升,这种情况是很常见的。

中村: 附加价值的构造完全不同啊。

松本: 从某种意义上说,是品牌打造做得非常成功。

中村: 假设手表机芯的供应价格是 1 万日元,欧米茄的成品手表价格就是 50 万日元左右。但是,如果是某个名气较小的手表厂商使用了同样的零件,产品质量也是一样,成品售价最多不会超过 10 万日元。只是因为品牌和外观设计等附加价值存在差异，售价就差出这么大一截。

松本：也就是说，负责成品的企业确立了品牌，以较高的价格将产品投放市场，从而确保了利润，并最终实现了利益还原，外包商也得到了利润。而在日本，定价的时候无法确定价格是否合适，还认为产品价格低才会卖得好，所以最终利润就没有还原，外包公司并没有得到多少利润。这是一个非常值得我们反思的问题。

中村：这个问题涉及制造业的价值究竟在哪里，是一个触及制造业本质的问题。谈到产业中附加价值构造的话题，就要提到另一个很大的问题，也就是行业内价格领导者的问题。正如刚才松本先生所说，日本的附加价值构造是阶梯形的。某个功能和其他功能叠加并行，形成价格累积，最终，负责定价的人会想“差不多定到这个价格就可以了”。而在美国和欧洲却并不是“到这个价格就可以了”，而是“这个产品就是值那么高的价格”。区别在于对定价这一行为的理解和力度都有所不同。这就是为什么瑞士的高级机械手表单只可以卖到 100 万日元，甚至 300 万日元的高价，而且绝对不会降价。

松本：原来如此。

中村：说到价格领导者，我认为建机产业就是一个很典型的例子。比如，我之前就职的老东家小松建机（KOMATSU）凭借安装了 GPS 等通信系统的 KOMTRAX 远程车辆管理系统取得了很大成功。但是，在目前的建机产业的全球市场中，美国的卡特彼勒公司（Caterpillar）的销售额是小松公司的 2 倍，拉开了巨大的差距。美国企业的价格战略的特征是“定在某个价位，就会有相应的利润”，由此确定最初价格，而且不会在此基础上降低价格。如果小松公司能够以不会降价的卡特彼勒公司作为价格模型而在成形的市场中出售产品就好了。而且，在矿山市场，翻斗车、挖土机、轮式装载机等机种常常是成套出售的，这对全产品线制造商来说虽然是个好消息，但是全世界只有卡特彼勒和小松两家全产品线制造商。这两家公司中，卡特彼勒是绝对不会降低价格的。像这样的价格竞争力是由业界中公认的，因此我认为这也是一个很重要的方面。

松本：刚刚您说的那些让我重新考虑了一下。在日本，人们常常强调现场主义。以生产现场的情况为根据，不断积累思考，最终得出结论。但是，刚才我们谈到的话题里，国外的生产商在最初就设定好了目标，不会在此基础上降价。反观日本，日本的制造商始终无法摆脱提高定价来获得利润这一传统思维。所以，我认为，如果思维过程上的问题不解决，那么日本想要创造出高级品牌就会很困难。

如何构筑自己公司的价值

松本：刚才提到的全产品线也是同样。在考虑如何构筑自己公司竞争力的时候，不应该只考虑“从摇篮到墓地”一直生产产品，而是要扩大产品阵容、构筑商业模板。我认为这样做才会变得更强大。例如，小松集团内部还设有学习所和处理资产租赁的金融公司。在集团的物流公司中，除了处理货物运送的物流中心，还有为现场监督提供活动板房制造的公司。这让我感觉到整个集团已经把客户的所有需求都满足了。

中村：金融收支的确是非常大的。

松本：大约十年前，丰田公司从当时的东海银行收购了卡片贷款部门，开展收益极高的贷出业务，开始走向集团公司。以前，美国通用汽车公司（GM）大约六到八成的利润是通过旗下的贷出公司 GM capital 所获取的。可以说，美国通用汽车公司并不是一味地生产汽车，而是通过利用其他业务形成商业模板，靠这个来获利。那些不懂变通，只知道一味生产产品的企业，接下来的日子会很难熬。

中村：现状的确是这样。

松本：从这种意义上说，KOMTRAX 远程车辆管理系统是一种类似哥伦布鸡蛋式的构想。最初是出于防盗考虑才安装 GPS，之后又增添了各种各样的附加价值。这是非常聪明的一种做法。

中村：虽说是哥伦布鸡蛋式的构想的转换，但要真正执行新的任务却是个非常大的工程。我经常说，无论怎么考虑商业模板和价值构造，如果不找到商业真正的价值所在，就无法得到任何价值。在这个世界上，有许许多多的人都在考虑商业模板和价值构造，却并没有找到绝赞的商业诀窍。但是，当实际做做看的时候，会发现诀窍就摆在那里，并没有想象中那么困难。我认为只要人肯下功夫去做，就会摘取成功的果实。我是从小松公司出来的，所以我知道小松公司具有强大的执行力和气魄。“光想是不行的，一定要去做做看。”

松本：是啊。在现在这个时代，一说到优秀企业，我想到的就是具有很强执行力的企业。三得利公司的创始人鸟居信治郎先生常常挂在嘴边的一句话就是“试着做做看”，因此三得利的业绩有了很大提升。这个时代的市场动向是很难预测的的，无论制定的计划多么周密，也不敢保证按照这份计划就一定走得很顺畅。有些企业抱着“如果不知道是否进展顺利，那么就做做看好了，边做边修正”的心态，只有这些“实践与思考并行”的公司今后才有长远发展的可能。

中村：是啊。

松本：称其为“执行力”，听起来未免有些廉价，但是说到风险企业的强大之处，正是在于他们在不断尝试和执行的同时也在不断地做出修正。当大型企业责成市场部和企划部讨论是否要推出某种产品的时候，就已经被风险企业抢占先机了。所以说，具备速度和魄力都是很重要的。

中村：思考了很多也没有进展的时候，不如先执行起来，做做看。但是，单靠挑战精神是远远不够的。在执行的同时，一定要冷静地观察市场，获取各种价值。虽然看清市场的动向是很难的，但是至少要具备一种敏锐的直觉，那就是看得到“价值源头”的直觉。也就是说，知道往哪儿走才能成功，有这样一种感知可能性的能力。

松本：的确是很有必要的。现如今，很多大企业中有这样一种风潮，即在某产品上市之前用逻辑数字分析来证明这一产品是否能有好的销量，如果无法证明，就不会投放市场。但是，用逻辑数字分析可以证明销量的产品早就已经有人推出市场了。现在有很多企业采取可视化和数值化的经营方式，这种方式很适合欧美企业严苛的经营方法，但是更加感性的、模拟的（或者说自由发散思维的）企业是不是也能够采取这种方式呢？

中村：是啊。虽说“试着做做看”，意思却不是没有选择地去做任何事。经过了透彻深入的讨论，“（虽然存在风险）也要去做”，这种事情真的可以做吗？虽说也可以称其为一种“魄力”，但可惜的是，这种魄力慢慢地行不通了。

松本：让我联想到另一件事。最近经常有人说，在生产现场越来越培养不出人才了。以前，汽车的开发周期是两到三年，而现在只需一年到一年半就可以了。可以边学习边生产的机会逐渐消失。目前的情况是在职培训（OJT）取消，产品开发周期缩短，而且不允许出现失误，搞得非常紧张。以前，即使出现了失误，也可以恢复到原来的状态，但是现在却不行了，一旦有了失误就无法恢复。我在考虑如何营造一个允许失误的生产环境，其实就等同于在生产产品的同时培养人才。

中村：“不允许失败”是一个根深蒂固的老毛病。其中，经营方存在很多问题，比如不肯承担风险。股东资本主义的背景是一个很大的因素。除此之外，管理层没有准确把握好间接部门的价值，把那些间接部门看作成本中心，于是不断裁员，最终导致的结果就是生产现场变得越来越紧张。以前，在汽车企业中存在对整台车的制造工序全部熟悉的内行里手。可是，现在的情况是，虽然各个部门中都有专家，但是没有一个人了解完整的工序。另外，日本的制造业还存在一个弊病，那就是制造业务全部交给下层部门去做，上层部门越来越看不到生产现场的价值。因此，上下层部门之间的隔阂和分歧越来越大。正是因为这个时代“允许不准确却不允许模棱两可”，所以有必要去开辟一条新的道路。

本田的组织、丰田的组织

松本：以前，经营者去生产现场工作的例子非常多，本田宗一郎先生就是一个很典型的例子。经营和现场并非是一体的，而是现场中也存在着经营。一个企业的规模越来越大，就会形成一种金字塔的结构，最终导致经营与生产现场分离。当年，本田公司的过人之处在于，即使经营与现场遭到了不可避免的分离，但是本田宗一郎先生仍然重视生产现场，防止整体组织像一块拉长的橡皮那样逐渐劣化。无论公司的规模多大，只有保持组织的弹性，才会有更长远的发展。

中村：原来如此。

松本：但是，如今的很多企业，由于规模壮大，组织呈金字塔形，整个公司变得像拉长的橡胶一样失去了弹性。

中村：是啊。由于企业规模扩大，在全世界拉长战线，导致组织金字塔的上部或下部变大，这也是没有办法的事。但是也不能就这样把前人的管理方法论随意抛弃。刚才您举的那个例子很容易理解，如果能全面综合现场人员的创意和努力去生产，那就再好不过的了。以现场力为基础的方法中存在着不成体系的部分，这就要交给在现场的每个人去判断了。但是，企业的规模在扩大，如果还是像原先那样依靠现场每个人的判断，那么管理就会变得十分吃力。也就是说，随着规模的扩大、战线拉长、兵站增多，企业就像一块被拉长的橡胶，所以要找到一个与企业规模相称的管理模板，或者说是工程管理。若不构筑管理模板，按照以前的管理方法不断扩大企业，结局就是像现在这样管理缺失、状态混乱。

松本：丰田公司还有一个很有意思的地方，就是他们把每个组织的工作都划分成很小的一个个单位，每个小单位紧密联系，共同工作。最小的单位的工作完成度越高，丰田公司就越强大。如果每个单位之间的联系不够密切，那就是管理方面做得不够到位。我听丰田公司的员工说，课员或者部员只需考虑自己分内的业务，课长和部长级别的人就要考虑公司和汽车产品的事情。公司高层的人特别擅长调整组织和组织之间的距离。

中村：原来如此。

松本：所以在丰田公司，擅长调整部门之间关系的人是很容易有晋升机会的。如果在某方面或某领域是行家里手，又能从宏观的视角看问题，那么就会晋升。所以说，丰田是一家绝妙地掌握了平衡的优秀公司。

从预定调和中诞生的改变时代的新技术、新产品

中村：为什么这些组织中会建立起良好的价值体系呢？

松本：不全是公司组织如此，很意外的是，连日本宇宙航空研究开发机构（JAXA）都是如此。他们给我的感觉是有一种“什么都要做一做”的氛围。在这种环境中，“隼鸟”号小行星探测器的诞生似乎有一种过于急迫的感觉……除此之外，生产现场也要踏实工作。各个公司延续了界面接口的做法来生产机器，如果说有什么是不得不考虑的，那就是发挥现场力的作用，在互相磨合的同时顺利进行下去。正因为不存在管理主义，所以衍生出了所谓的“严丝合缝”，但我认为这是在无意中发生的，也可以说它是“自然产生的可靠性”吧。

中村：我明白。从某种意义上说，类似预定调和。我认为除了火箭发射器，其他所有逐渐改变这个世界的新产品和新技术都是预定调和的产物。比如说，最近无人机受到了全世界的关注，其实它的要素技术在很多年前就已经存在了。那些操控机构啊电力驱动系统啊，一直以来都是各自平行发展进步的，但是缺少一个将它们结合起来的一个管理模板。虽然当时没有把研制无人机当作一个很大的目标，但是在这个不知明天将通往何方的信息泛滥的时代，每个技术人员的心里都会有各自的想法。在这个过程中，按照预定调和规律，日趋成熟的各项技术在某个时刻结合在了一起。

松本：原来如此。照这样看来，最近制造业倾向欧美式严

苛管理和经营模板，不一定会带领人类走向未来，也不应是日本未来应当前进的方向。

中村：基本上来说，日本制造业的强大之处在于处在下层部门的生产现场。我想说的是，绝对不是说生产现场不需要管理，而是不应当被那种严苛的管理模板所束缚。

松本：是啊。比如我经常听到索尼的员工说“那个人是管理层的人啊”。和技术相对的是管理，我觉得这句话的意思就是在讽刺那些只懂得通过数字来判断情况的管理层的人。在曾经的索尼公司，做判断的并不是那些管理层的人，而是通过技术人员的主观感觉和经验来进行判断，所以我才会认为那句话其实就是技术人员对管理人员的不满和讽刺。

恢复中层和底层强大实力的必要性

中村：之前多次提过“完全委托”这个话题，我认为无论好坏，都值得我们再次反思一下。就像之前已经说过的那样，日本的制造业一直以来依靠的都是发挥现场力的巨大优势，但是说得不好听一点，其实就是一种完全委托生产，上层部门要求下层部门“总之先造这个吧”“给我做这个”“把成本减半”等。在这个过程中，委托方只要插了一句嘴，就会间接导致与生产活动毫不相干的情况出现。就像松本先生刚才谈到的，原先的经营者常常亲临生产现场，在现场了解制造业的本质问题，才能采取把现场和经营紧密联系起来的经营方式。这种密切的关系是必不可少的。这一工作在原先是交给中层管理人员来做的。

松本：我也是这么感觉的。日本制造业的强大离不开中层管理人员的功劳。

中村：是啊。上层部门把生产业务完全委托给下层生产部门，中层管理人员在此时就发挥了极为重要的作用。这就是中层管理的强大之处。

松本：我们在把中层的强大视为企业的强大时，也常常说"由中层向上"和"由中层向下"这种话。尤其是在最近，由于逐步分工所带来的本位主义弊端，导致每个人只管自己分内的工作。在这种竖条领导组织之间起穿针引线作用的最佳选择就是中层部门了。

中村：原来如此。

松本：上层部门直接指示下层生产部门"我们想这样做，就按我们的要求来做吧"。这个时候，传达途中，指示的新鲜度就会降低。然而，中层领会了上层的意思，然后再传达给生产部门。这就是中层部门要承担的责任，在自上而下和自下而上的双重过程中担任重要职责。组织间的横向关联需要中层部门，所以一家拥有强大中层的公司，整体也一定实力不菲。

中村：就像您刚才说的，中层部门曾支撑着自上而下和自下而上的信息传达。但是，我们今天所面临的巨大问题就是自下而

上做得并不好。实际上，现在有很多企业，自上而下地下放很多事情交给下层部门处理，导致下层部门非常辛苦。

松本：是啊。

中村：问题在于不能理解下层作业的优势，而且对生产现场的认识也远远不够。

松本：意思是身处生产现场的工作人员对自己所从事的工作的优势也理解得不到位吗？

中村：是的，可以这么说。换句话说，就是“自己生产的产品为什么要做到这么精巧？那是因为如果这么做就会有怎样怎样的效果”。然而，下层生产部门的人无法像中层那样顺畅地把意思传达给上面的管理层。

松本：为什么做不到呢？

中村：最早的时候，在日本的生产现场，这方面就一直很薄弱。但是，以前有很优秀的中层人员，他们的作用是把下层生产活动“翻译”给上层管理人员。由于近几年中层几乎消失，所以就没有中间的“翻译”了。正是因为失去了中层，所以才不得不寻求新的能向生产现场传达信息的方式。

松本：不能简单地说日本人在这方面就是做得不够完善，但是从某种意义上说，日本人的确是容易陷入考虑不够全面的误区。我认为，生产现场的工作人员之所以无法准确理解自己的工作优势，原因在于每个人只负责单一的工作，看不到其他部分的工序。所以，如果能够站在比现在更高的视角去看整个工程，找到自己合适的位置和应该做的事，就会知道“为什么有必要做这个”或者“为什么这样做是有价值的”，接下来就会调整自己一直以来的一些做法。

中村：是啊。

松本：中村先生在一开始提到了欧洲制造业的一些事。欧洲有大片的陆地，欧洲人可以经常去别的国家转一转，从全新的视角来看自己国家的一些事情，就会常常在思考中找到整体与部分的平衡。但是，日本人出国不像欧洲人那么轻而易举，所以很难养成俯瞰型思维方式。

中村：对这个问题，我也有同样的感受。不要说出国了，大多数日本人一辈子只在一家公司工作。换句话说，人才的职业发展途径问题的确是存在的。在日本，提到职业发展途径，无非就是从股长到课长再到厂长，最后退休，说到底只是在一家公司内部的职业发展。从全球的视角来看，职业发展有很多不同的选择，根据情况选择离开原先就职的公司，发挥积累起来的经验，在新的公司或组织中寻求新的发展，发挥自我价值，我认为这才是真正意义上的职业发展途径。

松本：是的。有些人只考虑“在一家公司不断晋升”，有些人在了解了同行业其他公司和其他行业的公司之后会产生一些新的想法，如“我也可以这样做”或“我也想做这样的事情”，于是自己的思维就不断拓宽了。这有教育方面的问题。但是，只要无法解决日本与欧美国家的差距，日本就很难在全球化的环境下继续存活下去。

中村：我认为，不只是教育的问题，企业构造也存在问题。

我的意思并不是说现在日本的大企业的构造已经出了大毛病，但是日本缺乏对个人发展提供支援的组织或部门。一个人进入新的领域之后无法得到灵活的职业发展和价值构筑方面。

松本：是啊。

中村：在国外的企业中，有些人对其他公司的情况了解得比自家公司还多。那是因为很多员工都有跳槽的经验。在日本，召开研讨会的时候，有很多人是为了和其他制造商交流而来。正是因为不了解其他公司的情况，所以才更想和其他企业进行交流。

松本：自从自己有了与其他公司交流的欲望之后，感觉自己比以前有了不少长进，开始可以接受别人的评价甚至批评了。我经常被人说是“只了解自己公司”或者“只了解自己工作的部门”，甚至还有人说我是“井底之蛙”。

中村：也经常有人对我说“想向您请教其他领域的情况”。

松本：因为大家都感觉有必要做出改变啊。

工程链是制造业的“源头”

中村：刚才我们说到，在日本的生产现场中，仍然有很多人并没有理解自己正在从事的工作的优势和价值。毕竟日本人在逻辑思考能力和分析能力要弱一些。在现在的公司中或者在跳槽的时候，如何使长期以来积累的经验发挥更大、更明显的价值，接下来该如何发展，都是我平时爱思考的问题。

松本：原来如此。

中村： 比如，生产现场的价值究竟在哪里？还比如，为了提高加工的精度，需要如何提高技能或者该采用什么样的方法？这些都是要考虑的要素。将这些要素总括起来，可以说这是“制造力”的问题。

松本： 是啊。

中村： 的确，可以通过现场工作人员的身体感觉来解决一部分问题。但是，技术和技能原本就不是一回事。比如，要实现某种精度就要使用某种工具，要使用某种切割方法就要沿着某种路径，这些都是各种各样的生产手法。如果无法准确地地把握技能和技术，就无法得到有效的知识。我认为这是日本制造业中一个非常薄弱的部分。

松本： 正是如此。

中村： 为了提高数码工程的地位，首先就要准确地把握技能和技术。接下来就是如何记述并表现从中得到的知识。或者说，在对这些知识进行转移的时候，如何将其再现，如何在其他领域体现这些知识的价值。因此，我觉得有必要讨论一下如何设立一个在不同技术、方法、思维方式、地点下都能适用的信息共享平台。对我来说，工程链是非常重要的，所以我想听一听松本先生对工程链的意义和重要性是怎么看的。

松本： 我认为这和“源头”主义有相通之处。当我们用食指和大拇指握住圆珠笔的时候，晃一晃圆珠笔，虽然中间是不会摇晃的，但是两端的确是晃动了不少。从这个例子中可以看到，源头部分稍微活动一下，末端就会受到很大的影响。我认为，制造业的源头就是工程链。也就是说，只要工程链稍微出了点问题，就会对后续工程造成很大的影响。反过来看，如果工程链毫无问题，那么接下来的工作就会进行得很顺利。

中村：原来如此。真是个很好的例子啊。

松本：我曾经在音乐厅做过兼职。负责人告诉我："能控制住入口的人就能控制住整个现场的秩序。"主要就是掌握一个秘诀，就是掌握好开门的时间，保证大厅内的秩序井然有序。从某种意义上说，和源头主义有些类似。

中村：我以前也干过同样的兼职但是失败了。一旦打开了门，就很难控制住人流了(笑)。

松本：如果能够很好地控制管理的源头，就会控制好生产中的堆积，并且对很多方面会产生有益的影响。当我把制造业看作是价值链的时候，强化源头部分就是控制后续影响的一个很有效的方法。这就是为什么强化了工程链的企业一定会变强大。

日本的制造业不擅长理念和统合

中村：我非常赞同您的看法。日本的制造业最薄弱的正是在这里。前几天，我刚刚和外国的制造商谈论过欧美制造业和日本制造业的区别。欧洲的制造业在理念方面有优势，但是在统合和操作上稍显不足。美国的制造业虽然在理念上稍弱，但是统合方面做得很好，操作上也有提升的空间。日本的话，最强的应该是操作吧。

松本：原来如此。这是一个很好的切入点。

中村：客观上来看，刚才说的那些未必正确。就拿汽车来说吧。在欧洲，最高要求是能造出和设计图纸规定的精度一样高的产品；而在日本，我们追求的是根据现场实际情况随时做出调整，所以成品和最初的设计图纸并不完全一致。这方面确实存在差异。

松本：原来如此。听了您刚才说的这些，我非常理解，因为我现在的工作也是差不多的情况。

中村：是吗？

松本：我还想到了另一个和刚才那个例子类似的事情。有一家制造商发给客户的机器出了一点问题，机器的门错位了，关不严。上司知道了这件事之后说："实在是很抱歉。我看了实物的照片，和图纸差距太大，怎么看都不像是我们公司的产品。"又找了一系列的借口，也许是制造失误，也许是组装环节出了问题，有可能是运送途中的震动造成的影响，有可能是包装材料不合格。我听了之后就想，无论是谁负责这个产品，难道不应该考虑得全面一些吗？既要确保组装不出问题，也要保证运送途中不被损坏。如果工程链不出问题的话，那么后续就不需要多余的调整和努力了。所以我们给的意见就是"这不是制造的问题，而是设计的问题"。突然觉得很不可思议，在我和中村先生的谈话过程中，让我开始重新思考自己所从事的职业的原点和价值。

中村：这在日本的制造业中的确是非常特别的一个方面。

换句话说，这就是改善活动，或者是 PDCA 循环的局限性。在质量控制(QC)活动中，现象化的问题更受重视。所以，只依靠 PDCA 循环是无法解决这个问题的。PDCA 循环的重要性无可非议，但是它对本质问题的分析的确是比较薄弱。所以说，QC 活动和 PDCA 循环中都存在问题。对日本人来说，解决起来也的确是困难了一些。

松本：原来如此。

中村：实际上，生产现场中出现的质量问题背后往往是技能和工法、生产技术、设计等方面存在问题。但是，要说到根源问题，那“最初是因为什么才导致现在出了质量问题呢?”我们好像对这个问题的思考还不够深入。刚才也说到了日本制造偏向于在生产现场做调整，因为我们已经习惯把设计上出的问题交给生产技术和制造部门来处理。

松本：另外还有一点，如果只是小范围地摸索解决问题的方法而忽略了其他思考方向，那么思路就很难打开。我认为，只在有限空间内思考问题这一行为本身就存在很大弊端。

中村：当然，我们不是说改善活动是不好的。在改善的过程中，如果从全新的视角去寻找质量问题的本质，那么就会找到问题的切入点，从而就能搞清楚通过改善、设计和生产技术应该实现的目标。就像您说的那样，要重视工程链的强化，从上层或者源头要严格管理控制，这样才会保证生产的顺畅无误。

松本：目前之所以没有做到这么完美，我认为还是因为自己并没有跳脱出长期以来的视角去看问题。如果能站得更高一点，俯瞰整体，就会发现“如果这样做就好了”“这里也有问题啊”等，就能在各个领域收集解决策略，就会找到合适的办法了。

有助于唤起生产现场“认识”的结构

中村：说到这里可能又要牵扯到教育的问题，所以解决起来，难度还是比较大的。我认为重要的是能建立一种机制，这种机制可以启发现场工作人员去思考“目前出现的种种问题，发生原因有哪些可能性呢”。

松本：是啊。

中村：这个时候，如何使用工具去测量和确认就成了一个新的问题。比如，把过去生产的产品构造和生产过程的实际情况拿出来与最初的计划做做比较，也许会发现生产现场出现的问题中存在的种种可能性。使用模拟仿真手段也可以帮助发现问题。当然，考虑到的可能性未必一定就是问题的原因，能让现场工作人员受到启发，有新的认识，让他们想到“莫非问题真的出在这里”。这就是我们的基本理念。可以说是一种催生

“认识”的催化剂吧。

松本：也就是说能够得到认识。

中村：是的。一个不够敏感或者缺乏经验的人是很难得到新的认识的。因此，教育上需要改进，而且我们有必要创造一个能够促进人们产生认识的新环境，在这个环境中培养人才。在工程链中缺乏评价的情况下，整个生产现场在“刻度”的指挥下运行。所以，在处理产品企划和设计中出现的问题时，就会使用“刻度”来测量和评价，并且不断放大“刻度”来处理问题。当发现某个环节出现问题时，就会以“刻度”为基准进行处理。从这种评价的视角来看，能够发现新的认识的人就会意识到单纯依靠一种方法是不行的。

松本：是啊。

中村：我认为应当把这种唤醒认识的结果作为工程链系统建立起来。这不仅是生产现场改善活动的工具之一，还能够自上而下地传达工程链的信息，对现场发生的情况进行分析和对比，从而唤起人们的认识。如果真的能够成功建立起这样的一种机制，那么就像松本先生刚刚说的那样，上层部门的人就可以看清自家企业可以制造什么样的商品。

松本：就在去年（2014 年），我对总部位于山形县的映射成型模具制造商——安田制造所（现为 IBUKI 公司）进行了投资，以该公司总经理的身份参与公司的经营。当我问这家公司的员工：“在模具制造的整个过程中，哪道工序会有价值？”员工回答说：“一个是设计阶段，再一个就是完工阶段。”当然，设计的重要性毋庸置疑。然而，模具是由各种各样的零件组合起来的。完工阶段，工人们在组装零件的时候，螺钉的扣法和拧紧全都依靠自己的手感来把握。

中村：在扣紧螺钉的顺序上也是有诀窍的。

松本：是啊。看到他们会在组装模具的时候时不时地做出一些细微的调整，而我一直认为这些调整其实应该是在最初的设计阶段就已经解决好了，可是他们说“这就是完工阶段的任务”。如果在组装阶段出现了不合尺寸的问题，会根据责任人的判断来削掉多余的部分。出现了这种情况当然需要向设计部门反馈，但是一般来说负责人在生产现场就直接把问题处理了。中村先生之前提到欧洲汽车生产商在制造时会完全按照设计图纸，而日本会在现场随时根据情况做出调整。这两个例子所蕴含的意思其实是差不多的。

中村：是啊。

松本：不过，日本的制造业也在逐渐摆脱对最终组装工序的依赖，渐渐地也开始像欧洲那样按照图纸来组装模具。在最终工序中通过磨合来提高完成水平的模具行业与佳能(CANON)或丰田公司这些大企业的模具部门比较，IT 化和标准化都有着很明显的差距。中小模具制造企业的 IT 化和标准化都没有得到很好的发展，就更别说可视化水平了。而大企业的模具部门在可视化、IT 化和标准化上都有迅速发展，以其优秀的产品设计成为业内产品的标准。我们公司对客户说过这样一句话：“标准化的解决对策就是最好的对策。”

中村：原来如此。

松本：使用最优规格、最优手法、最优数据进行设计，在工序书上做一个汇总，然后使用 IT 技术进行处理。在上层环节就活用仿真技术，按照得出的画面上的指示来制造产品，这样的公司比起那些无论到何时都要依靠工匠的公司，差距是显而易见的。

中村：产品的变化和种类日益增多，覆盖范围不得不扩大，在这个背景下，像以前那样出了问题就依靠生产现场做出调整的旧习会暴露越来越多的局限性。因此，对计算机辅助工程(CAE)和仿真工具的使用是绝对有必要的。

数码加工技术＋模拟技术＝感动

中村：将来日本制造业的优势能否被激活？众说纷纭。刚才说到日本制造业的下层部门是非常强大的，我并不打算否定这个说法，而是认为有必要考虑一下接下来要如何强化上层部门。上层部门和下层部门能携手前进，才是我们要解决的问题和追求的目标。

松本：您是说上层部门和下层部门如何融洽合作的事情啊。对此我也有同感。如果真的能实现，日本制造业的复兴就指日可待了。我感觉这并非数码和模拟的融合，而是工匠和 IT 的融合，由此就引出了下一个问题了。在这里，我想请中村先生看一样东西。

中村：是什么呢？

松本：这是刚才提到的那家模具制造商 IBUKI 公司所生产的成品样本。在模具上直接雕刻出碳化的样式，一口气成型。碳化柄的确是非常漂亮的，而且哑光给人一种高级感，很多大型家电制造商都采用了这个模具。现在已经不用工人亲手组装了，全都是机械化组装，加工机的性能也很优质。如果在此基础上再掌握一定程度的技巧，基本就可以做出如此上乘的产品了。

中村：哎呀，真的是很漂亮啊。

松本：其实，制造模具的时候是需要工匠在现场的。可以说，这是超数码的加工技术和人类感觉的模拟技术的融合。在过去数年里，有一种否定的论调说不能只依赖工匠，要把工匠掌握的技巧加以数码化。数码化固然重要，可是，将一些只有人类才能做得到的事延续下来不也是很重要吗？通过把"只有这个人才能做到的事"与高科技机械结合起来，就能做出让用户感动的产品。只靠高科技或者只靠模拟技术是不够的，而是要将二者有效结合，发挥操作优势，创造新的产品。

中村：正是这样。我认为，这既是对人的一种启发，也是自家公司创造价值的根本途径。刚才我们也提到了，技能和生产方法对价值创造来说都是十分必要的。技能中包括新的思考，而且必须要经过彻底的磨练。作为提高精度和生产率的一种工程链上的手法，生产方法也不得不经过彻底的磨练。虽然把二者放在一起考虑是件让人头疼的事，但是这恰恰就是日本制造业不擅长的方面啊。

松本：其实，二者就像两个并行的车轮，是相辅相成的关系。

中村：而这两个车轮的提高并不是一体的，而是各自进行的。当我们自己在比较技能和工法哪个更强的时候，我想也许是技能（衍生出的价值）吧。

松本：那么您认为，这种事情交给别人或者别的组织去做，好还是不好？

中村：比如说，刚才谈到模具。在组装模具的时候，拧紧螺丝要按照一定的顺序。如果说按照一定的步骤才能达到一定的品质，那么这就是工程链的范畴了。但是，生产现场的工作人员亲手测量需要切掉多少，这就已经不在工程链的范畴之内了。如果对其分析得够透彻，那么就有可能成为一种工法，至少在目前的阶段可以称之为“下工法”。对于技能和工法哪个更强的问题，我想说无论是双方都强也好，还是在工法的世界里彻底技巧化也好，或者是传承技能也好，都应当拆开来考虑，用分析法来看问题才是最重要的。

松本：能做到这样还真是挺难的。

中村：在已经确定目的的基础上，有必要指导接下来的步骤。

对于“模具产业复兴”的思考

松本：您刚才说的话有非常大的参考意义。对于未来，我似乎也看到了一点启示。就用食物举个例子吧，比较容易理解。我奶奶在做土豆炖肉的时候会适当进行调味。那么，当我想吃甜一点的时候该怎么办呢？人们会想到一系列富有逻辑的做法，比如用洋葱提甜，或者放糖，或者少放盐。当我们把这些想法告诉我奶奶的时候，就等于提供给她很多启示，虽然她一直以来习惯于凭感觉做菜。同样，之前生产现场的工匠也是根据经验和感觉来做调整，如果我们能提供给他一些逻辑上的思考，对他今后的工作就是一种启示。

中村：原来如此。

松本：同样，当我们对那些凭感觉做事的工匠们说"您这样做一定是有某种某种道理吧"，给他一些理论上的解释，那么工匠们就会觉得"我竟然能做出这种事情，真是了不起啊"。客户突然要求改方案的时候，大家都会很困扰，但是年纪大的工匠就会对客户说"要不然这样做吧，不是也挺好的嘛"。老工匠能够突然冒出新的主意，那是因为他们在长期的职业生涯中早已在思考中融入了逻辑思维。

中村：您说得对。

松本：现在，日本制造业的生产现场中不乏这种工匠气质，但是如果在此基础上能够加上逻辑思考和逻辑视点，那么现场力的提高和复兴就不是问题了。

中村：这件事情一定要尽快做，马上做。我称其为"生产现场的智慧"。

松本：原来如此。

中村：我不认为工匠的技艺本身就是智慧。能够提高技能的方法才可以被称为“智慧”。

松本：在20年前，模具行业的销售额是全年6000亿日元，现在跌到大约只有3000亿日元了。但是，如果能做到我们刚才说的那些，那么在不远的将来，日本模具行业就会东山再起。

中村：现在开始还来得及。

松本：是啊。幸好现在日元汇率较低，这个时候开始比较好。

中村：但是，如果这个计划被搁置了，它潜在的价值就会逐渐消失，所以一定要趁现在挖掘其潜在的价值。

松本：深表同感。

中村：至于应该采取什么样的方法，我认为工程链中的“现场智慧”就是一个很好的办法。

松本：我们公司目前通过采用“In/Out整理工作表”，在逻辑上分解工匠的主观感觉和判断。

中村：是吗？在得到新认识的那一瞬间，上层部门也被激活了。上层部门会改变设计手法，也会调整模块化的理念。新的设计理念中会反映出品质和量产性，而不是像以前那样只看重成本了。

松本：的确是这样。现在，IBUKI公司采取的方法和对策具有试验性的意义，模具企业按照这样的做法重新复活、变强、营利，然后雇用更多的员工，进行设备投资，重新成为一块耀眼

的制造业新型模板。我认为，这就是模具行业复兴的重要的第一步。

中村：不能只在嘴上说，行动和资金都要动起来，落到实处。

松本：是的。我们自己去做尽职调查(DD)，从自家公司的内部保留开始投入资金。我自己作为企业的经营者，也要致力于复兴模具企业。

中村：顾问虽然会说东道西，但是绝不越界。

松本：我们的理念就是“既要说也要做”，所以，只要认真应对，就一定会有好结果。

中村：是啊，今后也还需要您多为制造业贡献宝贵的力量。今天和您交流了很多，也听到了您的宝贵想法，我感到受益匪浅。

松本：彼此彼此，我也要谢谢中村先生。

中村：谢谢。

谈　话

创造价值的突破口就在于制造业本身
——与一桥大学创新研究中心所长延冈健太郎教授的谈话

延冈先生出生于广岛，1981 年毕业于大阪大学工学部精密工学科。后进入马自达公司(MAZDA)，曾在该公司负责产品战略。离任后，于 1988 年在美国麻省理工学院(MIT)取得工商管理硕士学位(MBA)，1993 年在该校取得工商管理博士学位。之后，进入神户大学经济经营研究中心，先后担任副教授、教授职位。2008 年，进入一桥大学创新研究中心，担任教授，2012 年担任该研究中心所长至今。近著有《创造价值的经营逻辑》(日本经济新闻社)。目前为止，延冈先生围绕制造业中的价值创造提出了许多宝贵的见解。延冈先生从全新的视角出发，认为日本的制造业并没有对“创造价值”做出贡献，单凭功能性的价值将无法在竞争中保持优势地位，为日本的制造业敲响了警钟。借此机会，我与延冈先生围绕“未来的制造业”以及“职业智慧与数码工程”两大主题进行了一次深入的交谈。

应当如何有效利用制造业以创造价值?

中村: 我听说,延冈先生在麻省理工学院念书的时候刚好是“精益化生产(lean manufacturing)”这一理念诞生之时,您就在现场。

延冈: 当时,在麻省理工商学院,包括我在内一共有三个对汽车特别感兴趣的人,其中一个就是天才级人物约翰·克拉夫西克(John Krafcik)。他曾经走遍全世界近 100 家汽车工厂,比较各个工厂的生产效率,最终得出了一个结论,即库存很低的准时制生产(just in time)和采用拉动式生产的丰田生产体系(TPS)是当时世界上最优秀的生产方式。麻省理工的校园里有一家剑桥中餐馆,当时我们在这家餐馆讨论像 TPS 这样效率极高的生产方式该取一个什么名字,这时碰巧上来了一道猪肉料理,约翰说“要不然就叫‘lean manufacturing’吧”(“lean”的意思是剔除掉了肥肉的精肉)。我们都很开心,觉得这名字非常棒,现在回想起来都觉得很有趣。

中村: 是啊。

延冈: 当时是 20 世纪 80 年代的中期,那个时候的日本企业依靠日本式生产在全世界的竞争中处在很好的态势。我在麻省理工学院求学时也过得非常开心。因为我是日本人，所以深受大家的欢迎。“精益化生产”在全世界都得到了广泛好评，对日本来说也是一种非常有价值的生产方式。

中村：是啊。

延冈：但是，在20世纪90年代中期，日本的电子产业突然丧失了竞争力。日本企业虽然开发了薄型液晶电视和太阳能电池组件等一些优秀的产品，但是瞬间遭遇了价格崩溃，开始进入商品化阶段，创造价值就更不可能了。回想起来，那都是20多年前的事情了。难得今天能有机会和中村先生坐在一起，所以就想和您围绕创造价值以及创造价值过程中的生产和制造的重要性，聊一聊今后日本制造业的问题。

中村：请多关照。

延冈：就像电视机的那个例子一样，尽管日本人开发了薄型液晶电视，但还是没有改变劣势。我认为，如果只靠商品开发，是很难拉开差距的。必须在创造价值的过程中实现差距。说得更远一点，以米开朗基罗的雕刻艺术作品为代表，无论是陶艺品还是家具、建筑，真正绝妙的产品都不是依靠分工做成的，而是由同样的人来负责开发设计和制造。这就是创造价值的过程。安藤忠雄的建筑也是同样，清水混凝土的建造方法中也蕴涵了价值。

中村：是啊。

延冈：产业革命使我们进入了大量生产的时代，产品制造中的各种工序和作业被强行分工了。可以说,可以创造价值的人全都被时代剥夺了创造价值的机会,只能顺应时代,从事分工作业。最近,由于分工的弊端越来越明显,利用数码工具重新整合产品开发和制造的时代就要来了。这是我一直以来都坚持的主张。前几天我在《一桥商业评论》的 2015 年春号刊登了《设计工程》特辑,列举了苹果公司(Apple)和戴森公司(Dyson)的例子,提倡设计和工程的重新整合。

中村: 原来如此。

延冈: 另外,在世界上,为解决分工带来的弊端,重新整合设计和生产,日本企业算是处在一个中心的位置,而且很早就开始了。在设计产品的时候就要考虑到是否方便生产、能否提高生产效率、能否降低成本,也就说要致力于面向制造的设计(design for manufacturing)。这也是解决问题的一个有效途径。

中村: 您说的是 DFM 啊。

延冈: 对。为了提高生产效率,日本企业在这方面可是花了不少功夫呢。但是现在,只有产品开发是无法创造价值的。因此,为了提高效率,也为了联合生产和设计以创造价值,有必要再对设计和生产进行一次整合。

中村: 是啊。

延冈: 在整合了之前的那些分工之后,我认为最重要的就是那些具有革新意义的技术所做出的贡献。举一个比较老的例子来说,就像文字处理机问世时打字机操作员纷纷失业一样，由于3D－CAD的普及，CAD操作人员的数量也随之减少了很多。由此可见，一旦有新的技术问世，不得不被分工的工序就会使工具变成整合它们的武器，结果就是生产出了具有更高价值的商品。

中村：原来如此。

延冈：我觉得最容易理解的是苹果公司的例子。OS操作系统是苹果公司强大竞争力中不可或缺的要素之一，但我认为苹果公司的大部分竞争力源自外型美观、触感舒适的铝合金切削加工的unibody机壳。苹果公司在推出新机种的时候需要数千万台水平仪来生产unibody。如果要生产真正优质的产品，使用冲压机几乎是不可能实现的。就像雕刻家不可能使用冲压机去完成艺术品一样，只有使用高精度的切割才能制造出真正漂亮的机壳。当我知道苹果公司使用数千万台水平仪来进行生产的时候，的确吓了一跳。

中村：是啊。

延冈：发明unibody的是苹果公司首席设计师乔纳森·伊夫(Jonathan Ive)。他花了好几个月的时间深入台湾鸿海科技集团在大陆的承包商富士康公司(FOXCONN)的工厂，在讨论了制造方法后就开始了铝合金切削作业。设计师深入工厂，在设计中已经全面考虑到了生产，所以苹果公司能创造出那么大的价值不是没有道理的。然而，早些年致力于将制造业的优势和创造价值联系起来的正是日本企业。不得不说，苹果公司的成功对日本制造业具有很大的启示意义。

中村：原来如此。

延冈：因为日本的制造业仍然具有强大的力量，所以才应该以创造价值为目标，发挥制造业的作用。

中村：我认为商品和用户之间的关系中蕴藏着巨大的价值。我们公司今年迎来了成立 22 周年，但是 20 年前我们就已经开始研究核心科技之一的虚拟现实（VR）技术了。虚拟化本身并不是我们的目标，而是虚拟化能够拉近用户和设计物之间的距离。在虚拟空间中，设计物不仅可以显示 3D 效果，用户也能将自己设计的物品调成等身大的效果。我们当时就认为这个技术的确是需要的，而且我们一直都在努力实现这个技术。

延冈：是啊。

中村：需要花费很大功夫去解决的是构建全新的用户界面。早在 20 年前就开始进行相关的研发工作，为的就是能够应对人类的思考而开发出一种便于人类直观操作的技术。比如，我们公司已经获得了“三维拖放”的专利权，可以在虚拟的三维空间中拖动物品。

延冈：的确是非常了不起的新技术啊。

中村：在我申请专利之前，如果想在虚拟三维空间中移动某个物体，只能在 CAD 上把物体从 X 轴移动到 Y 轴再移动到 Z 轴。对操作者来说，这种拖动方式是非常不自然的，无法让客户产生亲近感。用户想在画面上把一个物体从一个位置移到另一个位置，拖放技术肯定是不错的选择，可是当年并没有拖放技术。

延冈：当时，技术开发的难度很大啊。

中村：虽说是三维空间，可画面上显示出来的是二维影像，所以就需要一个可以从二维图像信息中计算出三维坐标值的工具。这个三维坐标值就是物体移动目的地的坐标值。也就是说，从二维空间到三维空间，反向转换坐标数据的工具是必需的，我们公司就拿到了这项技术的专利。我们针对用户的感觉和目的，满足用户的直观反应和操作。我认为，如何提供产品与用户之间的连接点是一个非常重要的问题。

延冈：现在在产品开发方面流行一个新的理念，即“设计思考(design thinking)”。比起产品的功能，更重视用户界面。最近，我在研究“设计的价值”时发现，外观漂亮、触感舒适、简易便携等全部都是用户界面的要素，同时也构成了商品的价值。尽管如此，在实际执行设计思考的时候，单纯在桌子上设计产品的各种功能，其实是远远不够的。一定要在用户给予界面好评之前不断努力提高技术。与中村先生现在负责研发的新型技术类似，像这种包含了制造、产品和工序在内的可以满足原型设计(prototyping)的技术，在将来一定是必不可少的。

中村：是啊。

延冈：如果这种新技术开始普及，就会导致分工方式突然变化。真正能够理解价值、创造价值的人借助合适的工具是完全可以从综合看待整体的。如果我们普通人能娴熟使用某种工具，那么以前只有莱昂纳多·达·芬奇这样的天才才能做到的事，现在我们也可以做得到。然而，目前还是有很多人的认识仍然停留在“工具可以促进设计与生产之间的交流”。但是，我们现在力求达到的新阶段是真正意义上的整合设计和生产。

“主观价值的泛用化”

延冈：我经常说“价值是密不可分的”。只有完整的商品才能构成价值，如果马马虎虎分了工，就很难保证商品的价值不被破坏。中村先生也经常说“工程链和供应链整合之后，从商品的计划到生产都要一气贯通”，这也是将来的目标。

中村：是啊。虽然我们公司得到了多家制造商的指导，但是在产品设计阶段，从工程设计到流程设计还是并行前进的。可是，在现场看的时候却不是并行的状态了。产品设计的负责人旁边站的是工程设计的负责人，工作时可以信息互通。哪怕做不到信息互通，至少也能单向畅通。说到底，我们需要的是一个使同样的一批人既可以处理产品设计也可以处理工程设计的工具。

延冈：这的确很重要。只要还是强调交流或者调整，那就无法实现真正意义上的整合。关于创造价值，把相关的岗位全部放在一起处理或者现场缺少了某个实力强大人，就很难创造出价值。经常听到有人说，相比美国的企业，日本的企业中各部门合作得更好。实际上，说到面向制造的设计，丰田公司当属第一，而且大部分日本企业在处理设计和生产的关系时都表现得比较擅长。

中村：您说得对。

延冈：举一个丰田公司的例子。从事生产的工作人员和从事设计的工作人员认为对于彼此的领域并没有太多交流的必要。但是，日本企业擅长的是，为了在生产效率提高的时候不出问题，会适时做出调整。如果能在此基础上把设计和生产整合起来创造价值，那肯定会比苹果公司或者戴森公司更强大。

中村：是啊。

延冈：也许是因为日本企业内部同事之间擅长合作，大家的关系也都很好，所以调整起来就比较容易。但是，当我看到苹果公司的设计师乔纳森·伊夫深入生产现场时，又会觉得日本的企业太拘谨了。由于丰田公司的生产技术实在强大，生产部门的人就对设计部门的人说"请不要拘谨"，有了足够强大的生产技术，即使设计上不够谨慎，也不会给生产环节带来麻烦。

中村：丰田公司在一开始就是生产技术过硬的企业。

延冈：是的。一般来说，日本企业很容易考虑得太多、太拘谨，即使提高了效率，也很难做到整合设计和生产，而且几乎无法用全新的方法来创造高价值的产品。

中村：最近，我感觉到日本有一个很强大的金科玉律，那就是全面质量管理（TQM），整个日本的制造业都在努力向这个标准靠拢。TQM 固然重要，但是如果什么都按照 TQM 去做的话，未免视野太过于狭窄了。今后的日本制造业要摆脱 TQM 的禁锢，应当在能够创造价值的产品设计和生产方面投入更多精力，向着新的方向迈进。但是，日本企业长期以来都致力于追求 TQM，导致积累起来的现场力从某种程度上说也成了一种弊端。关于这方面，您怎么看？

延冈：因为日本人特别认真，只要确定了目标，比如降低成本或提高品质，就会非常拼命地去实现它。这和 TQM 的思维方式很接近。我还是想举一个苹果公司的例子。据说，iPhone 5s 的铝合金机壳的生产成本是 3000 日元（手里拿着爱用的 iPhone）。

中村：里面包含了加工费吧。

延冈：是的。所以说 iPhone 5c 的塑料机壳的生产成本是 iPhone 5s 的几分之一啊。但是，一个手机壳生产成本是 3000 日元是否合适呢？如果按照日本的管理法，这几乎是不可能的，除非出现一个"出头鸟"，认为这样的生产中蕴藏着极大的价值，凭借其强大的领导力推进这种别人认为不可思议的生产，否则，在日本要像苹果公司那样创造具有巨大价值的商品是不可能。正是因为日本目前缺少这样的"出头鸟"，日本的制造业再强也无法大幅度提高商品价值。

中村：的确是您的著作《创造价值的经营逻辑》中"组织能

力（相较于其他企业更为稳定高效地开发和导入优质产品的能力）”所体现的思维。我也认为日本的制造业在这方面还是有一道需要跨过去的坎，是一个严峻的问题。在读您的著作的时候，我产生了共鸣，尤其是其中的一句话“主观价值的泛用化”让我有很深的感触。

延冈：是吗？

中村：那是因为我本身也一直从事类似的工作。刚开始，我认为能否创造价值是客观的。刚才我也提到了 VR 的事情。通过了 3D 解决方案之后，我们就一直在询问用户体会到了什么样的价值，收集用户的反馈和意见，长时间地反复试验、不断摸索。也许苹果公司之所以能够生产出如此方便使用的产品，也经历过同样复杂的过程吧。如何与用户的思维保持同步，同时还能运行软件，是一个非常值得思考的重要问题。实际上，如果自己感觉产品很好用，那么用户基本上也会觉得比较满意。

延冈：原来如此。

中村：我们在开发三维拖放技术的时候，在世界上是首例，但是我们还是找到了利基客户，也就是试用客户，他们当时就能够理解我们的技术。比如，客户那边的生产技术负责人常常抱怨“该怎么设计流程和布局啊”“CAD 作业太费功夫了”“使用 3D－CAD 有很多工作无法完成”。这时，传达给对方这样一种信息，即“如果使用我们公司的仿真机产品，只要生产技术负责人懂工程设计，那么他自己就可以完成作业”，让对方理解我的意思。当我自己确定某种想法的时候，就会深入生产现场。

延冈：您是怎么深入现场的呢？

中村：在我们将模板的虚拟工程设计泛用化之前，在公司内部进行了一次彻底刷新。因为这个软件一开始并不是功能产品，所以客观地看这个模板，没有人能判断它到底好不好。但是，当我接到客户们的反馈说"这个产品不错"或者"这就是我们想要的产品"时，这些主观的反馈反倒使我们的产品做得越来越大、越来越好。

延冈：是吗？

中村：从某种意义上说，我采用的办法也许和延冈先生书中"主观价值的泛用化"的内容有相通之处。刚才我说的那些并不是为了夸耀自己公司多么多么好，而是在我阅读的时候，作为一个常年从事人类一般常识范畴之外的科技研发的工作人员，再次感受到扩大技术和商品的确离不开"主观价值的泛用化"。

延冈：您刚才谈到的已经是我写的这本书中非常有深度的部分了。苹果公司的产品为什么卖得那么好？主要是因为一些主观性的理由，比如舒适、轻便。然而，像中村先生负责的软件那样的 B to B 模式中的生产物资并不太看重这些主观性的要素。因此，常常有人问我"生产物资中的意义价值（根据用户的理解和定义而创造出的价值）在哪里"。

中村：原来如此。

延冈：正因为是生产物资，所以意义价值才尤为重要。但是，大多数人会认为应当重视生产物资的功能性和规格。如果能开发出一款便于工作人员每天使用的软件，就会提高工作效率、降低成本。结果就是，人们会将意义价值与经济价值联系在一起。

中村：是啊。说实话，在此之前我们尝试过在 B to C 模式中寻找体验用户，但是效果并不好，可以说是失败了。

延冈：您当时是怎么做的？

中村：我们当时在网络上征集虚拟空间的体验者，提供了一项合作服务，"通过使用三维拖放，大家一起做点什么吧"。但是，最后收到的反馈都是"好有意思啊""好新鲜啊""好开心啊"之类的，并没有促成一笔交易。刚开始，我只是单纯地以为如果要开展核心技术的话，通过 B to C 模式不是很好吗？但其实并没有想象的那么好，所以就舍弃了 B to C 模式，开始将这项技术运用到生产工程的布局上，没想到获得了大成功。

延冈：说到底，人类的本能大抵一致，所以人类内心深处的需求也是差不多的。反过来，如果只满足客户表面上各种各样的需求，为此搞得团团转，就无法照顾到客户们的普遍需求了。所以一定要深入客户群体，在客户夸自己的产品好用时，直接得到的反馈就很容易和"主观价值的泛用化"联系起来进行思考。

中村：是啊。在阅读您的著作的过程中，对此我也有自己的考虑和解释，但是我始终没能对"主观价值的泛用化"的理解上找到一个突破点。暂且不说我之前的做法对还是不对，但是我没有找到正确的方法，就说明的确存在问题。

延冈：尤其是大企业就会这样。更准确地说，客观价值（由商品的功能带来的客观价值）与主观价值（意义价值）综合起来才会构成真正的价值。其中，主观价值中存在多少附加部分是很重要的。但是，大企业只知道进行客观评价。由于主观价值没有被认可，导致具有很大主观价值的产品没有实现商品化。况且，日本人太过认真，不懂变通，所以就更难找到突破口了。

如何管理难以模仿的创造价值的“组织能力”

中村：延冈先生在书中写到“对组织能力的管理是非常难的”，我也是这么认为的。日本制造企业接下来该怎么做才好呢？是遵循组织能力管理的方法论呢还是说要从人的意识上下功夫呢？

延冈：如果到最后都没能让企业的上层部门理解组织能力的管理，那肯定是不行的。但是在这之前，作为铺垫，可以让中层管理人员多体验几次小规模的成功。

中村：是啊。一直以来，中层部门都是企业的中流砥柱，可是现在中层部门的能力越来越低下了。这是个很大的问题啊。我认为，一方面是受了结果主义的影响，另一方面就是由于中层看不到现场，于是把生产事务全部交给现场的工作人员去做了。

延冈：所以回到了一开始的话题，在日本的制造业中，生产的地位实在太低。人们武断地认为“比起生产，更重要的是产品开发和企划。生产已经没有那么重要了”，这就导致中层管理人员的力量被削弱，丧失了干劲和动力，随之而来的就是人员数量急剧下降。

中村：是啊。

延冈：尽管如此，日本企业只要能保证生产现场的顺利就很强了。制造本身就是为了创造价值而诞生的。我们需要再一次意识到提高现场力和中层管理力量的重要性，因为这关系到一个企业的生死存亡。日本企业并没有像苹果公司那样去考虑到底值不值得花 3000 日元的成本在一个手机外壳上。即便是再小的一件事，也要让生产现场的课长等所有的中层管理人员体会到提高制造方法就能提高商品实力，让他们不断地体验这种成功的感觉是非常重要的。

中村：就像延冈先生在书中写的那样，“很多企业认为，即使把制造业做到再高的水平，如果不能和价值创造联系起来，就没必要在生产上费那么大的功夫了”。这也是一个需要关注的问题。

延冈：即使在产品开发时追求功能和规格，也会出现不当竞争。无论多么努力，想要在激烈的竞争中存活下来是很难的，这是人人都懂的道理。生产环节不像商品那样容易拆解（分解调查对象产品，也叫做逆向工程）。在那些从外面看不到的地方下功夫，在不断创造价值的过程中提高生产水平，从而建立一种无法被效仿的能力，这才是通往强大企业的必经之路。日本企业应该尽快悬崖勒马，不要让生产的地位继续下降了，也要尽快重塑从前那种“正是有了生产才有了商品的价值”的企业文化。

中村：实际上，与其说“生产不重要”，不如说“单靠生产无法成功，于是把生产的任务一股脑地抛给了外部”，“交给原始承包商（ODM）去做吧”，这在目前算是一股不小的风潮了。

延冈：现在的日本企业在这方面呈现出一种两极分化的状态。一方面认为应该交给海外生产或者外包商和 ODM 去做，另一方面认为应当在公司内部解决。这里我想举基恩士公司（KEYENCE）的例子，像他们这么成功的企业，虽然也有委外加工的业务，但是生产技术全部都牢牢控制在公司内部。苹果公司也是同样，每年对设备的投资就接近一兆日元，但是他们会从发那科公司（FANUC）购入一大批机器人，向富士康（FOXCONN）等电子制造服务生产商发出指示，要求他们按照要求来生产，也就是把附加价值低的部分交给外部负责。即使利用了外包公司，也要紧紧把握住自家公司真正重要的部分，这才是正确的做法。

中村：是啊。

延冈：但是，很多日本企业认为“反正是要外包出去的，如果还是需要我们操心的话，就没必要这么做了”。这种想法只会让日本的优势逐渐丧失。另外，所有生产任务都在公司内部完成，这样真的好吗？一些附加价值很低的手工作业，完全可以委托给外部去做。

中村：我认为，如何进行纵向串联和横向串联是胜负的关键。无论是交给ODM去做还是内部自制，都要求对现场的情况有一个基本的了解。而且，生产总是离不开QCD的，为了合理运营一个生产系统，就一定要确立合适的方法论。一种办法是工程链管理（ECM）。这个办法对我们来说并不是难题。在不同场合，今后可以活用IoT（物联网），向仿真生产机器等工具中导入各种各样的机械数据。如果能活用仿真生产，就能在国内以及海外的生产地点，根据不同情况，在ODM那里先构筑起一个模板，通过这个模板来确保用某个生产方式生产某个产品一定没有问题。关于执行的部分，就需要建立一个可管理的机制，无论在公司内还是在海外还是在ODM，都可以营造相同的生产环境。我对这方面一向拥有坚定的信念。

延冈：原来如此。

中村：现在，我们正在着手解决这个技术难题。我们已经开始从日本本土向海外的分公司派遣技术负责人了，工作一旦顺利完成，他就可以回来了。不仅如此，的确有必要采用某种形式来方便和现场互通信息。

延冈：一旦收到订单，自己就要清楚自己在这个产品生产中会贡献什么样的价值，而我们要建立的就是能够实现这一目标的企业。当一个企业要生产一种与众不同的产品时，就一定要使用只有自家公司内部才有的技术和诀窍。通过使用工程链管理，如果从商品企划到生产准备阶段全部可以进行仿真模拟，那么就完全可以在一定程度上对各个不同的战略做出评价，比如“这个部分的成本虽然不太高，但是如果这样做的话，也能产生同样多的价值”或者“按照这种方法去做的话会得到怎样的结果呢”。既能满足创造价值的要求又能一气贯通生产全程的管理模式是很有必要的。

中村：是啊。

延冈：如果全部进行简化，是无法创造价值的。所以一定要冲破困难，在某处建立一个能够产生价值的部分，把这个部分带入产品生产的过程中。如果能够对整体的系统和模式都做出评价，那就太好了。

中村：主观价值中包含了意义价值。说到具有客观价值的部分，虽然可以进行原价设计，但是并不会带来差异。自家公司的固有技术所带来的意义价值需要通过某种形式对其进行模仿，从而产生价值。我们需要的就是这样一种机制。在我们公司，通过活用仿真生产技术，提出了新的 SIM 理念，主张建立理想的生产模板，但是在产品的工程链中，仍然缺少一个能够在意义价值上具有压倒性优势的要素作为模仿的对象。

延冈：“价值的大小”取决于，同样的事，其他企业很难做到或感到更吃力，重点就在于自家企业是否比其他企业具有绝对的优势。回到今天我们一开始就提到的创造价值的那个话题上来。在产业革命之后进入了机械大生产时代，手工制作逐渐丧失了原本的价值。在设计的世界中，我们常常会提到这一点，即如果懂得引入手工生产的价值，就找到了创造价值的一大要点。我再举一个吉田制包（yoshidakaban）的例子吧。就像苹果公司会使用切削技术生产手机壳一样，吉田公司的复杂的制包工艺接近原始化。总部位于东京的吉田公司在全国与大约 80 位工匠和多家工厂合作，产品全部都是日本制造。如今，说到在全国范围内制包，听起来是件不可思议的事，但是吉田公司就做到了。吉田公司从技艺高超的工匠们亲手制作的产品中实现了极高的价值。而且，亲手制作已经形成了网络化，所以才能保证那么多的包每一只都是日本制造。正是因为对产品生产中难以处理的部分投入精力，用数码工具严格管理生产网络，在各个方面酌情投入手工制作的要素，才有可能建立起面向整体的管理体系，从而生产出优质的商品。

中村：是啊。

延冈：像那种具有极高价值的部分，可以说既花费成本，又在某种意义上近乎徒劳。可是，只要能灵活有效地使用工具，就可以高效管理整个生产过程。在商品生产中，的确是技术难

度更高或者更需要诀窍的部分才更容易产生价值。我认为，这就是今后日本的制造业需要努力的方向。

中村：这样就可以产生价值，从而扩大优势啊。

延冈：工业 4.0 也是同样，只要有几个聪明人来解决问题，公司内部的管理就比较简单轻松。像吉田制包那样，建立的生产网络覆盖面已经远远大于公司内部的范围，并且对网络的管理做得很好，所以才有可能发挥更大的实力。

中村：从某种意义上可以说，日本企业在公司内部可能并没有实现标准化，但是对于个别问题的处理上早就已经开始采用类似工业 4.0 的做法了。在工业 4.0 中，每台设备都具备智能功能，在互相进行通信的同时可作为一台智能机器，也能够自主做动作，完成机器与机器之间的互相合作。我认为没有必要在那种“智能工厂”里全部使用设备进行合作，其实人类也可以作为“智能人类”参与到合作中来。

延冈：原来如此。

中村：简单来说，目前我们公司研发的是工业 4.0 的“人类版本”，让工作人员手持智能手机，对他们发出各种指示，然后工作人员再把现场的数据输入到智能手机中，把情报反馈给我们。暂且不讨论这是工匠的技艺还是单纯作业，我想说的是，将人类的力量或者人类的工作和智能机器联系起来，形成一种新的形态，这是完全有可能成为现实的。泰勒先生(Fredrick Taylor)作为 20 世纪大量生产系统的先驱者，提出了科学管理法(Taylor System)，在当时虽然是个全新的理念，但结果是使产品制造开始转向“制度型”。现在，科学管理法已经几乎遍布所有生产现场，接下来应该不会再有那么大的影响力了。从某种意义上说，“制度型”的制造业快走到尽头了。如果是这样的话，我不知道用“活动型”这个说法是否合适，但我可以确定的是，构筑一个不同于以往的工作方式是必不可少的。在“活动型”的生产中，通过对产生意义价值的核心技术进行改善，形成差异，同时考虑QCD。我认为，今后的日本制造业必须要向这个方向发展。

延冈：不可否认，“制度型”的制造业的确有着不错的生产效率。但是，如果采用的制度层次较低，就会像官僚组织一样被不合理的规则束缚住。所以，要寻求价值本身的提升，就要尽快构建出一种更高层次的“制度”。中村先生一定要努力为“活动型”的生产以及更高层次的“制度型”生产贡献力量。如果只是在构筑一些低层次的制度，那就没有发展的可能。

中村：我也不知道“价值模板”这个说法是否恰当，但是我觉得无论以哪种形式，只要能有一种可以评价价值的工具就行了。

延冈：是啊。而且，只要有聪明人肯思考一下，就会发现，比起设计开发部分，产品制造部分中蕴含了更多能够成为创造价值的素材。比方说，半导体现在已经规格化了，在产品开发阶段如何使自家产品区别于其他公司的产品，如何创造出只有本公司才能创造的价值，这些都是难题。另一方面，说到制造，光是材料就有上百种。苹果公司生产机壳时也使用了多种铝制材料。而且，制造方法也有很多种，如何让用户拥有舒适的触感，这都是生产部门需要攻克的难题。要想创造出不会被模仿的价值，重点就在于踏踏实实地搞好生产，在生产上下大功夫才行。

中村： 还有一个难题就是如何记述“意义价值”。

延冈： 这的确很难啊。但是，在产生价值的过程中，人类的力量是很重要的，而我们日本就有很多这方面的人才。

中村： 原本我们就有这些人才啊。

延冈： 是的，有。其实，我现在在对马自达公司进行研究。我不知道大家是否同意我的观点，我认为马自达公司在设计方面绝对走在日本所有公司的前面。其中一点是，马自达公司的设计师会用黏土制成黏土模型，从模型上可以看到马自达公司的设计师具有非常高的艺术才能。

中村： 是吗?

延冈： 普通的公司只要求设计师体现出设计的优良性。然而，如果想要设计出一个真正富有美感的曲面，就要和雕刻作品一样讲究，因为零点几毫米的不同都会产生很微妙的效果。所以，精密的雕刻作业和顾客价值是直接联系起来的。可以说，有必要建立起一种管理方式，能使那些在生产方面具有极高技术的人可以在这方面和顾客价值发生联系。在一般的汽车制造公司里，设计师先画出草图，然后按照草图制作黏土模型；然而在马自达公司，这一系列活动全部整合起来，设计师直接做出黏土模型。在马自达公司，能够做出黏土模型的人不全是设计师，有很多是生产现场的操作人员，他们比设计师还要了解设计，在思考设计的同时自己做黏土模型。马自达公司非常擅于用人，也能够使这些员工发挥他们最大的才能。

中村：原来如此。

延冈：换句话说，比起那些在东京大学里学习过电子工学的工程师们，每天在生产现场接触各种材料的高等专科学校毕业的工作人员和那些只有高中学历的工作人员更容易创造出不同于其他公司的产品。善于使用这些人才才是形成差异的重点。

中村：以前，在绘制设计草图的阶段就开始使用计算机动画软件导入3D设计。但是，我不知道从什么时候开始使用黏土模型了。马自达公司也在使用计算机动画软件吗？

延冈：当然，有很多种形式。以运动型跑车为例，它富有美感的外形得到了很高的评价。

在战略上应当做出改变的地方以及应当保持的地方

中村：延冈先生是马自达公司出来的。最近，马自达公司的情况的确非常好。

延冈：强大的设计可以催生价值。今天，我们围绕的主题是创造价值的过程中设计和构造分工的重新整合，但还有一个主题，那就是设计和工程的一体化所创造的价值也是很重要的。

中村：是啊。

延冈：设计和工程的关系是显而易见的。二者最初被分成两个部门，是从 20 世纪 20 年代美国通用汽车公司第一次设立设计部门开始的。

中村：当时的通用公司是想开发不同的车种吧（为了满足不同社会阶层的需求）。

延冈：因此硬是创造出了设计师这个职业。在这之前，设计商品的人就像建筑师一样，不仅会设计也懂如何生产和操作。但是现在，在设计与生产分离之后经过了将近一百年的今天，出现了设计和生产重新整合的趋势。

中村：规模上有所不同，而且马自达公司在组织上好像和其他公司有挺大的差异。

延冈：其实还是规模的问题。

中村：现在，马自达公司的规模特别适合功能的发挥，可以说是一种“中空”的规模（意思是组织情况很好）。打个比方来说，在设计—生产技术—制造的流程中，我认为设计和生产的关联性是极强的，二者可以携手配合。由于产品阵容一开始还不够多，所以不可能像丰田公司那样“车型较多，所以采用模块化的效果更好”。因此，马自达公司采用了一种适合于当下情况的生产方式。

延冈：原来如此。

中村：规模更大的公司会把所有工作一口气交给数码工具去处理。比如，要计算在三维空间的大街上汽车灯光的反射情况，就会使用计算机动画做成影像来观察效果。另外，一直以来对生产抱有淡然态度的工作人员积累了很多经验，他们现在仍然从事生产行业，这让我想到了马自达公司的优势也许和这种不依赖数码工具的习惯有某种关联。对于这方面，您是怎么看的？

延冈：并非只是单纯地延续以前的做法，而是为了实现差异化，融入了战略性的思考。

中村：战略指的是什么？

延冈：就是战略。在生产现场有很多实力强大的“超人”，他们拉动着整个生产过程。虽然也有一些冒险的做法，但是依靠大家的才能和智慧，有时候真的可以命中问题的关键。现在，马自达公司在决定推出一项设计之前，并不会让多数用户看到设计模型并提出建议。马自达公司认为，自己只要专心做出大众普遍欢迎的产品就足够了。

中村：那么，马自达公司的例子是不是能对日本制造业创造价值提供一种参考呢？

延冈：最早的时候，汽车产业算是一个比较容易创造价值的产业。在日本那么多的电机制造公司中，如果能有一家也能轻松创造价值就好了。当然，这也不是完全没有可能。苹果公司自然不必说，戴森公司也是靠吸尘器提高了效益。

中村：可是，戴森公司的吸尘器的品质谈不上卓越，吸力也是一般般。

延冈：是的，他们卖的并不是产品功能。不过，我还是买了两台戴森的吸尘器呢。（笑）

中村：是吗？（笑）我还是希望日本的企业中能有一家做到

这个程度。虽然在汽车和打印方面，日本的企业的确是很强，但是……

延冈： 如果能够打造风靡世界的品牌就好了。无印良品（MUJI）虽然不是制造业公司，但是他们的做法的确值得我们学习。

中村： 听说无印良品在法国也卖得很好呢。

延冈： 是啊。

中村： 回到刚刚的话题上来。在创造价值的目标和要点之外，主观价值的泛用化和如何管理组织能力，这些都是大型企业所面临的问题。当然，风险企业就不需要考虑这么多。

延冈： 在这之前，希望大家能再次意识到，生产才是价值产生的源泉。也许，和我有同感的人比我意料中的要多得多。其实，我经常听到有人谈论“酷日本”（COOL JAPAN）的事情，也常常听到与有田烧和南部铁器等传统工艺相关的信息。但是，我想说的并不是这些，而是如何在生产的主流环节发挥日本制造业的强大力量并且创造价值。

中村： 是啊。我以前也觉得有些别扭，会怀疑是不是经济产业省对制造业进行了一定程度的误导。

延冈： 我认为，经济产业省并没有太重视生产本身，而是把重心放在了产品开发上。我还想说，“酷日本”距离主流的制造业实在是太远。原本值得日本企业骄傲的生产能力，现如今却没有人在主流制造业中将其与价值创造联系起来，实在太可惜。

中村：我也是这么想的。经济产业大臣授予我们公司第四届“制造业日本大赏”，但是在表彰奖状上，我注意到“认定贵公司为制造业名人”一句，看到这个称号让我感到很惊讶。当时我就说了一句话：“‘制造业日本大赏’不是只颁给工匠的吗？为什么会颁给我呢？”

延冈：其实，我曾经被任命为“制造业日本大赏”的审查员，在近畿地区工作过一段时间。我觉得其中的政治意图还是挺明显的。

中村：最后，日本企业依靠创造价值恢复了曾经的强大地位，那么 3D－CAD 和仿真工具等数码工程该如何继续发挥作用呢？

延冈：还是需要重复说一遍。虽然接下来路途艰难，但是要把那些能够真正产生价值的工作融入到产品生产中去，而且要掌握提高效率的技术。数码工程对日本企业创造价值来说，毋庸置疑起到了非常大的作用。数码工具并非单纯进行交流的工具，而是在创造价值的过程中必不可少的工具。

中村：这的确是非常重要的一点。

延冈：我以前在研究 3D－CAD 的时候发现，好的公司会在导入 3D－CAD 的时候更新一下职能分担的组织结构，同时也在进行热身（把重心放在产品开发的初期工程，投入资源，力求提前找到解决问题的对策）。但是，那些状况不太好的企业顶多只是使用了 3D－CAD 的三维数据而已，并没有连同工作方法和组织构造一并做出调整。所以，为了使我们的客户企业能够改变和完善工作方法和组织构造，我们公司十分希望能够向客户企业提供一系列的解决方案。

中村：是啊。数码工程本身是不能产生附加价值的。我之所以要从事这项工作，是因为我觉得有必要把数码工程放在刚刚延冈先生说到的那种能够产出意义价值的土壤里。反过来，就算通过数码工程解决了全部的问题，不仅无法提高意义价值，而且体现不出人类的价值了，因为把同一种工作交给任何人来做，得到的效果都没什么区别。

延冈：就不会产生差异了。

中村：数码工程本身的能力是有限的。虽然能力有限，但还是应当把数码工程可以处理的工作都交给它来做。倒不如说，重要的是人类应该如何处理那些数码工具无法解决的问题。在这个过程中，人们会思考“人类究竟能做什么呢”。从某种意义上来说，数码工具的一个作用是促使人类探求自己的存在意义。如果人类停止了和数码工具的竞争，那么人类自己也不会得到提升。

延冈：原来如此。

中村：目前最优秀的计算工具当属计算机，但是计算机除了拥有计算的价值，并不会产生其他的价值。所以，“更高级的工作，比如意义价值的创造，都交给人类去做吧”。这种人类与机器的对峙关系正是数码工具所造成的。换句话说，我认为数码工具并不是能给人带来快乐的工具，而是创造了一个环境，在这个环境中迫使人类不断追求更高目标的工具。虽然目前人类对数码工具的印象仍然停留在模糊阶段，但是在不断接触虚拟技术的过程中会逐渐加深对仿真模拟的认识，发现“原来是这样一回事啊”，从而习惯使用数码工具。今天能和延冈先生谈到这么有意思的话题，真的很感谢您。

延冈： 哪里哪里，我也要谢谢中村先生。

谈　话

把制造业的优势和市场价值相结合，日本的制造业将重获新生

——与 hers 实验设计研究所董事长村田智明先生的谈话

村田先生于 1982 年毕业于大阪市立大学工学部应用物理系，后进入三洋电机设计中心就职。1986 年成立了 hers 实验设计研究所，业务范围涵盖以产品为中心的画报、公司标志(corporate identity)、界面等各种设计，提倡基于用户心理行为分析法进行商品设计开发指导实践的“行为设计”以及设计经营战略、设计资产价值概念、感性商业等能从广义上把握设计作用的体系。他发挥自己工程出身的经验，对大学和企业

提供设计可视化尖端技术的支援和创作。在京都造型艺术大学研究生院的社会设计研究所(SDI)致力于研究跨界社会问题的解决方法以及通过制造业推进地域展。

2005年参与微软的“Xbox360”的控制台设计,同年4月在米兰举办的世界最大的国际家具展览会“米兰国际家具展”上发布的集团设计品牌“METAPHYS”引起关注。这种超越了企业专业范围的设计和思想以及追求品牌共享的全新商业模式被许多媒体争相报道。

村田先生通过这些活动传达了“从创造产品到创造价值”的理念,笔者对此深表认同。在本次的谈话中,我们来听听村田先生关于产品设计方面价值创造的各种观点。

从全世界12家公司参与的设计竞赛中脱颖而出

中村: 听说您参与了2005年发售的微软家用游戏机Xbox360的设计,能否讲述一下您参与设计的经过?

村田: 2003年1月左右,我收到了一封微软公司发来的邮件,标题是“设计委托”,内容写着“希望能和您面谈一次”。说来有些不好意思,我确实没有想到自己会收到这封邮件,所以非常吃惊。我去了位于代田桥(东京都杉并区)的微软公司Xbox事务所办公室,从美国总部过来的Xbox负责人吉姆·斯图尔特先生和唐·科纳先生邀请我参加设计竞赛。他们表示会从全世界参赛的12家公司中选出一家来负责Xbox360的设计。我问他们为什么要进行世界竞赛，他们回答："Xbox360是世界通用的游戏机，所以要调查世界各国人民的性格和偏好，举办比赛也是为了考察谁的设计最能在世界范围内通用。"

中村： 原来如此。

村田： 之后，全世界的12家公司都提交了各自的设计，最终在两家公司之间选取一家，本公司非常幸运地收到了采用通知，我非常高兴。但是，微软公司发来的通知和想象中的完全不同。通知写着："即将开始设计了，之前提供给您的硬盘规格等明细表格中的内容全部都是模型。"

中村： 是这样啊。

村田： 而且，他们还把疑似偷拍的参赛作品照片故意泄露到网上。这是一种媒体战略，也是试探我们的实力。真正的设计是在安全性很高的环境中开始的。

中村： 实际的工作内容是什么？

村田： 搭载了高性能显卡的Xbox360会产生很多热量。为了处理这种热量，散热措施很重要。我们去了美国加利福尼亚州的圣何塞的一家总部位于新加坡的电子制造服务(EMS)

公司的工厂，使用 3D－CAD 软件“SolidWorks”进行散热分析，从一大早就开始不停地讨论。虽然这份工作很辛苦，但我们却乐在其中。

中村：这已经不仅仅是单纯的生产设计，而上升到研究以世界文化多样性为背景的设计本质的层面了。微软公司的世界竞赛是一种全球化战略吧？

村田：是的。微软公司给进入决赛的公司都发了一样的明细表和信息，让我们互相竞争，最终的产物是结合了两家公司设计的长处的产品。比如，我们公司的设计中，主机的边缘是立起的，然而最终的产品也融合了竞争对手 R 公司的设计，变成了更大的形状。

中村：原来如此。

村田：（在竞赛中最终留下的两家公司）开始了第二期的开发，负责人由吉姆·斯图尔特变成了乔纳森·海兹。他是个非常有意思的人，每次都把两家公司试作的样品模型带回家，回家后就一直盯着它们看。一开始，他觉得我的模型还不错，但是看久了就觉得腻了，反而觉得 R 公司的大一点的设计更好。在这种不断的观察中，他决定基本上沿用我的设计，但是在细节上采用 R 公司的更大的形状。我对这种方法感到很惊讶。通过这种长时间观察样品来判断是否会看腻，并以此决定最终设计的细节方法，这在日本的企业中是看不到的。如果只是一味地追求速度，就只能一直制造卖不出去的产品。

制造业缺乏“切实的主观”

中村：这一点确实值得深思，我也认为在开发 VR 技术和仿真技术时不能光想着用它们来实现提高生产效率或削减成本这种功能性的价值。我们公司致力于让用户在使用 VR 和仿真技术时能有新的发现和感悟，所以就需要一个让用户在使用 VR 和仿真技术时能加入自己的感觉和主观意见的用户界面。如果不能打动用户，用户就不会有什么感悟。用户的“这个不错”和“我想要这样的东西”之类的主观想法（与客观的评价中所获得的相比）能创造出更大的价值。

村田：的确如此。

中村：上次和一桥大学创新研究中心所长延冈健太郎先生进行了谈话，延冈先生在他的著作中提到了“主观价值的泛用化”。延冈先生认为，“意义价值”这一概念的含义是“根据顾客的解释与定义创造出的价值”。“正因为这是一种主观的价值观，才能引起很多顾客的共鸣。”（延冈健太郎《价值创造经营理论》，日本经济新闻社出版）另外，主观的价值观有时也仅限于特定的顾客，所以通用性特别高的情况也比较少……事实上，要实现不局限于制造业的更大的价值创造，就需要掌握主观的顾客价值观，并把它广泛渗透到产品中。

村田：的确，这种“主观”是建立在经验基础上的。“主观”是从经验中产生的。最近经常提到“经验价值”和“经验经济”这些词，它们的特点是“不是为商品付钱，而是为经验付钱”。

经验越丰富，自己的“抽屉”也越充实，就能产生切实的“主观”了。

中村：当然，客观的价值（前面已经提过，在《价值创造经营理论》中提到“商品功能的强度客观决定了商品的功能价值”）也很重要，但是客观是一种意义分析的途径，极端地讲，它是谁都可以做到的，而且很多企业已经用尽了一切客观的方法。

村田：导致的结果就是，不少日本企业制定了标准化的商品计划并进行标准化的商品生产，结果却陷入了被标准化抛弃的悲惨局面。

中村：完全没错。

村田：能够启发用户、抱有强烈主观性的领导者在日本企业中是很难出头的。正因为这样的文化背景，才导致企业过度地追求所谓的“客观”。这或许就是日本企业和苹果等公司的差异吧。苹果公司是以排他性的“主观”为基础进行商品开发的，像史蒂夫·乔布斯那样提倡“主观”的人物是很有魅力的，很多用户也会被这样的人吸引而开始使用他的产品。从这种意义上讲，您刚才提到的“主观”是非常重要的，也是日本的制造业中最缺乏的东西。

中村：确实，它可能是最本质的部分。

村田：我是三洋电机出来的。可惜的是，三洋电机也是“标准化”的公司，执着地追求产量，最后却被产量所抛弃。

使日本持续发展的社会建设——社会设计

中村：是啊。您最近专注于“社会设计”，听说这个词是您创造的。

村田：没错，我受大阪市的委托，一直在进行工作。大阪市除了有大阪设计中心，还有大阪设计振兴广场这一设施。大阪府也设有另外的设计中心，致力于设计。但是，我认为在这之中并没有一个明确的“轴心”，也就是引导设计师和设计相关企业走向正确的发展方向的路标或指南针。不应局限于所受的委托并照本宣科地进行设计，而要在社会的方向性中找到前进的方向，再进行任务（目标和作用）的构建。

中村：“社会设计”就是这种“轴心”吧。

村田：首先，我参与了4次生态产品设计竞赛、以支援世界总人口约40亿的发展中国家的贫困阶层为主题的BOP（Base of Pyramid）研讨会以及4次社会设计讨论会，共计9年时间都在支援大阪市的工作。我参与生态产品设计竞赛和BOP研讨会时，总结了生态、BOP、老龄化对策、地域建设和震后复兴等关键词，提出了“社会设计”这一概念，并把它写进了讨论会的标题中，这是6年前的事情了。

中村：相对而言，算是不久前的事情呢。

村田：虽然提出仅仅6年，但是在书店已经有了“社会设计”这一分类。我的书（《社会设计的教科书》，生产性出版社，2014年5月出版）反而出得比较晚。“优秀设计奖”也针对能否解决“社会焦点”这一社会问题新设置了横向机构。

“制造业复权”中潜藏的危机

中村：您在多个方面接触制造业，并用设计对制造业进行重新定义。最近在这个过程中您有什么感悟吗？

村田：制造业正在重新掌控失去的权力。实际上，过去那种悲观的预测少了很多，制造业开始重获光明。当然，这之中有日元贬值的因素。经过了严酷的淘汰，留下来的都是拥有核心竞争力的企业。

中村：确实是这样，只有拥有核心竞争力的企业才能生存下来。

村田：只要去听听这些企业内部的声音或者去实际参与工作，就能切实地体会到这种力量。我在开始生产设计等工作之前，一定会去听听对方企业的核心竞争力，分析一下该企业在哪些方面更具备竞争力。或者是通过了解被称为“感性价值”的产品背景，来分析对方企业的价值观。在这一过程中，就能了解为何这家企业能在残酷的经济状况中生存下来。

中村：另外，公司应当不断思考自己所拥有的价值是什么。在追求“符合当今时代潮流的制造业的价值”时，为了创造市场价值，必须提高针对市场的提案能力。制造业中也会出现非常粗枝大叶的企业，这些企业认为“不需要创造产品，只要把一切交给原始设计制造商就好了”。也就是说，为了追求市场价值而把产品创造本身都舍弃了。当然，也不能完全否定这种方式，但是这种想法是非常危险的，就是因为有这种想法，才出现了对日本制造业将何去何从的争论，也形成了日本制造业动荡的现状。针对这一点，您能从产品设计的立场谈谈您的看法吗？

村田： 就像您刚才说的，有些公司过于执着于追求目标本身，反而舍弃了自己公司价值创造的部分，也就是创造产品的初衷。这种方式只能短暂地存在，员工会认为只要自己在公司的时候公司繁荣就行了，并不考虑未来。举个例子，以前，丹后半岛作为绉纱的一大产地，拥有许多工厂和批发店，他们开发出了能够大量生产织物的纺织机器，却把这种机器卖给了韩国，又因为韩国廉价的人工费用而把绉纱放到韩国生产再进口到日本，就这样拱手让出了自己的核心技术，可真是糊涂啊。

中村： 一瞬间就失去优势了。

村田： 是啊，上流人士都爱穿大岛绵绸参加各种晚宴，它也是"左团扇"（日语单词，意为生活安乐、不愁吃穿）一词的词源。结果，韩国买了日本的机器之后，加以改良，造出了性能更加卓越的纺织机器。日本最开始只想着可以把机器卖到国外，还能用便宜的价格买回绉纱。这实在是个很大的疏忽。现在，丹后半岛只有 3 家公司还在生产绉纱。不能只看到眼前的市场，而要把所有与制造相关的内容都交给电子制造服务来进行分析，才能使生产内容适宜进行代工。该如何进行这个过程，就是日本制造业面临的难题。

中村： 追求市场价值固然很重要，但是企业往往会被市场价值迷惑了双眼，无法看到其他的部分。丹后绉纱的例子中，虽然人们也是严格遵守着祖祖辈辈的传统进行制造，但是却没有在融合自己优势的基础上把传统发扬光大。

村田：导致的结果就是，从“只有丹后产的绉纱才好”变成了“只要是绉纱，哪里产的都一样”，这之间的差异决定了能否形成一种地域特色。这里的重点就是“感性价值”（触动人的感性，并使其获得感动和共鸣的显现价值），这也关系到这种产品能不能品牌化。

中村：原来如此。

村田：比如，向 ASKUL 公司订购复印纸和常见的订书机、回形针等物品时，谁也不会在它们中追求品牌价值，这是标准化的结果。有这种不具备品牌价值的商品，就会有大米这种可以被有效品牌化的商品——大米之间会产生“不是这个味道就不行”的差异。如果不去构建这种特别之处，今后的日本企业就会重蹈丹后绉纱的覆辙。

中村：在制造业中，重要的是把创造产品的优势和市场价值相结合。品牌也分很多种类，在产品的创造和技术的基础上，把历史、文化这些每家企业拥有的不同背景和市场价值联系起来，才能创建强大的品牌。如果再加上“非这个品牌不可”或者“这才是正宗的丹后绉纱”之类能够拉开差距的要素，就能创造出超越一般市场价值的巨大市场价值。

村田：我也这么认为。

中村：可是，现实的情况是，很多企业都忽视了这一部分，只是片面地追求市场价值，墨守成规。即使自己公司拥有明显的优势，也不能正确地理解它。这种对自身和世界的认知不足也是日本的问题之一。

日本的优势和弱势是什么？

村田：最根本的原因还是在人身上。在往人才方面投入多少钱这个基本问题上就存在欠缺，简单粗暴地削减从业人员数量，也不投入资金进行教育，就是这样，日本才会大量流失高端人才。优秀的人才都流向了美国，美国以智慧化为目标。从事实标准来看，无论哪个国家都采取了良好的生产战略，如果日本能理解智慧的重要性，展开合适的人才培养计划，那么日本就将以材料产业领域为中心引领世界。

中村：的确是这样。

村田：举些最近的例子，日本发明了生态炭（用木屑、茶渣等植物性废弃物制成的固体燃料，用来代替焦炭使用），发明了利用纸本来的颜色来显示图像的纸制显示屏技术。日本在这些材料领域进行了很多创新尝试。如果把生产手段高科技化，亚洲各国就无法模仿，这样日本就能够席卷市场了。

中村：靠组织内部积累的经验和方法等支撑的技术叫做“积累技术”或者“磨合技术”，这种技术能创造出其他国家无法模仿的产品和技术，这就是优势。材料领域也是一样，拥有复杂零件的产品，比如复印机，就只有日本才能制造出来。

村田：的确，除了日本，其他国家都造不出来。

中村：不能购买现成的模块再把它们组合，所以也无法模仿。在这种意义上，只要维持现在的生产结构，日本产的复印机还是拥有稳如磐石的优势。这种优势在以前也获得过实际成果，从过去的成果中汲取的经验更是绝对的优势。但是，如何利用好这种优势，拓展今后的可能性，日本却没有相应的意识和行动，这是一个问题。而且，就算是别的公司无法模仿的产品，也不可避免地停留在功能价值的层面，而不具备意义价值或者您说的感性价值。如何把这些价值创造出来，是接下来日本制造业拓展可能性的重要途径。

村田：最后，即使生产出了高科技的产品，没有分析前景就把产品投入市场的话也会失败的。要一直坚持预测未来，运用能够推测未来一段时间情况的反推法。在数年前就用反推法预测出 30 年、50 年后的事实标准会如何改变，之后在制造业中普及物联网，把产品和网络连接起来，从而得到各种信息和反馈。在这种情况下，和网络连接起来的一切事物都会进入生活中。现在，美国已经开始预测未来的情况，并研究其中与法律相关的部分，把知识产权化。但是，日本对这些还很陌生，在还没有实际开始制造的构思阶段就被美国抢先注册了专利。从这个意义来讲，模拟工作是非常重要的。预测还未制造的产品的未来，并把它们变为自己的专利，这些工作日本目前还是缺乏的。

中村： 没错。

村田： 之前，围绕着智能运输系统（ITS）的世界标准，欧洲的普罗米修斯计划（PROMETHEUS）、美国的驱动计划（DRIVE）和日本的艺术计划（ARTS）展开了激烈的竞争。当时，日本的汽车导航系统的持有率是世界第一，新车的标配就是导航仪，这种局面对日本是最有利的。然而，美国却为解决自动驾驶事故的方法申请了专利。所以，无论日本开发出多么优秀的导航系统，面对这种局面也束手无策了。

中村： 原来是这样。

村田： 也就是说，美国抓住了日本的要害，把日本迄今为止的导航开发工作全部推翻了。另一方面，美国提出和日本结盟来对抗欧洲的普罗米修斯计划，于是日本和美国联手在新的智能运输系统的国际标准化竞争中胜出了。

中村： 真是个感同身受的例子。虽然日本、美国和德国都有各自的优势和弱势，但是在视角和概念方面，日本是最弱的。

村田： 的确如此。

中村： 事实上，视角和概念才是真正产生价值的地方。制造业进入了物联网时代，并不是要探索这个过程中产生的新价值，而是要从现在开始自己创造价值或者重新定义价值。实际上，竞争已经开始了。美国开始推广工业互联网联盟（IIC），德国也开始实施工业4.0计划。

村田：没错。

中村：我认为这并不是单纯的IT活动。比如，工业4.0中就有被称为"智能机器"的可以自发行动的机器人，它们之间可以进行信息通信，并把工作转交给合适的机器人，创造一种自律分散型的工厂。为什么德国能创造出这种概念呢？瑞士的钟表产业是由机芯制造商、指针制造商和表盘制造商等横向分工组成的，它们各自有各自的职责。把各公司生产的部件组合起来制成产品就是欧洲的产业构造形式。欧洲的汽车产业也是一样，有生产奔驰和宝马通用零件的公司，也有同时生产奔驰G系列和宝马X系列的公司。

村田：这大概是一种类似于行会的构思吧。

中村：您说得没错，在这种文化和社会构造中，把进行横向分工的机器人标准化并互相连接是自然且必然的趋势。相比之下，美国在某种意义上是一种"镶嵌型"社会，产品和服务的提供者和终端用户之间是紧密相连的，具备一种整合的背景。这样一来，提高整合能力、开发新的商业模式或追求全新的价值对于美国的企业来说也是一种必然的过程。然而，日本有自己独特的优势和文化背景，如果不好好把握，即使想模仿德国和美国也绝非易事。日本要在具备了以物联网为代表的新技术的前提下，以自己原本就拥有的条件和文化背景为基础进行改革，从(与过去不同的)概念方面思考改变的方法。如果不这样的话，从今以后日本只能创造出其他国家也能创造的价值，却无法创造出只有日本才能创造出的价值了。

村田：果然还是缺少预测未来的能力，而且也没有为了面向未来而在人才方面投入资本。我认为，日本可以创造出远超现有的3D打印等的快速成型技术。现阶段的技术是通过喷射6种左右的材料并使其硬化的方式进行快速成型，但是今后不仅限于金属，包括生态材料等在内的各种材料的成型技术都可能成为现实。10年之后的快速成型技术会发展到什么程度，光是想想就觉得很有意思。在这一领域要如何进行人才投入、如何进行记述发展，都是日本要考虑的问题。

对"知识整合型的生产组织"进行改革

中村：谈谈在公司中要怎么开展工作吧。20世纪初以来，泰勒的科学管理法改变了过去的工厂手工业，分工的历史已经延续了上百年。日本企业的公司内部的工作方法也变成了分工型，许多人在分配给他们的职责中进行工作，这就是所谓的程序型工作方法。这种工作方法不会超越(个人在自己的职责范围内负责的)职能。日本企业在这种组织体制下扩展，在某种程度上追求着QCD。但是，我认为这种分工型的组织体制是有其局限性的。

村田：的确。

中村：在这种意义上，之前我们也谈到过"赋予意义"这一点，结论是有必要先把分工型工作方法重新变回集约型工作方法。但是，生产现场要处理的事务实在太多，所以必须构建一个能让集约后的人和组织负担得起这些工作量的环境，而这之中的关键就是“模拟”。把力所能及的工作范围通过模拟化进行扩大，这样就能完成工作方式分工化向集约化的巨大转变，从而产生新的价值。

村田：没错。

中村：所以业务流程和组织也要改变，并且在这个改变的过程中，如果能发现制造业的全新价值，（通过赋予其意义）就能把它和市场价值结合起来。如果不是集约型的组织，是很难完成这个过程的。如果再加上数码工程和物联网等技术，就能完成集中的价值构建。这无疑极大地加强了市场价值的创造和制造业的优势。

村田：确实，这种方式和横向分工完全不同。人的集约……也不能说是纵向整合吧。

中村：是一个把技术和知识整合、进行统一操作的过程。

村田：我在2015年9月出版的《行为设计思考法》（CCC媒体书房出版）一书的开头中提到了“项目的返工风险”，其中典型的例子之一就是接力棒型工作，这种工作的流程和您之前说的程序型工作方法的流程很相似。在实际操作中，调查、计划、规划、设计等工作不断交接，到最后开始销售时，往往已经远远偏离了开始的计划。

中村：我也画过相似的流程图。（笑）

村田：是吗？（笑）这种工作流程说不定什么时候就会出问题。当然，如果意识到这样是错误的，再返回到上一步进行修改，就可以改正错误。但是，这种返工的风险对成本的影响非常大。为了解决这个难题，我这本书中也建议采用您所提倡的SIM技术来解决。

中村：是吗？

村田：我提出了一种“圆桌式”的工作方法，这也是我进行设计的基本方法。当然，在设计和生产之间的工作需要交给专家，但是，在每个关键节点我都要举行圆桌会议，召集制造商、设计师、市场人员和金融机构人员等各种工作人员聚在一起进行信息共享，这是为了让之后的工作顺利进行，不产生无谓的返工。

中村：我明白了。总之，（无论对人员还是组织来说）集约是大方向。我在2012年7月出版的《重建日本制造业（超级制造业的经营）》（日经BP出版社）一书中写道，有必要实现让一个人成为所有领域中专家的“超人化”。这种“超人”并不是漫画里的超人。这种“超人”还是一个普通的自然人，他不甘于随波逐流，要具备坚定的自我意识，创造出自己的价值观。这种人可以提出超越固定概念和常识的点子，身为技术人员却能提出最佳方案，这就是所谓的“超人”。

村田：关于您刚才说的内容，在我的书《行为设计思考法》中《提高企业内开发速度的研究会议》一节中的导言部分也提到了知识的整合。虽然您说的是组织结构部分的内容，但是我认为它归根结底也是一种知识的整合。

中村：我也这样认为。之前对日本、美国和德国进行了比较，日本的优势是磨合。日本的文化是纵向结合式的，应该对其进行彻底的知识整合。基于这种思路，最近我提出了“知识整合型的生产组织”这一关键词。比较来看，德国的产业构造中横向分工型的操作比较弱，因此他们采用了工业 4.0 的方法进行标准化，对操作方面进行支援；而美国的整合能力虽然很强，但是操作能力较弱，因此美国推行物联网来弥补自己的弱点；日本的操作能力很强，但是在概念和整合方面比较弱，所以利用物联网进行强化是一种必然选择。

村田：的确如此。

中村：所以，应该把大方向定为纵向整合，彻底发挥日本磨合能力的优势，把零散的知识通过物联网进行整合，通过统一操作，在集约体制中开辟日本制造业的新道路。组织和体制也要随这种行动而变化。在这一过程中，为了直接创造出意义价值，能立刻创造出市场价值的生产设计的力量非常重要。

价值构建的关键是“背景感性”

村田：是啊，在进入实际生产之前，先完成知识的整合很重要。我在开始产品设计之前会通过研讨会来倾听对方企业的感性价值和业绩，纵观人、物、资本的流动方式，再询问对方经营者公司现在面临哪些问题。关于感性我会了解以下两点：(1)是否具备表达直接感想的“感觉感性”；(2)是否具备作为间接信息的“背景感性”。还会问问公司的历史，比如前任社长是不是国宝级人物。

中村： 这样啊。

村田： 另外还有是否具备能赋予技术魅力的“技术感性”、是否具备能迅速把劣势扭转为优势的逆转思维中的“创造感性”、是否具备能把文化感性传达出去的能力、是否具备企业的社会责任（CSR）等社会性的“启发感性”。我会询问对方公司这六种感性，并基于它们来设定任务。比如，要确定本次研讨会是否有一个概括性的目的、目的的具体内容、如何在研讨会上把它具体化、如何构建人员体制。预算制定、人员选定、企业利害关系人的设定等内容都要在研讨会上进行准备。

中村： 原来如此。

村田： 我认为这之中最重要的就是“背景感性（narrative value）”。比如，我们对还没见面的人容易通过想象他的外貌来推测他的性格，实际见面了之后可能发现他是个绅士，再通过对话、得奖史和透露给媒体的各种信息使这个人的价值慢慢提升。这就是背景感性。来源于外部的信息更能使物或者人的价值提升。

中村：（这种背景感性的力量）真的很强大。

村田： 在访问企业时，经常会有企业对着有些年头的展览柜中陈列的商品介绍道“我们公司的商品……”，我一般都会问问“有没有其他的故事”，来听听公司的逸闻，往往会在其中意外发现和背景感性相关的话题。然而，当局者迷，企业往往会谦虚地推脱“就算说了也对销售商品没帮助”。这时候，我一般会以“如果把公司比作点心店，把这些内容写在门帘上，客人绝对会想要进来看看的”来劝说他们。这种从外人的角度来评价背景感性的过程是非常重要的，因为局外人可以看到公司内部人员看不到的东西。

中村：自身的价值往往是最难发现的啊，尤其是在制造业。

村田：是的。“本公司在这种品质管理的基础上，并不是手工制造，而是用机器以每小时数百个的速度来量产盘子。这是其他公司无可比拟的优势。”有时会听到这种说法，然而这样的产品并不会畅销。比起量产的盘子，工匠手工做出来的盘子更有价值。这种情况下，“那种过程就算说出来也没用，反而是把这种过程公开更有价值”的透彻评价，一般只有市场人员和有相关经验的局外人才能做出。

中村：对。以前，在日本的制造业中，QCD 是一个大主题，日本制造业一直在为彻底提高 QCD 而努力。其实，QCD 已经不像以前那么重要了。然而还是有很多制造企业无法放弃对 QCD 的执着，把 QCD 奉为至宝，除此之外的价值一概不能理解。以今天谈到的感性价值为代表，现在不得不从和过去不同的角度进行革新，即使感性这种概念存在比较难理解的部分。要解决的问题是如何把感性价值和市场价值结合起来。一般来讲，从文字角度看，市场和感性的定义显然是有差距的。如何跨越这种差距，使它们结合，就是问题的所在。

村田：以日本擅长的动画为例吧。比如，青山刚昌的《名侦探柯南》和水木茂的《鬼太郎》，还有《哆啦 A 梦》和《机动战士高达》，这种亚文化中诞生了无数的角色，而且，通过媒体的传播，人气角色会拥有天价的版权使用费。虽然米老鼠的版权费高昂，但是只要商品上印上米老鼠的图案就能卖得很好，这也是一种文化感性。从创造新时代和流行趋势到侘寂（日本传统文化中的审美概念，意为朴素、自然甚至残缺的美）这种传统美、形式美、亚文化等，都可以归结为文化感性。

中村：是啊。

村田：这些事物正在创造价值。当然，也会有中国等国家制造的山寨品，但是那种东西连中国人自己都不会买。也就是说，这些原版的产品本身就已经具备相当的附加价值了。

中村：而且，要模仿文化感性价值绝非易事。说得极端一点，在亚文化中，有时候蹩脚的绘画反而被视若珍品。

村田：的确如此，比如地方吉祥物那种。

中村：对，这种就很难。如果要创造一个模仿船梨精的角色，恐怕是很难的。

村田：没错，看似普通，其实出彩也是感性表现的一种。比起产品原本的功能，现在更看重感性，要分析市场，找出功能价值和感性价值的最佳结合点。鸟取的吉祥物沙秋君的形象是从沙丘中浮现一张脸，这个恐怖吉祥物在网上引起了热议，导致已经公开的图像被限制。这种以公开禁止的形式成为话题的案例就产生了一种背景感性。

通过“技术感性”和“创造感性”来激发日本的制造力

中村：感性价值分为很多种类，其中哪些可以激活制造力的价值？

村田：技术感性和创造感性，虽然它们的顺序有前后之分，但是日本在创造感性这一领域是非常得心应手的。比如，丰田普锐斯系列的混合式引擎就是日本擅长的。日本人虽然不擅长从头开始一步步创造东西，但是却很会改良既有的东西，从而创造出新的东西。同理，日本改良了从印度传来的咖喱，创造出了连印度人都惊叹的美食。经日本改良过的法餐也屡屡获得米其林评级。

中村：确实没错。

村田：日本是个过滤器，把从外部传来的事物升级后再输出，可以把日本看成一种具备改良功能的工厂。这就是创造感性的典型，把不好的变成好的，做没有人做过的东西，借用其他领域的灵感，与其他领域的合作伙伴建立联系，创建新的规则、新的商业，这些都是创造感性的要素。

中村：哪怕靠单一的要素无法成功，把多个要素综合起来也能够创造出新的价值吧。

村田：对日本人来说，没有进口和输入是不行的。

中村：是啊，也许“考虑一下这种技术”行不通，但“只要有这种技术和那种技术，就能做出点什么”，往往能创造出和既有的东西完全不同的产物。这也是一种做法。

村田：日本人的民族性格是问题解决型。对日本人来说，如果没有出现问题，从零开始构思可能比较困难，但是一旦出现了问题，就会拼命去解决。这就是日本人的特点，也是日本能够复兴的原因之一。我是这么认为的。

中村： 我非常同意您的意见。

村田： 而且，日本人具备超常的组织能力，可以顺利地组织纵向分工和横向分工。只要通过知识整合，进一步提高组织能力，就一定可以做得更好。

中村： 没错。

村田： 还有一点是技术感性。现在经济产业省推行的机器人、纳米技术、生物技术等都是具备无限潜力的技术。以前，我曾经访问过以制造塑料小型精密零件而闻名的名古屋的树研工业，他们生产只能用显微镜看到的超小型树脂齿轮等产品。(取下眼镜)这是我设计的β型钛合金制眼镜框，我想制造放置在这里的连接处中的微型减震器，就拜托了这家公司。有了微型减震器，拿出眼镜时镜头会自然地轻轻打开。我之前咨询了很多家公司，都没有这种微型减震器。

中村： 这么说来，创造拥有前所未有的结构和功能的产品，就能激活制造业的技术能力。

村田： 从今以后即将进入感性的时代，“能够表达感性的独家技术”的技术感性会越来越重要。比如，宝马车上搭载的iDrive系统通过“iDrive控制器”使用户能简单地使用以导航为主的各种功能，创建了使用户不必看操作界面也可以进行操作的“感觉交互界面”。

中村： 原来如此。

村田： 人是在和对象事物、环境的相互联系中生存的，所以可以从万事万物之中追求灵感。之前提到的减震器就是这样，改变一下门上合叶的大小，就变成了控制眼镜腿开合的微型零件。要实现这种看似简单的改变，普通的技术能力肯定是做不到的。但是，如果采用纳米技术就可以做到了。前段时间，有幸听了东京大学名誉教授、帝京平成大学教授木内学先生的讲话，他认为以后制造业的世界会向小型化和轻量化发展。如果能确立小型化和轻量化的生产方式，就一定能形成日本的特色产业。

中村：我觉得可能性很大。

村田：不光是纳米技术和机器人技术，在CMF(Color, Material & Finishing)的表面处理技术方面，日本也走在世界的前列。

中村：日本在这方面也能创造出新的价值。

村田：关键是如何去激发创造感性和技术感性。一种方法是之前提到过的知识整合。我认为通过SIM在模拟中进行总结，并把问题放到现场收集反馈的做法很重要。之前的讨论中也谈到过，没有问题的时候，日本人做不到(改革和价值创造)，但是只要出现了问题，日本人就可以确切地思考解决方法。所以，在什么时机召集哪些人，如何对现场的问题进行反馈，如果能得出这些问题的确切答案，就可以做出很大的改变。

中村：是的。(每家企业的)问题各种各样，这些问题哪怕是面对面或者在现场也不一定能理解和统一起来。由于一开始就没有共享整个流程的脉络，所以光靠说是不能让人理解的。因此，如果要在现场进行问题反馈，从一开始就要进行过程记录和现场共享。

村田：果然如此。

中村：我们说的“模拟”并不是单纯的假想，而是赋予网络空间以与实际完全一样的功能，创造出和现实一样的空间，只是它是电子的而非物理的。在集约的模拟空间中可以得到真正意义上的理解、交互和合作，这种机制就是我们想要构建的，而它的基础就是 SIM。

能否明确地描绘出解决方式的蓝图？

村田：其中最重要的就是，参与其中的人或使用 SIM 的人如何把自己的创造力发挥出来，来构思应该如何布置这项工作。

中村：没错，就是这样。

村田：由于是模拟，可以直接得出数字（计算结果）。但是，更重要的是要让一切可以像浮现在眼前一样清晰。我举办研讨会的步骤之一就是“解决方法的图解”，把解决方式绘制成图表。比如，把“在生产线中导入新的机器，就能制造出这种产品，很适合这次的计划”或者“以前一直都是这么改变的”这些思路用图像表示出来，也许自己的意见和别人的想法会有出入。

中村：是的，说不定完全不一样啊。

村田：事实上，就算用语言可以说清楚，也可能双方的理解完全不同。这一点在整合知识或感性时至关重要。大家在用语言交流的时候都会互相点头称是，但是往往最后就会出现一些没人理解的内容。自从采用了“解决方法的图解”这一方式，研讨会就进行得更顺利了。

中村：但是，要绘制图表也是一件不容易的事呢。

村田：因为要把文字信息图像化。

中村：这里的“绘制”用的是绞丝旁的“绘”而不是“画”。这种行为并不是写生，而是要表达概念，因此要具备这种能表达概念的能力。反过来看，通过绘制图表，可以再次确认自己对问题的理解和认识，也是一个和自己交流的过程。

村田：能言善辩的人说上一万句话，绘制成图之后也可能只是一张内容贫乏的图表啊。

中村：如果绘制不出来，说明还没有真正理解事物的本质。

村田：没错。还有一点很重要，就是把绘制出来的内容进行整合和取舍选择。日本企业容易把销售的意见、上层的意见和客人的意见一股脑地听进去，导致的结果就是因功能过多而失败。仔细思考就会发现，iPhone 是不能用来看电视的，苹果公司在智能手机的功能方面可谓是非常干脆地舍弃了多余的东西。

中村：原来如此。

村田：也就是说，没有在设定优先顺序的基础上进行“正确的减法”。例如，面对负责人的提问“这种概念能不能用在商品中呢”，如果直接回答“乱用解决方法的话，主概念反而会变得模糊”，在分工型生产流程中是很难做到的。如果我一个人就可以完成所有步骤，企业想必会乐见其成，然而项目却不能顺利进行下去了。所以要把我的干预控制在全体工作的一成左右，让委托企业的人负责大部分工作。这样的话，他们就会产生一种“自己亲自创造”的意识，自发地推动项目进程。所有人都成了为共同目标而努力的同伴，这样一来就没有人会反对了。所以我一直都是只在最后的设计部分参与工作。

中村：如果这种方式能够普及，一定能够推动日本的价值构建。今天非常感谢您和我对话。

村田：非常感谢。

结 语

提多斯·卢克莱修(约公元前 99 年～公元前 55 年)是古罗马时代的诗人。这位奉行享乐主义的诗人同时还是一名哲学家,他批判当时的人对自然的不理解和迷信,留下了一首基于德谟克利特(约公元前 460 年～约公元前 370 年)原子论的思想而创作的哲学诗,其中提到了原子在无限的真空中发生冲突而形成了宇宙。

他的著作《事物的本质》一度被人们完全遗忘,但是在文艺复兴即将开始的 1500 年左右,这本书在意大利亚山里的修道院因一个偶然的机缘再次进入当时人们的视线。佛罗伦萨的列奥纳多·达·芬奇(1452 年～1519 年)和尼克罗·马基雅维利也读了这本书。因此,无论是从达·芬奇那些永不疲倦的对人类的探索中,还是从马基雅维利充满恶意的君主论里,都能看到超越了宗教的伦理观,彻底把人类作为原子而重新审视的观点。

不只是达·芬奇和马基雅维利,卢克莱修的原子论自然观对当时的知识分子造成了很大的影响,由此而诞生的自由的思想浪潮是基督教会的权威也无法镇压的,最终形成了使社会观由宗教思想转变为自由思想的文艺复兴运动。

也就是说，卢克莱修的书是文艺复兴运动的导火索。文艺复兴作为一种社会性的运动，以科学的观点把和世界的存在方式相关的知识普及到人民中。文艺复兴中物质性的世界观改变了人们之前的思想，表达世界观的智慧又不断促进新的思想产生，并创造出新的行动和价值。本书在序章中介绍的弗雷德里克·泰勒管理科学的思想为制造业带来的变革，就是一种表现。

只有能创造出这种思想和智慧的活动才是具有重要意义的。塞内加(约公元前1年～公元后65年)和卢克莱修同为古代罗马人的斯多葛派哲学家，同时也是一位政治家，生活在被当时的政治家和掌权者的阴谋席卷的时代，他说过“被知识净化过的东西是不可磨灭的”，留下了许多珠玉之作。通过各种各样的经验了解世界，并在此基础上记录世界，也就是说通过经验得来的知识是仅靠观察和形式上的理论思考难以得到的。

制造业的世界也是由通过经验得到的“体现世界观的智慧”而构成的，要把它作为优势加以追求和发挥。由于这不是对过去的延续，而是全新的东西，所以理解起来可能有点困难，然而即使它被社会采纳的门槛很高，我们也必须像卢克莱修那样，踏出开拓未来之路的一步。

本书以贯穿全书的三个关键词“经验”“样板”“计算”为中心，介绍了一些思路和技术。这是由于像这样围绕一个中心进行展开，可以形成推进思考和创造的力量。

回顾日本的制造业，日本人用自己所拥有的勤劳、灵巧、和谐的行为特点，结合 QC 的思想，在弗雷德里克·泰勒的分工模式中创造了具备操作优势的强大的现场力量。然而，仅仅如此是不够的，还要对制造业的活动进行改革，让传统的制造业升华为全球化时代和数字化时代的制造业。

不知本书所提出的SIM是否能解决这个问题。但是，就像本书中讨论过的，探究制造业的概念和基础技术究竟是什么，这一点很重要。

并且，以这些讨论为契机，如果能引出对究竟什么才是制造业的前进之路、制造业应该何去何从、这种情况下的基础和中心是什么等问题的思考，笔者会倍感开心。

围绕着对SIM的概念的思考，笔者与多名人物进行了谈话。他们中有一直合作的制造业同行，有使用我们公司模拟器的用户，有在公开活动中结识的朋友，有参与本公司模拟器开发的成员，也有在工作之外结识的朋友。我们超越了单纯的商业伙伴和职业关系，进行了很多对话。

正是通过和多名人士对话，笔者在对制造业的理想存在方式进行彻底讨论的同时获得灵感，于是就有了本书中介绍的SIM的概念。

暂且不论SIM的意义和效果，仅仅是和各位进行这种谈话就具有很大的意义。在此要再次对和笔者进行对话和意见交流的各位致以深深的谢意。

并且，各位都具有强烈的问题意识和观点，他们不光对现状心怀忧虑，而且积极寻找新的解决方式。能够自由进行意见交换的机会难得，大家都热切盼望这种机会，而且也感触良多。这一点在本文中也提到过，大概是日本特有的产业文化的弊端吧。

从这些经验中，更加能体会到和各位进行毫无保留的意见交换的机会有多重要。各行各业的人越过企业的规定和知识产权的高墙，创造新的共同体和知识共享集团是非常重要的。

通过共享知识和见解，把思维连接起来，就能创造新的价值和活动。

这叫做“集体智慧”。顾名思义，就是把智慧汇集到一起的意思。希望集体智慧能从本书的各位读者开始，通过交流、学习、尝试，得到广泛的普及。

非常感谢各位能读到这里，如果您对本书介绍的仿真集成制造的概念和技术有任何意见和感想，衷心等待您的指正。

本书的完成得到了多方的帮助和支持，在此感谢为本书提供案例的各家公司。

最后，要深深感谢为本书赐名的日经 BP 出版社日经制造业编辑部的大石基之总编辑、在出版过程中一直给予支持的木崎健太郎编委以及日经制造业编辑部的各位编辑。最后的最后，对 LEXER 研究公司的各位模拟器开发成员致以感谢。

希望各位能通过本书共同推动“知识的圣化”。

中村昌弘

2015 年 8 月

参考文献

弗雷德里克·温斯洛·泰勒：《科学的管理法》，钻石社，2009年。

杰恩·巴尼：《企业战略论〈竞争优势的构筑与持续〉》，钻石社，2003年。

卢克莱修：《物性论》，岩波文库，1961年。

塞内加：《论生命之短暂》，岩波文库，2010年。

延冈健太郎：《创造价值的技术经营：意义价值的重要性》，载《一桥商业评论》，57卷4号，2010年。

延冈健太郎：《创造价值的经营逻辑》，日本经济新闻出版社，2011年。

延冈健太郎：《积累技术的重要性：能产生可持续竞争力的技术战略》，载《一桥商业评论》，58卷4号，2011年。

藤木隆宏：《制造业经营学》，光文社新书，2007年。

中村善太郎：《新改善技术：对象·手段分析》，日本能率协会管理中心，1992年。

中村善太郎：《利用对象·手段分析达到目的的简易工作构想法》，日刊工业新闻社，2003年。

中村昌弘：《重整日本制造业的"超越工业经营"》，日经BP社，2012年。

中村昌弘：《全球化生产的究极形式》，日经BP社，2011年。

中村昌弘：《生产工程的"革新力"》，JIPM solution，2010年。

中村昌弘：《生产进程整体的必要性/开发领先于需求的设计手法》，载《日经制造》，5月号，2015年。

中村昌弘：《开发生产系统设计的新手法/支援IoT时代制造业的变革》，载《日经制造》，1月号，2015年。

中村昌弘：《制造业全球化中制胜的关键在于追求理想的生产模式》，载《日经制造》，10月号，2014年。

中村昌弘：《仿真即变革——生产战略的宏观设计》，载《日经制造》，5月号，

2014年。
中村昌弘:《使设计与制造无缝相接的信息通信技术的现状及今后的方向性》,载《精密工学会志》,81卷3号,低220—224页,2015年。
Horizon 2020(The EU Framework Programme for Research and Innovation): http://ec.europa.eu/programmes/horizon2020/Industrie 4.0: http://www.plattform-i40.de/
Industrial Internet Consortium: http://www.industrialinternetconsortium.org/